LANGENSCHEIDTS
PRAKTISCHE LEHRBÜCHER

LANGENSCHEIDTS

PRAKTISCHES LEHRBUCH FRANZÖSISCH

Neubearbeitung

von

Peter Ilgenfritz und Gertraud Schneider
unter Mitarbeit von Annick Glockzin-Kerjan

LANGENSCHEIDT

BERLIN · MÜNCHEN · WIEN · ZÜRICH · NEW YORK

Langenscheidts Praktisches Lehrbuch Französisch
Ein Standardwerk für Anfänger
Neubearbeitung
von Peter Ilgenfritz und Gertraud Schneider

Ein Schlüssel zu den Übungen ist gesondert lieferbar.
Es empfiehlt sich, zu diesem Lehrbuch auch die beiden Begleitcassetten zu verwenden.
Sie enthalten die Tonaufnahmen sämtlicher A-Texte des Lehrbuchs.
Schlüssel (Best.-Nr. 26157) und Cassetten (Best.-Nr. 80415) sind im Buchhandel erhältlich.

Bildquellennachweis: Bavaria Bildagentur, Gauting: S. 137, 168, 219
Herbert Horn, München: S. 66, 217, 225
IBM Corporation, New York: S. 54
Peter Ilgenfritz: S. 18, 22, 29, 77[1], 115, 185, 194
Michael Reiter, München: S. 18, 25, 32, 47, 51, 70, 75, 77[2], 81, 84, 98, 100, 105, 119, 122, 127, 130, 135, 143, 146, 160, 174, 187, 192, 199, 201, 202, 207, 229
Dagmar Schweiger, Rohrbach: S. 109
Sopexa, Düsseldorf: S. 230
The Walt Disney Company/Disney Consumer Products S.A., Paris: S. 39, 43
Ingeborg Wullweber: S. 213
Umschlagfoto: Moitzheim (Anthony Verlag)

Auflage: 7. 6. 5. 4. 3. | Letzte Zahlen
Jahr: 2001 2000 1999 98 97 | maßgeblich

Druck: Druckhaus Langenscheidt, Berlin-Schöneberg
Printed in Germany / ISBN 3-468-26152-7

Inhaltsverzeichnis

Abkürzungen 8
Vorwort 9
Aussprache des Französischen 10
Schreibung des Französischen 14
Erklärung der grammatischen Fachausdrücke 16

Nr.	Text	Grammatikschwerpunkte
1	A Paris	Der bestimmte Artikel Singular und Plural der Substantive Personalpronomen als Subjekt (I) Das Verb: 3. Person Singular und Plural Beugung des Artikels im Deutschen
2	Eve et Yves	Das Personalpronomen als Subjekt (II) Präsens der Verben auf -er Der unbestimmte Artikel
3	Dans une boutique	Das Adjektiv (Formen) Stellung des attributiven Adjektivs Präsens von *être* = „sein“ Imperativ der Verben auf -er Das Demonstrativpronomen
4	Les Durand vont au Parc Euro Disneyland	Präsens von *avoir* = „haben“ Präsens von *appeler* Das Possessivpronomen Verneinung Zusammengesetzte Substantive
5	Au voleur!	Präsens der Verben auf -re Das Adverb Satzstellung nach Adverbien am Satzanfang Das betonte Personalpronomen (I)
6	Dans le bureau de la maison Levier et Cie	Präsens der Verben auf -ir Präsens der Verben auf -oir Partizip Perfekt Perfekt (passé composé) Futur proche (nahe Zukunft)
7	Une histoire vraie	Zum Substantiv (Deklination) Präsens und Partizip Perfekt des unregelmäßigen Verbs *prendre* Adjektive auf -n Das Passiv

Nr.	Text	Grammatikschwerpunkte
8	Au restaurant	Teilungsartikel – bestimmter Artikel (I) Stummes h – aspiriertes h Präsens und Partizip Perfekt der Verben auf -yer
9	Les courses	Das Personalpronomen als Objekt Das betonte Personalpronomen (II) Präsens und Partizip Perfekt der unregelmäßigen Verben *faire* und *dire* Rektion: *demander*
10	Monsieur Bériot tombe malade	Präsens und Partizip Perfekt der Verben auf -ir ohne Stammerweiterung Präsens und Partizip Perfekt der Verben auf -rir Präsens und Partizip Perfekt der unregelmäßigen Verben *pouvoir* und *écrire* *faire/laisser* + Infinitiv Der Teilungsartikel (II)
11	Gaston aime parler politique	Futur Die Relativpronomen *qui* und *que* Adjektive auf -al Adjektive auf -if
12	Les sports	Die Grundzahlen bis 100 Die Ordnungszahlen Die Steigerung des Adjektivs Die Steigerung des Adverbs Präsens und Partizip Perfekt der unregelmäßigen Verben *vouloir* und *courir*
13	Salut, mon vieux!	Die Frageform Präsens und Partizip Perfekt der unregelmäßigen Verben *venir, voir* und *connaître*
14	Les paysans manifestaient ...	Imperfekt Präsens und Partizip Perfekt des unregelmäßigen Verbs *savoir* *an/année*
15	A l'auto-école	Veränderlichkeit des Partizips Perfekt Präsens und Partizip Perfekt der unregelmäßigen Verben *mettre* und *conduire* Das Fragewort *quel*
16	L'interrogatoire	Fragewörter Adjektivisches Fragewort *quel*

Nr.	Text	Grammatikschwerpunkte
17	Les Brun et la télévision	Konditional Präsens und Partizip Perfekt des unregelmäßigen Verbs *croire* Das unbestimmte Pronomen *tout*
18	Chez l'agent immobilier	Das substantivische Demonstrativpronomen Zahlen über 100 *plus*
19	Les prévisions météorologiques	Partizip Präsens und Gérondif Zur Großschreibung geographischer Begriffe *jour/journée*
20	Ah, ces prix!	Der Subjonctif (Konjunktiv) Gebrauch von Indikativ und Subjonctif Präsens und Partizip Perfekt des unregelmäßigen Verbs *craindre*
21	Messieurs, ...	Verben mit unregelmäßigen Subjonctif-Formen Der Subjonctif nach anderen Konjunktionen als *que*
22	Une conversation téléphonique	Zwei Personalpronomen als Objekte *en* Futur und Konditional unregelmäßiger Verben
23	Au restoroute	Bejahter Imperativ mit Objektpronomen Das substantivische Possessivpronomen Präsens und Partizip Perfekt des unregelmäßigen Verbs *boire*
24	Un accident de la route	Das Relativpronomen
25	Monsieur Drunod achète une caravane	Gebrauch von *avoir* und *être* Unpersönliche Verben Besonderheiten zu einigen Verben auf -er Konjugation des unregelmäßigen Verbs *suivre* Die Jahreszeiten
26	Nicolas et Claire se marient	Infinitiv-Anschluß
27	Le TGV Atlantique	Besonderheiten zum Plural der Substantive Relativpronomen *lequel*
28	Haut les mains!	Reflexive Verben

Nr.	Text	Grammatikschwerpunkte
29	1. La cathédrale de Chartres 2. Et les cathédrales aujourd'hui	Das Passé simple
30	La France en mutation	Ländernamen und Nationalitäten Bezeichnung französischer Regionen

Anhang: Konjugationstabellen:

Die Hilfsverben avoir und être 233
Verben auf -er und -re 234
Verben auf -ir (mit und ohne Stammerweiterung) 236
Verben auf -oir und das unregelmäßige Verb aller 237
Wichtige unregelmäßige Verben 239

Alphabetisches Wörterverzeichnis 243
Grammatikregister 256

Abkürzungen

Adj.	Adjektiv	= *Eigenschaftswort*	*Plur.*	Plural	= *Mehrzahl*
Adv.	Adverb	= *Umstandswort*	*Sing.*	Singular	= *Einzahl*
etw.	etwas		*Subst.*	Substantiv	= *Hauptwort*
fam.	familiär		*n*	Neutrum	= *sächlich*
f	feminin	= *weiblich*	*ns*	nous	= *wir*
jdm	jemandem		*qch*	quelque chose	= *etwas*
jdn	jemanden		*qn*	quelqu'un	= *jemand*
m	maskulin	= *männlich*	*vs*	vous	= *Sie, ihr*

Vorwort

Die vorliegende Neubearbeitung des „Praktischen Lehrbuchs Französisch“ stützt sich auf jahrzehntelange Erfahrung mit der vorhergehenden Fassung des Werkes, die den modernen Alltagssituationen angepaßt wurde. In 30 Lektionen vermittelt das „Praktische Lehrbuch Französisch“ die Grundzüge der französischen Sprache in Wort und Schrift sowie einen Grundwortschatz von etwa 2000 Wörtern und Ausdrücken. Die Grammatik wird in konzentrierter Form zum Teil tabellarisch behandelt und eignet sich besonders für Gruppen und Klassen, die an raschen Fortschritten interessiert sind.

Jede Lektion besteht aus einem Text, einem Grammatikteil, einem Kapitel „Landeskunde und Sprachgebrauch“ und Übungen, bei denen in der Neubearbeitung vor allem auf das Einüben von Sprechsituationen Wert gelegt wurde. Die Aussprache ist in den ersten 10 Lektionen in Form einer Darstellung der einzelnen Laute und zahlreicher Übungen eingearbeitet.

Die nach praktischen Gesichtspunkten ausgewählten Texte machen den Lernenden mit den typischen Ausdrucksformen des Lebens im heutigen Frankreich vertraut und führen ihn gleichzeitig in die französische Umgangssprache ein. Sie enthalten jeweils die in dem dazugehörigen Grammatikteil angegebenen Strukturen.

Die Grammatikteile behandeln die in den Texten vorkommenden neuen Strukturen und die wichtigsten Ausnahmen mit kurzen Erläuterungen in deutscher Sprache, wobei besonders auf übersichtliche Darstellung Wert gelegt wurde.

Im Anschluß an den jeweiligen Grammatikteil werden in einem Kapitel „Landeskunde und Sprachgebrauch“ Einzelheiten zu geographischen und historischen Gegebenheiten sowie zusätzliche Erläuterungen zu sprachlichen Besonderheiten gegeben, die einer besonderen Erwähnung bedürfen.

Jede Lektion schließt mit reichhaltigem Übungsmaterial ab, das neben Struktur-, Einsetz- und Übersetzungsübungen verstärkt Übungen zu Sprechsituationen aus dem Alltagsleben jeweils mit Bezug zu den Lektionsinhalten bietet, so daß von Anfang an der Transfer vom angelernten Wissen zur Anwendung im freien Gespräch eingeübt werden kann.

Im Anhang findet der Benutzer die Wörter und Ausdrücke zu den einzelnen Lektionen, eine Zusammenstellung der regelmäßigen und der wichtigsten unregelmäßigen Verben in Konjugationstabellen, ferner ein alphabetisches Wortregister aller in diesem Lehrbuch verwendeten Wörter und Ausdrücke mit Angabe der Lektion, in der die Vokabel zum ersten Mal erscheint.

VERFASSER UND VERLAG

Aussprache des Französischen

Die Aussprachebezeichnung ist in der Lautschrift der Association Phonétique Internationale (API) wiedergegeben. Sie ist jeweils in eckige Klammern gesetzt.

Der Wortakzent

Im Französischen werden alle Wörter auf der letzten volltönenden Silbe betont. Der Unterschied zwischen betonten und unbetonten Silben ist allerdings geringer als im Deutschen. Die Akzente der französischen Schrift sind keine Betonungshinweise, sondern Ausspracheangaben oder Unterscheidungsmerkmale (siehe Kapitel „Akzente").

Der Satzrhythmus

Da der Unterschied zwischen betonten und unbetonten Silben im Französischen relativ gering ist, ergibt sich eine gleichmäßigere Satzmelodie als im Deutschen. Der Ton steigt am Satzanfang gleichmäßig an und fällt zum Ende des Satzes hin wieder leicht ab.

Die Bindung *(la liaison)*

Zwischen den Wörtern eines Satzteils wird im allgemeinen keine Pause gemacht. Die zusammenhängenden Sprecheinheiten bestehen also aus mehreren „nahtlos" aneinandergereihten Wörtern. Diese Eigenschaft des Französischen, mehrere Wörter zu Sprecheinheiten zusammenzufassen, findet ihren Niederschlag auch in der Bindung *(liaison)* sonst stummer Endkonsonanten hinüber zum nächsten Wort (z. B.: *les‿enfants* [lezɑ̃fɑ̃]).

Vokale

Es besteht im Französischen oft ein erheblicher Unterschied zwischen der Schreibweise und der Aussprache eines Lautes (besonders bei den Vokalen), vor allem wenn wir von der deutschen Lautung der Buchstaben ausgehen. Es empfiehlt sich, die in den ersten zehn Lektionen gegebenen Ausspracheübungen auch auf die Schreibweise der einzelnen Vokale hin genau zu studieren. Als generelle Richtlinie wird nachstehende Aufstellung gegeben.

Lautschrift	Schreibweise	französische Beispiele	vergleichbarer deutscher Laut
[a]	a; à	papa *Papa,* voilà *da ist*	Limonade
[ɑ]	a; â	tasse *Tasse,* pâte *Paste*	Schaden

Lautschrift	Schreibweise	französische Beispiele	vergleichbarer deutscher Laut
[e]	é; -er *u.* -ez *in Endsilben;* ai *(Konjugationsendung);* et *(= und)*	école *Schule,* aller *gehen,* donnez *gebt,* j'ai *ich habe,* et *und*	Ebene
[ɛ]	è; ê; e	père *Vater,* mer *Meer,* être *sein*	Mähne
[ə]	e	amener *mitbringen*	schade
[i]	i; y	ici *hier,* type *Typ*	Kino
[o]	o; ô; au; eau	auto *Auto,* bureau *Büro,* trône *Thron*	oder
[ɔ]	o	globe *Globus*	Ort
[u]	ou; où; oû	tout *alles,* où *wo,* goût *Geschmack*	gut
[ø]	eu; œu	deux *zwei,* vœu *Wunsch*	schön
[œ]	eu; œu	neuf *neu,* bœuf *Ochse*	öffnen
[y]	u; û	sur *auf,* sûr *sicher*	für

Nasale

Eine Besonderheit der französischen Sprache sind die Nasalvokale. Sie werden in der Schrift dargestellt als a, e, i, o, u, y, ai, ei mit folgendem n oder m (z. B. enfant [ɑ̃fɑ̃]).

In der Lautschrift zeigt eine Tilde (˜) über dem jeweiligen Lautzeichen an, daß der Laut nasal gesprochen wird.

Sind n oder m in der Schrift verdoppelt oder folgt ein Vokal, so wird nicht nasaliert (z. B.: immatriculer [imatrikyle] *einschreiben,* inattendu [inatɑ̃dy] *unerwartet*).

Doppellaute (Diphthonge)

Die beiden Laute gehen ineinander über.

[ja]	criard	*schreiend*	[ɥi]	huit	*acht*
[je]	pitié	*Mitleid*	[wa]	moi	*mir, mich, ich*
[jɛ]	prière	*Gebet*	[jø]	lieu	*Ort*
[jɔ]	rioter	*kichern*	[uj]	bouillon	*Bouillon*
[ij]	fille	*Tochter*	[jɑ̃]	fiancé	*Verlobter*
[ɛj]	Marseille	*Marseille*	[jɔ̃]	nation	*Nation*
[aj]	bataillon	*Bataillon*	[wɛ̃]	loin	*fern*
[œj]	feuille	*Blatt*	[ɥɛ̃]	juin	*Juni*
[jɛ̃]	bien	*gut*	[ɥɑ̃]	nuance	*Nuance*

Konsonanten

Zu den einzelnen Konsonanten sind folgende Hinweise zu beachten:

				Beispiele	
b	=	[b]	sehr weich und stimmhaft	bébé	*Baby*
c	=	[k]	vor a, o, u und vor Konsonanten	carte	*Karte*
		[s]	vor e und i	citron	*Zitrone*
ch	=	[ʃ]	stimmlos, wie deutsches sch	chocolat	*Schokolade*
		[k]	in manchen Wörtern fremden Ursprungs	Christine	*Christine*
d	=	[d]	sehr weich; am Wortende meist stumm	madame	*Frau*
f	=	[f]	wie das deutsche f	frère	*Bruder*
g	=	[g]	vor a, o, u und vor Konsonanten	légumes	*Gemüse*
		[ʒ]	vor e und i, wie stimmhaftes sch	manger	*essen*
h	=	[–]	immer stumm	hôtel	*Hotel*
j	=	[ʒ]	wie stimmhaftes sch	journal	*Zeitung*
k	=	[k]	wie deutsches k (seltener Buchstabe, wird nur in einigen Fremdwörtern verwendet)	kilomètre	*Kilometer*
l	=	[l]	wie deutsches l	la salle	*der Saal*
ll	=	[l]	in einigen Wörtern	ville	*Stadt*
		[j]	in den anderen Wörtern	fille	*Tochter*
m	=	[m]	wie deutsches m	mère	*Mutter*
n	=	[n]	wie deutsches n	non	*nein*
p	=	[p]	etwas kürzer als das deutsche p; es darf nur ein wenig Luft aus dem Mund entweichen	papier	*Papier*
ph	=	[f]	wie f gesprochen	photo	*Foto*
q	=	[k]	wie das deutsche k	que	*daß*
r	=	[r]	meist als Gaumen-r	route	*Straße*
s	=	[s]	am Wortanfang stimmlos	sa sœur	*seine Schwester*
		[z]	zwischen zwei Vokalen stimmhaft	maison	*Haus*
		[–]	am Wortende meist stumm	bas	*tief*
ss	=	[s]	immer stimmlos	classe	*Klasse*
t	=	[t]	etwas kürzer als das deutsche t; es darf nur wenig Luft aus dem Mund entweichen	tasse	*Tasse*
		[s]	vor i oft als stimmloses s gesprochen	diplomatie	*Diplomatie*
		[–]	am Wortende meist stumm	plat	*Speise*
u	=	[y]	wie deutsches ü	murmurer	*murmeln*
v	=	[v]	ähnlich wie deutsches w	vin	*Wein*
w	=	[v]	ähnlich wie deutsches w	wagon	*Waggon*
x	=	[ks]	vor Konsonanten stimmlos	expliquer	*erklären*
		[gz]	vor Vokalen stimmhaft	examen	*Examen*
		[–]	am Wortende stumm	prix	*Preis*

y	= [i]	vor Konsonanten wie i	typique	*typisch*
	[j]	vor Vokalen wie j	yeux	*Augen*
z	= [z]	wie stimmhaftes s	zoo	*Zoo*
	[–]	am Wortende stumm	nez	*Nase*

Zusammenfassende Darstellung der Lautschrift

Lautschrift-zeichen	Beispiel			vergleichbarer deutscher Laut
	Vokale			
[a]	papa	[papa]	*Papa*	Limonade
[ɑ]	tasse	[tɑs]	*Tasse*	Schaden
[ɑ̃]	enfant	[ɑ̃fɑ̃]	*Kind*	–
[e]	école	[ekɔl]	*Schule*	Ebene
[ɛ]	père	[pɛr]	*Vater*	Mähne
[ɛ̃]	prince	[prɛ̃s]	*Prinz*	–
[ə]	amener	[amәne]	*mitbringen*	schade
[i]	ici	[isi]	*hier*	Kino
[o]	bureau	[byro]	*Büro*	oder
[ɔ]	Paul	[pɔl]	*Paul*	Ort
[õ]	mon	[mõ]	*mein*	–
[ø]	deux	[dø]	*zwei*	schön
[œ]	neuf	[nœf]	*neu*	öffnen
[u]	ou	[u]	*oder*	gut
[y]	sur	[syr]	*auf*	für
	Konsonanten			
[k]	carte	[kart]	*Karte*	Karte
[p]	Paris	[pari]	*Paris*	Paris
[s]	son	[sõ]	*sein*	es
[z]	désirer	[dezire]	*wünschen*	Sonne
[ʃ]	chose	[ʃoz]	*Sache*	schön
[ʒ]	journal	[ʒurnal]	*Zeitung*	Genie
[t]	table	[tabl]	*Tisch*	Tisch
[v]	vin	[vɛ̃]	*Wein*	Wein
[ɲ]	champagne	[ʃɑ̃paɲ]	*Champagner*	Champagner
[j]	joyeux	[ʒwajø]	*fröhlich*	Jahr
[w]	oui	[wi]	*ja*	–
[ɥ]	huit	[ɥit]	*acht*	–

Schreibung des Französischen

Die Schreibung der Vokale und Doppellaute geht aus der obigen Liste hervor. Die Schreibung der Konsonanten bietet nach dem Studium der aufgeführten Aufzählung ebenfalls keine Schwierigkeit.

Die Akzente

Wie schon erwähnt, sind die französischen Akzente Hinweise für die Aussprache oder Unterscheidungsmerkmale.

Der *accent aigu* (é) steht auf dem e, wenn es geschlossen [e] gesprochen werden soll.

Der *accent grave* (è) steht auf dem e, wenn es offen [ɛ] gesprochen werden soll. Er steht außerdem auf a und u als Unterscheidungsmerkmal (a *hat,* à *zu*; ou *oder,* où *wo*).

Der *accent circonflexe* (ê) bezeichnet den Ausfall eines s oder Vokals (fête *Fest*). Er wird außerdem zur Unterscheidung verwendet (sur *auf,* sûr *sicher*).

Aussprachezeichen

Die *cédille* (ç) bedeutet, daß das c auch vor a, o, u als [s] gesprochen wird (français *französisch*).

Das *tréma* (ï) steht bei zwei getrennt zu sprechenden Vokalen auf dem zweiten Vokal (naïf *naiv*).

Groß- und Kleinschreibung

Im Französischen werden große Anfangsbuchstaben nur verwendet für:
- das erste Wort eines Satzes,
- Eigennamen,
- Titel in der Anrede,
- Bezeichnungen für Gott und andere kirchliche Begriffe.

Besonderheiten werden in einzelnen Lektionen gesondert behandelt.

Silbentrennung

Ein einfacher Konsonant zwischen den Vokalen gehört zur folgenden Silbe (re-la-tif *relativ*).

Von zwei oder drei Konsonanten zwischen Vokalen gehört der letzte zur folgenden Silbe (clas-sique *klassisch,* obs-cur *dunkel*).

Nicht getrennt werden Konsonantengruppen, die aus einem beliebigen Konsonanten + l oder r bestehen (ren-dre *zurückgeben,* ta-ble *Tisch*).

Zeichensetzung

Punkt, Strichpunkt und Fragezeichen werden gebraucht wie im Deutschen. Das Komma steht – abweichend vom Deutschen – nach adverbialen Ausdrücken am

Satzanfang. (Hier , j'ai reçu un coup de téléphone. *Gestern habe ich einen Telefonanruf erhalten.*) Es steht – wieder im Gegensatz zum Deutschen – **nicht** vor « que » *daß,* « si » *ob* sowie vor und nach Relativsätzen, die zum Verständnis des Hauptsatzes unbedingt erforderlich sind.

Das Ausrufezeichen steht im Französischen nur nach einem echten Ausruf, nicht wie im Deutschen bisweilen nur zur Verstärkung einer Aussage.

Erklärung der grammatischen Fachausdrücke

Adjektiv = Eigenschaftswort: das braune Kleid
adjektivisch = als Eigenschaftswort gebraucht
Adverb = Umstandswort: er singt laut
Akkusativ = 4. Fall, Wenfall: Er pflückt den Apfel für seinen Bruder
Aktiv = Tätigkeitsform: Der Mann schlägt den Hund
Artikel = Geschlechtswort: der, die, das, ein, eine
Attribut = Beifügung, Eigenschaft: Der alte Mann
attributiv = beifügend
Dativ = 3. Fall, Wemfall: Die Frau kommt aus dem Garten
Deklination = Beugung des Hauptwortes: Nominativ – der Vater, Genitiv – des Vaters, Dativ – dem Vater, Akkusativ – den Vater
Demonstrativpronomen = hinweisendes Fürwort: dieser, jener
Diphthong = Doppellaut: ei in mein
Femininum = weibliches Geschlecht
Futur = Zukunft(sform): Ich werde fragen
Genitiv = 2. Fall, Wesfall: Sie beraubten mich meines Geldes
Genus = Geschlecht: Maskulinum, Femininum, Neutrum
Gerundium = gebeugte Grundform des Zeitwortes
Imperativ = Befehlsform: geh(e)!
Imperfekt = Vergangenheit(sform): ich ging
Indikativ = Wirklichkeitsform: Er geht nicht sofort
Infinitiv = Nennform, Grundform: backen, biegen
Interrogativpronomen = Fragefürwort: wer, wessen, wem, wen
intransitiv(es Verb) = ohne Ergänzung im Akkusativ, nichtzielend: Der Hund bellt
Inversion = Umstellung: Oft muß man sich selber helfen
Komparativ = Höherstufe (1. Steigerungsstufe): schöner, größer
Konditional = Bedingungsform: Wenn schönes Wetter wäre, würden wir ausgehen
Konjugation = Beugung des Zeitwortes: Infinitiv – gehen, Präsens – ich gehe
Konjunktion = Bindewort: Er ist unglücklich, weil er nicht lesen kann
Konjunktiv = Möglichkeitsform: Sie dachte, ihr Mann sei im Büro
Konsonant = Mitlaut: b, d, s
Maskulinum = männliches Geschlecht
Modalverb = Zeitwort, das die Art und Weise des Geschehens bezeichnet: er will kommen, sie kann schlafen
Modus = Aussageweise
Neutrum = sächliches Geschlecht
Nomen = Hauptwort: der Tisch
Nominativ: 1. Fall: Der Mann kauft ein Buch
Objekt = Satzergänzung: Der Hund beißt den Mann
Partizip = Mittelwort: gebacken

Passiv = Leideform: Der Mann wird von dem Hund gebissen
Perfekt = Vollendete Gegenwart: ich bin weggegangen
Personalpronomen = persönliches Fürwort: er, sie, wir
Plural = Mehrzahl: Kirschen
Plusquamperfekt = Vorvergangenheit: Ich hatte das Buch gelesen
Positiv = Grundstufe: schön, schöner ...
Possessivpronomen = besitzanzeigendes Fürwort: der, die, das meinige, mein, dein, euer
Prädikat = Satzaussage: Die Frau bäckt einen Kuchen
prädikativ = aussagend
Prädikatsnomen = Hauptwort als Teil der Satzaussage: Er ist Schüler
Präfix = Vorsilbe: abfahren, ankommen, Vorzimmer
Präposition = Verhältniswort: auf, gegen, mit
präpositional = mit einem Verhältniswort gebildet
Präsens = Gegenwart: ich gehe
Pronomen = Fürwort: er, sie, es
reflexiv = rückbezüglich: er wäscht sich
Reflexivpronomen = rückbezügliches Fürwort
Rektion = Bestimmung des Falles, in dem ein abhängiges Wort steht: er liest einen Roman („lesen" mit dem 4. Fall)
Relativpronomen = bezügliches Fürwort: Das Buch, das ich gekauft habe
Singular = Einzahl: Tisch
Subjekt = Satzgegenstand: Das Kind spielt mit der Katze
Substantiv = Hauptwort: der Tisch
substantivisch = als Hauptwort gebraucht
Suffix = Nachsilbe, Ableitungssilbe: Achtung, Schönheit
Superlativ = Höchststufe bei der Steigerung des Adjektivs oder höchste Steigerungsstufe: am schönsten
transitiv(es Verb) = mit Ergänzung im Akkusativ, zielend: Ich begrüße einen Freund
Verb(um) = Zeitwort: gehen, kommen
Verbalsubstantiv = hauptwörtlich gebrauchte Nennform: das Lesen
Vokal = Selbstlaut: a, e, i, o, u

1A

Le Sacré-Cœur
L'Arc de Triomphe
La Villette

1A Text

A Paris

Les Denier sont à Paris depuis trois jours. Ils sont en vacances. Ils habitent dans un hôtel près de l'Arc de Triomphe. Monsieur Denier visite la Villette. Madame Denier et Marie-Louise, la fille, sont en ville. Gérard, le fils, est à l'hôtel. Il regarde une revue automobile quand Monsieur Denier entre dans la chambre.

Gérard: Bonsoir, papa.
Monsieur Denier: Bonsoir, Gérard. Où est maman?
Gérard: Elle est en ville, et Marie-Louise aussi. Elles visitent le Louvre et regardent les vitrines et les étalages.

Après une pause:

Monsieur Denier: Où est le journal?
Gérard: Il est sur la table.
Monsieur Denier: Et la lettre de Monsieur Leloir?
Gérard: Elle est dans le tiroir, là-bas.
Monsieur Denier: Ah oui, merci.

Peu après:

Gérard: Papa, où sont les cartes postales, s'il te plaît?
Monsieur Denier: Elles sont dans la valise.
Gérard: Je cherche aussi les timbres.
Monsieur Denier: Ils sont dans la serviette.
Gérard: Et où est la serviette?
Monsieur Denier: Dans le coin, là-bas.
Gérard: Ah oui, merci, papa.

à Paris [apari]	*in Paris*
les Denier [ledənje]	*die Deniers*
depuis trois jours [dəpɥitrwaʒur]	*seit drei Tagen*
ils sont [ilsõ]	*sie sind*
en vacances [ɑ̃vakɑ̃s]	*in Ferien*
ils habitent [ilzabit]	*sie wohnen*
dans un hôtel [dɑ̃zɛ̃notɛl]	*in einem Hotel*
près de [prɛdə]	*nahe (bei)*
l'Arc de Triomphe [larkdətriõf]	*der Triumphbogen*
Monsieur Denier [məsjødənje]	*Herr Denier*
visite la Villette [vizitlavilɛt]	*besucht la Villette*
Madame Denier [madamdənje]	*Frau Denier*
et Marie-Louise [emariluiz]	*und Marie-Louise*
la fille [lafij]	*die Tochter*
sont en ville [sõtɑ̃vil]	*sind in der Stadt*
Gérard, le fils [ʒerarləfis]	*Gérard, der Sohn*
à l'hôtel [alotɛl]	*im Hotel*
il regarde [ilrəgard]	*er betrachtet, schaut an*
une revue automobile [ynrəvyotɔmɔbil]	*eine Autozeitschrift*
quand [kɑ̃]	*als*
Monsieur D. entre dans la chambre [ɑ̃ntrdɑ̃laʃɑ̃br]	*Herr D. betritt das Zimmer*
bonsoir [bõswar]	*guten Abend*
papa [papa]	*Papa*
où est [uɛ]	*wo ist*
maman [mamɑ̃]	*Mama*
elle est [ɛlɛ]	*sie ist*
aussi [osi]	*auch*
elles visitent le Louvre [ɛlvizitləluvr]	*sie besichtigen den Louvre*
et regardent [erəgard]	*und schauen an*
les vitrines (f) [levitrin]	*die Schaufenster*
les étalages (m) [lezetalaʒ]	*die Auslagen*
après une pause [aprɛynpoz]	*nach einer Pause*
le journal [ləʒurnal]	*die Zeitung*
il est [ilɛ]	*er ist (*hier: *sie ist)*
sur la table [syrlatabl]	*auf dem Tisch*
la lettre [lalɛtr]	*der Brief*
de Monsieur Leloir [dəməsjøləlwar]	*von Herrn Leloir*
le tiroir [lətirwar]	*die Schublade*
dans le tiroir [dɑ̃lətirwar]	*in der Schublade*
là-bas [laba]	*dort*
ah oui [aɥi]	*ah ja*
merci [mɛrsi]	*danke*

peu après [pøaprɛ]	*kurz darauf* (wörtl.: *wenig danach*)	je cherche [ʒəʃɛrʃ]	*ich suche*
où sont [usõ]	*wo sind*	les timbres (m) [letɛ̃br]	*die Briefmarken*
les cartes postales [lekartpɔstal]	*die Postkarten*	la serviette [lasɛrvjɛt]	*die Aktentasche*
s'il te plaît [siltəplɛ]	*bitte* (die Gesprächspartner sind per du)	dans la serviette [dɑ̃lasɛrvjɛt]	*in der Aktentasche*
elles sont [ɛlsõ]	*sie sind*	le coin [ləkwɛ̃]	*die Ecke*
la valise [lavaliz]	*der Koffer*	dans le coin [dɑ̃ləkwɛ̃]	*in der Ecke*
dans la valise [dɑ̃lavaliz]	*im Koffer*		

1B Grammatik

1. Der bestimmte Artikel

Singular	**le**	journal
	la	serviette
	l'	Arc de Triomphe
	l'	hôtel
Plural	**les**	timbres
	les	cartes
	les‿	étalages
	les‿	hôtels

Im Singular gibt es eine männliche **(le)** und eine weibliche Form **(la)**. Beide Formen werden vor Vokal und stummem *h* apostrophiert.

Im Plural gibt es nur eine Form **(les)**. Vor Vokal und stummem h wird das Endungs-s stimmhaft [z] zum Substantiv hinübergebunden.

2. Singular und Plural der Substantive

	Singular	Plural
geschrieben	le timbre la lettre	les timbres les lettres
gesprochen	[lətɛ̃br] [lalɛtr]	[letɛ̃br] [lelɛtr]

Der Plural wird im allgemeinen durch ein (stummes) s zum Ausdruck gebracht. Im gesprochenen Französisch kommt der Unterschied zwischen Singular und Plural also nur durch den unterschiedlichen Artikel zum Ausdruck. Familiennamen erhalten kein Plural-s (*les Denier* = die Deniers)

3. Das Personalpronomen als Subjekt (I)

Monsieur Denier est à Paris. Où est le timbre?	**Il**	visite la Villette. est sur la table.	männlich Singular
Madame Denier est en ville. Où est la lettre?	**Elle**	visite le Louvre. est sur la table.	weiblich Singular

Les Denier sont à Paris. Où sont les timbres?	**Ils**	visitent la Villette. sont sur la table.	männlich Plural
Madame Denier et Marie sont en ville. Où sont les lettres?	**Elles**	visitent le Louvre. sont sur la table.	weiblich Plural

Die männliche Pluralform **ils** wird auch verwendet, wenn männliche und weibliche Begriffe gemischt sind, z. B. *les Denier (= Monsieur Denier, Madame Denier, le fils et la fille)* = **ils**.

4. Das Verb: 3. Person Singular und Plural

Monsieur Denier	**est**	à Paris. Il	visit **e**	le Louvre.
Les Denier	**sont**	à Paris. Ils	visit **ent**	le Louvre.

Merke: Es besteht in der Aussprache kein Unterschied zwischen *il visite* und *ils visitent* [ilvizit].

5. Beugung des Artikels im Deutschen

	le	tiroir		*die*	Schublade
dans	**le**	tiroir	in	*der*	Schublade
	la	table		*der*	Tisch
sur	**la**	table	auf	*dem*	Tisch
	l'	hôtel		*das*	Hotel
à	**l'**	hôtel	in	*dem*	Hotel

Im Französischen gibt es – abweichend vom Deutschen – keine Beugung des Artikels.

1C Landeskunde und Sprachgebrauch

1. Im Französischen werden nur Eigennamen und der erste Buchstabe eines Satzes groß geschrieben.

2. Bei Großbuchstaben werden die Akzente in handschriftlichen und maschinengeschriebenen Texten immer und in gedruckten Texten manchmal weggelassen.

3. Der *Arc de Triomphe* wurde von Napoleon I. am *Place de l'Etoile* errichtet.

4. *La Villette* ist ein riesiger Technik-Park mit technischen und naturwissenschaftlichen Ausstellungen und Aktiv-Räumen für jedes Alter und jeden Wissensstand (teilweise vergleichbar mit dem Deutschen Museum in München).

Le Louvre

5. Der *Louvre* ist die ehemalige Königsresidenz. Der Prachtbau ist heute hauptsächlich Museum.

6. Für die Buchstabenfolge *-ille-* gibt es zwei Aussprachemöglichkeiten: z. B. *ville* [vil] und *fille* [fij]. Man muß bei jedem neu hinzukommenden Wort darauf achten, in welche der beiden Gruppen es gehört.

7. *Chambre* ist immer ein Zimmer, in dem ein Bett steht, also ein Hotelzimmer, ein Schlafzimmer, ein Kinderzimmer usw. Wie man andere Zimmer bezeichnet, erfahren Sie bald in anderen Lektionen.

1D Übungen

1. Ausspracheübung

   Beachten Sie: Im Deutschen macht man praktisch zwischen allen Wörtern eine minimale Sprechpause. Im Französischen sind jeweils mehrere, sinngemäß zusammengehörige Wörter zu einer fortlaufenden Sprecheinheit zusammengefaßt. Achten Sie bitte beim Nachsprechen der Beispiele darauf.

Die typisch französischen Nasallaute werden durch ˜ auf dem entsprechenden Lautschriftbuchstaben gekennzeichnet.

[ə] le fils [ləfis], le tiroir [lətirwar], Denier [dənje], il regarde [ilrəgard]
[e] les fils [lefis], les tiroirs [letirwar], les cartes [lekart], et [e]
[ɛ] après [aprɛ], hôtel [otɛl], près de [prɛdə], il est [ilɛ]
Monsieur Denier regarde les lettres. [məsjødənjẹrəgạrdlelẹtr]
[õ] ils sont [ilsõ], l'Arc de Triomphe [larkdətriõf], bonsoir [bõswar]
[ɑ̃] en vacances [ɑ̃vakɑ̃s], en ville [ɑ̃vil], quand [kɑ̃], entre [ɑ̃tr]
[ɛ̃] le coin [ləkwɛ̃], le timbre [lətɛ̃br]
Les Denier sont en vacances. [ledənjẹsõtɑ̃vakɑ̣̃s]
Maman et Gérard sont près de l'Arc de Triomphe.
[mamɑ̣̃eʒerạrsõprɛdəlạrkdətriõf]

2. Bilden Sie sinnvolle Sätze

Les timbres Où Les Denier La valise L'hôtel Où	est sont	près de l'Arc de Triomphe en vacances la lettre de Monsieur Leloir dans la serviette les cartes postales dans le coin, là-bas

3. Formen Sie folgende Sätze um nach dem Muster:

Où est la lettre? – Elle est sur la table.
Où sont les timbres? – Ils sont sur la table.

a) Où est le timbre? b) Où sont les serviettes? c) Où sont les lettres? d) Où sont les cartes postales? e) Où est la serviette? f) Où est la valise? g) Où sont les revues? h) Où est le journal? i) Où est la revue? k) Où sont les valises?

4. Gleiche Übung nach folgendem Muster:

Où est maman, en ville? – Oui, elle est en ville.

a) Où est Gérard, à Paris? b) Où sont les Denier, à l'hôtel? c) Où sont Madame Denier et Marie-Louise, à la Villette? d) Où sont Monsieur et Madame Denier, en ville? e) Où est Marie-Louise, dans la chambre? f) Où est maman, près de l'Arc de Triomphe? g) Où sont Monsieur Denier et Marie-Louise, à Paris?

5. Welche Antworten passen zu diesen Fragen?

a) Où est le journal?	1. Elles sont en ville.
b) Où habitent les Denier?	2. Il est à Paris.
c) Où sont Madame Denier et Marie-Louise?	3. Ils sont dans la chambre.
d) Où est l'Arc de Triomphe?	4. Il est sur la table.
e) Où sont Monsieur Denier et Gérard?	5. Ils habitent dans un hôtel.

6. Setzen Sie *est* oder *sont* ein:

a) Où ... le journal? b) Les Leloir ... à Paris. c) Elle ... à l'hôtel. d) Monsieur Denier ... en ville. e) Marie-Louise et Gérard ... en vacances. f) La revue ... dans la serviette.

7. Übersetzungsübung

a) Herr Denier ist in Paris. Er besucht den Louvre. b) Gérard sucht den Brief von Herrn Leloir. c) Wo sind die Briefmarken? Sie sind in der Aktentasche. d) Wo sind die Postkarten von Frau Denier? Sie sind in der Schublade. e) Die Deniers sind in Urlaub. Sie sind in Paris. f) Guten Abend, Marie-Louise. Wo ist Vati? g) Der Koffer ist in der Ecke dort. h) Gérard schaut die Schaufenster an (betrachtet ...). i) Die Briefmarken sind im Koffer. k) Madame Denier ist in der Stadt.

8. **Testez vos connaissances: Mots croisés**
(Testen Sie Ihre Kenntnisse: Kreuzworträtsel)

HORIZONTALEMENT

1 Koffer
4 männlicher Artikel in der Mehrzahl
5 Das Wörtchen für *in* in dem Ausdruck *in der Stadt*, von rechts nach links gelesen
6 weibliches Personalpronomen in der Einzahl

VERTICALEMENT

1 Stadt
2 weiblicher Artikel in der Mehrzahl
3 3. Person Mehrzahl von sein
7 das Wörtchen für *in* in dem Ausdruck *in Paris*

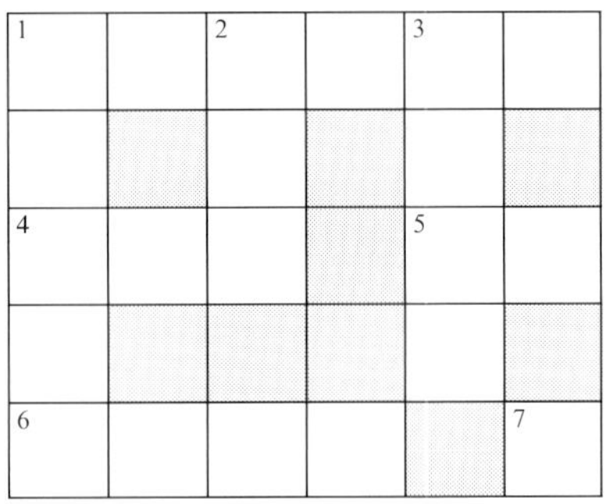

Le Panthéon

2A Text

Eve et Yves

Eve et Yves se rencontrent devant le Panthéon.

Eve: Bonjour, Yves, comment ça va?
Yves: Bonjour, Eve. Ça va, merci. Où vas-tu?
Eve: Je vais à l'Ecole normale. On y va ensemble?
Yves: Oui, volontiers.

Ils marchent maintenant côte à côte.

Eve: La famille va bien? – Au fait, vous habitez toujours rue Racine?
Yves: Oui, nous allons tous bien et nous habitons toujours là-bas.
Eve: Et Claudine et Annick, les jumelles, elles sont toujours au collège?

Yves: Non, Claudine travaille maintenant chez Renault, et Annick prépare son bac au lycée Sainte-Catherine. Elle travaille beaucoup.

Eve et Yves arrivent à l'Ecole normale.

Yves: Tu entres déjà?
Eve: Oui, j'entre. Mon cours commence dans quelques minutes.
Yves: Alors, salut! A demain?
Eve: Oui, d'accord.

Eve entre dans l'école. Yves entre dans un café.

La serveuse: Vous désirez?
Yves: Des Gauloises.
La serveuse: Voilà, Monsieur.
Yves: Merci, Mademoiselle. Au revoir.
La serveuse: Au revoir, Monsieur.

Yves allume une cigarette, puis il continue son chemin pour aller à son bureau.

Eve et Yves se rencontrent [ɛveivsərɑ̃kõtr]	*Eve und Yves treffen sich*
devant le Panthéon [dəvɑ̃ləpɑ̃teõ]	*vor dem Pantheon*
bonjour [bõʒur]	*guten Tag*
comment ça va? [kɔmɑ̃sava]	*wie geht's?*
ça va [sava]	*es geht*
où vas-tu? [uvaty]	*wohin gehst du?*
je vais [ʒəvɛ]	*ich gehe*
l'école (f) [lekɔl]	*die Schule*
à l'école [alekɔl]	*zur Schule*
Ecole normale [ekɔlnɔrmal]	*Lehrerausbildungs-Institut*
on y va ensemble? [õnivaɑ̃sɑ̃bl]	*gehen wir gemeinsam dorthin? (*wörtl.: *man geht gemeinsam dorthin?)*
volontiers [vɔlõtje]	*gern*
ils marchent [ilmarʃ]	*sie gehen, sie marschieren*
maintenant [mɛ̃tənɑ̃]	*nun, jetzt*
côte à côte [kotakot]	*Seite an Seite, nebeneinander*
la famille va bien? [lafamijvabjɛ̃]	*der Familie geht's gut?*
au fait [ofɛt]	*übrigens*
vous habitez [vuzabite]	*ihr wohnt*
toujours [tuʒur]	*immer (noch)*
rue Racine [ryrasin]	*in der Rue Racine*
nous allons tous bien [nuzalõtusbjɛ̃]	*es geht uns allen gut*
nous habitons [nuzabitõ]	*wir wohnen*
les jumelles (f) [leʒymɛl]	*die (weiblichen) Zwillinge*
le collège [ləkɔlɛʒ]	*die Realschule*
au collège [okɔlɛʒ]	*an, in der Realschule*
non [nõ]	*nein*
Claudine travaille [klodintravaj]	*Claudine arbeitet*
chez Renault [ʃerəno]	*bei Renault*
Annick prépare son bac(calauréat) [anikpreparsõbak(alɔrea)]	*Annick bereitet ihr Abi(tur) vor*
au lycée Sainte-Catherine [olysesɛ̃tkatrin]	*am Sainte-Catherine-Gymnasium*
beaucoup [boku]	*viel*
ils arrivent [ilzariv]	*sie kommen an*
tu entres? [tyɑ̃tr]	*gehst du hinein?*

déjà [deʒa]	*schon*
j'entre [ʒɑ̃tr]	*ich gehe hinein*
mon cours commence [mõkurkɔmɑ̃s]	*mein Unterricht beginnt*
quelques [kɛlkə]	*einige*
la minute [laminyt]	*die Minute*
alors [alɔr]	*also*
salut [saly]	*servus, tschüß*
à demain [adəmɛ̃]	*bis morgen*
d'accord [dakɔr]	*einverstanden*
le café [ləkafe]	*das Café*
la serveuse [lasɛrvøz]	*die Bedienung*
vous désirez? [vudezire]	*Sie wünschen?*
des Gauloises [degolwaz]	*Gauloises (Zigaretten)*
voilà [vwala]	*da (ist/sind)*
Mademoiselle [madmwazɛl]	*Fräulein*
au revoir [orəvwar]	*auf Wiedersehen*
Yves allume [ivalym]	*Yves zündet an*
une cigarette [ynsigarɛt]	*eine Zigarette*
puis [pɥi]	*dann*
il continue son chemin [ilkõtinysõʃəmɛ̃]	*er setzt seinen Weg fort*
pour [pur]	*um zu*
aller [ale]	*gehen*
à son bureau [asõbyro]	*zu seinem Büro*

2B Grammatik

1. Das Personalpronomen als Subjekt (II)

je	travaille
tu	travailles
il/elle/on	travaille
nous	travaillons
vous	travaillez
ils/elles	travaillent

a) **je** wird vor Vokalen und stummem h apostrophiert *(j'entre, j'habite)*.

b) Das s von **nous** und **vous** wird zum folgenden Wort stimmhaft [z] hinübergebunden, wenn dieses mit einem Vokal oder stummen h beginnt *(nous‿allons, vous‿allez, vous‿habitez)*.

c) **vous** ist neben der 2. Person Plural auch die Höflichkeitsform (Sie) im Singular und Plural *(vous désirez?)*.

d) Das unbestimmte Pronomen **on** (man) tritt in der Umgangssprache oft an die Stelle von **nous** *(on y va ensemble?)*.

2. Präsens der Verben auf -er

	Stamm	Endung
	travaill	**er**
je	travaill	**e**
tu	travaill	**es**
il/elle/on	travaill	**e**
nous	travaill	**ons**
vous	travaill	**ez**
ils/elles	travaill	**ent**

Wie im Deutschen besteht das Verb aus Stamm und Endung. Bei den regelmäßigen Verben bleibt der Stamm in der Konjugation unverändert, nur die Endung ändert sich. Die häufigste Infinitiv-Endung ist **-er**. Von jetzt an werden im Vokabular die regelmäßigen Verben jeweils in ihrer Infinitiv-Form angegeben, auch wenn sie im Text konjugiert vorkommen.

	aller
je	**vais**
tu	**vas**
il/elle/on	**va**
nous	**allons**
vous	**allez**
ils/elles	**vont**

Aller ist ein unregelmäßiges Verb mit verschiedenen Stämmen.
Beachten Sie auch die vom Deutschen abweichende Konstruktion nach dem Muster:
Es geht mir gut = *Je vais bien.* (= Ich gehe gut.)

3. Der unbestimmte Artikel

un	café
une	cigarette
des	Gauloises

Im Singular gibt es eine männliche und eine weibliche Form. Außerdem hat das Französische eine Art unbestimmten Artikel im Plural **(des = de + les)**, für den wir im Deutschen keine Entsprechung haben.
(Siehe Kap. 8B, Teilungsartikel).

	un	café		*ein*	Café
dans	**un**	café	*in*	*einem*	Café

Der unbestimmte Artikel wird (wie der bestimmte Artikel) nicht dekliniert.

2C Landeskunde und Sprachgebrauch

1. Vergleichen Sie die Satzstellung:
Eve et Yves se rencontrent. = Eve und Yves treffen sich.
Puis il continue son chemin. = Dann setzt er seinen Weg fort.

2. *Tu entres?*
Eine Frage kann allein durch den Tonfall ausgedrückt werden, wobei die Wortfolge des Aussagesatzes erhalten bleibt.

3. *Au* ist die Zusammenziehung von *à* + *le*. (Vergleichen Sie dazu im Deutschen „an dem" → „am".)

4. *Nous habitons rue Racine.* Das h ist im Französischen nie hörbar. Beachten Sie außerdem, daß in diesem Satz weder eine Präposition (Verhältniswort) noch ein Artikel steht.

5. Das *Panthéon* in Paris ist das Hauptwerk des französischen Klassizismus. Heute Mausoleum und Ehrentempel für berühmte Franzosen.

6. Das *collège* entspricht z. T. der Realschule, z. T. der Unter- und Mittelstufe des

Gymnasiums. Das *lycée* ist in etwa mit dem Gymnasium vergleichbar. Die *Ecole normale* ist ein Institut zur Ausbildung von Lehrern.

7. *Bac* ist die umgangssprachliche Kurzform von *baccalauréat* [bakalɔrea].

8. Das *café* in Frankreich ist nicht recht vergleichbar mit einem Café in Deutschland. Es hat meist eine Straßenterrasse und bietet alle möglichen Getränke und kleinen Speisen. Wenn das Lokal eher eine Stehkneipe ist, heißt es *bistro(t)* [bistro] oder *café-bar*; wenn ein richtiges Speiselokal dabei ist, heißt es *café-restaurant*.

9. *Renault* ist ein großer, staatlicher Automobilkonzern in Frankreich.

2D Übungen

1. Ausspracheübung

[wa] bonsoir [bõswar], le tiroir [lətirwar], des Gauloises [degolwaz], voilà [vwa-la], Mademoiselle [madmwazɛl]
Voilà, Monsieur, des Gauloises. [vwaləməsjø̜degolwa̜z]
Bonsoir, Mademoiselle. [bõswa̜rmadmwazɛ̜l]

[s] ça va? [sava], tous [tus], elles sont [ɛlsõ], le lycée [ləlise], son bureau [sõbyro], salut [saly]

[z] vous habitez [vuzabite], nous allons [nuzalõ], les étalages [lezetalaʒ], dans une ville [dɑ̃zynvil], vous désirez? [vudezire]

2. Formen Sie nachstehende Sätze um nach dem Muster:
Tu entres déjà? – Oui, j'entre déjà.

a) Tu vas avec Claudine? b) Tu prépares le bac? c) Tu allumes une cigarette? d) Tu vas bien? e) Tu travailles beaucoup? f) Tu habites toujours là-bas? g) Tu vas au bureau? h) Tu visites le Panthéon? i) Tu regardes les étalages? k) Tu habites rue Catherine? l) Tu cherches les timbres? m) Tu commences déjà?

3. Gleiche Übung nach folgendem Muster:
Vous entrez déjà? – Oui, j'entre déjà.

a) Vous allez à l'école? b) Vous cherchez le journal? c) Vous habitez rue Racine? d) Vous travaillez chez Renault? e) Vous allez bien? f) Vous entrez dans la chambre? g) Vous regardez une revue automobile? h) Vous visitez le Louvre? i) Vous habitez là-bas? k) Vous visitez la Villette?

4. Geben Sie Antworten, die dem Lektionstext entsprechen. Muster:
Eve va au collège? – (Ecole normale) → Non, elle va à l'Ecole normale.

a) Eve et Yves se rencontrent rue Racine? – (Panthéon) b) Claudine travaille chez Denier? – (Renault) c) Yves désire un café? – (Gauloises) d) Vous habitez rue Leloir? – (rue Racine) e) Yves va au lycée? – (bureau) f) Eve entre dans un café? – (Ecole normale) g) Son cours commence maintenant? – (quelques minutes) h) Annick travaille chez Renault? – (bac) i) Yves entre dans l'Ecole normale? – (chemin) k) Eve et Yves arrivent au bureau? – (Ecole normale)

5. Welche Antworten passen zu folgenden Fragen?

a) Vous désirez?	1. Chez Renault.
b) Comment ça va?	2. Devant le Panthéon.
c) Où est Claudine?	3. Des Gauloises.
d) Où se rencontrent Eve et Yves?	4. Bien, merci.

6. Formulieren Sie französische Sätze!
– Fragen Sie Eve und Yves, wie es ihnen geht!
– Fragen Sie Eve, ob sie immer noch in der Rue Racine wohnt!
– Eve verabschiedet sich von Yves und sagt ihm, daß ihr Kurs in ein paar Minuten anfängt.
– Im Bistro fragt die Bedienung Yves nach seinen Wünschen.

– Yves bedankt sich bei der Bedienung.
– Die Bedienung sagt auf Wiedersehen zu Yves.
– Eve fragt Yves, wohin er jetzt geht.

7. Setzen Sie die entsprechende Form von *aller* ein:

a) Vous ... à l'école? b) Yves ... bien. c) Elle ... à l'Ecole normale. d) Eve et Annick ... bien. e) Je ... au collège. f) Tu ... à l'école? g) Nous ... à Paris.

8. Übersetzungsübung

a) Wir treffen Yves vor der Schule. b) Eve geht es gut. c) Er bereitet sein Abitur vor. d) Guten Tag, Claudine, wie geht's? e) Er wohnt in der Rue Racine. f) Eve kommt an der Schule an. g) Sie wünschen? – Zigaretten. h) Danke, mein Herr, auf Wiedersehen. i) Es geht uns gut. k) Gehst du schon hinein?

9. **Encore des mots croisés** *(Noch ein Kreuzworträtsel)*

HORIZONTALEMENT

1. La revue est ... la table.
3. Annick prépare son ...
6. Elle travaille ...
8. Claudine et Annick sont des ...
10. Yves entre dans ... café.
12. La lettre est dans ... tiroir.
14. Elles sont au ... Sainte-Catherine.

VERTICALEMENT

1. Eve et Yves ... rencontrent.
2. Elle habite ... Racine.
4. Son ... à l'Ecole normale commence dans quelques minutes.
5. ... sont les timbres?
7. Les jumelles sont toujours au ...?
8. Monsieur Denier cherche le ...
9. On y va ...?
11. Yves travaille dans un ...
13. ... va à l'Ecole normale.

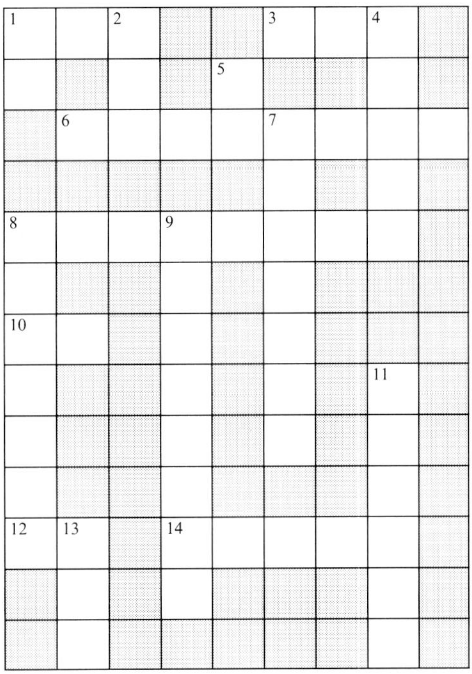

3A Text

Dans une boutique

Christine et Marguerite flânent sur le boulevard Saint-Germain où il y a beaucoup de magasins de mode. Elles s'arrêtent devant une boutique.

Christine: Regarde ce tailleur bleu. Il est beau, n'est-ce pas?
Marguerite: Oui, très beau et très élégant.
Christine: Et ces gants, là, à gauche, ils sont très chic.
Marguerite: Effectivement. Ce sont des gants très jolis. Et regarde la petite robe rouge, là-bas, à côté de cette jupe bleue, elle est jolie, tu ne trouves pas?
Christine: Si, je trouve aussi. Dis, on entre?
Marguerite: C'est une bonne idée. Entrons.

Elles entrent dans la boutique.

Le vendeur: Bonjour, Mesdemoiselles, vous désirez?

Christine: Bonjour, Monsieur. Je voudrais essayer cette robe rouge avec les grandes poches.

Le vendeur: Un instant, s'il vous plaît, je vais chercher la robe. – Voilà. Elle est très élégante. C'est sûrement votre taille: un quarante.

Christine passe la robe.

Christine: Vous êtes sûr que c'est un quarante? C'est un peu large, je trouve.

Marguerite: Je ne trouve pas. Tu es très chic dans cette robe.

Le vendeur: Essayez le trente-huit.

Christine: Merci.

Christine passe le trente-huit.

Christine: Non, c'est trop juste.

Le vendeur: Essayez encore une fois le quarante.

Christine: Non, pas maintenant. Nous sommes un peu pressées. Je vais peut-être repasser demain.

Le vendeur: D'accord.

Christine et Marguerite: Au revoir, Monsieur.

Le vendeur: Au revoir, Mesdemoiselles.

Christine et Marguerite quittent la boutique et continuent leur chemin.

une boutique [ynbutik]	*eine (Mode)Boutique*
flâner [flane]	*bummeln*
le boulevard Saint-Germain [bulvar sɛ̃ʒɛrmɛ̃]	*der Boulevard Saint-Germain*
il y a [ilja]	*es gibt*
beaucoup de [bokudə]	*viele*
le magasin de mode [ləmagazɛ̃dəmɔd]	*das Modegeschäft*
s'arrêter [sarɛte]	*stehenbleiben (= sich anhalten)*
regarde ce tailleur bleu [rəgardsətajœrblø]	*schau dieses blaue Kostüm an!*
beau [bo]	*schön*
n'est-ce pas? [nɛspa]	*nicht wahr?*
très [trɛ]	*sehr*
élégant [elegɑ̃]	*elegant*
ces gants (m) [segɑ̃]	*diese Handschuhe*
là [la]	*da, dort*
à gauche [agoʃ]	*links*
chic [ʃik]	*schick*
effectivement [ɛfɛktivmɑ̃]	*ja, stimmt; oh ja*
ce sont [səsõ]	*das sind*
joli [ʒɔli]	*hübsch*
la petite robe rouge [lapətitrɔbruʒ]	*das kleine rote Kleid*
à côté de cette jupe bleue [akotedəsɛtʒypblø]	*neben diesem blauen Rock*
trouver [truve]	*finden*
tu ne trouves pas? [tynətruvpa]	*findest du nicht?*
si [si]	*doch*
dis [di]	*sag (mal)*
on entre? [õnɑ̃tr]	*gehen wir hinein (geht man hinein?)*
une bonne idée [ynbɔnide]	*eine gute Idee*

entrons [ɑ̃trɔ̃]	*gehen wir hinein!*
le vendeur [ləvɑ̃dœr]	*der Verkäufer*
Mesdemoiselles [medmwasɛl]	*meine (jungen) Damen*
je voudrais [ʒəvudrɛ]	*ich möchte*
essayer [ɛsɛje]	*(an)probieren*
cette robe rouge [sɛtrɔbruʒ]	*dieses rote Kleid*
avec [avɛk]	*mit*
la poche [lapɔʃ]	*die Tasche*
grand [grɑ̃]	*groß*
un instant [ɛ̃nɛ̃stɑ̃]	*ein(en) Augenblick*
s'il vous plaît [silvuplɛ]	*bitte* (die Gesprächspartner sind per Sie)
aller chercher [aleʃɛrʃe]	*holen*
sûrement [syrmɑ̃]	*sicher(lich)*
votre taille [vɔtrətaj]	*Ihre Größe*
un quarante [ɛ̃karɑ̃t]	*ein Vierziger (= Größe 40)*
passer [pase]	*anziehen*
vous êtes sûr que [vuzɛtsyrkə]	*sind Sie sicher, daß*
un peu [ɛ̃pø]	*ein wenig*
large [larʒ]	*weit, breit*
je ne trouve pas [ʒənətruvpa]	*ich finde nicht*
tu es [tyɛ]	*du bist*
essayez [ɛsɛje]	*probieren Sie*
le trente-huit [lətrɑ̃tɥit]	*das Achtunddreißiger (= Größe 38)*
trop [tro]	*zu (sehr)*
juste [ʒyst]	*knapp, eng*
encore une fois [ɑ̃kɔrynfwa]	*noch einmal*
pas maintenant [pamɛ̃tnɑ̃]	*jetzt nicht*
nous sommes un peu pressées [nusɔmzɛ̃pøprɛse]	*wir haben es etwas eilig*
je vais repasser [ʒəvɛrəpase]	*ich werde wieder vorbeikommen*
peut-être [pøtɛtr]	*vielleicht*
quitter [kite]	*verlassen*
elles continuent leur chemin [ɛlkɔ̃tinylœrʃəmɛ̃]	*sie setzen ihren Weg fort*

3B Grammatik

1. Das Adjektiv (Formen)

attributiv		**prädikativ**	
C'est un tailleur	bleu.	Le tailleur est	bleu.
C'est une robe	bleu**e**.	La robe est	bleu**e**.
Ce sont des tailleurs	bleu**s**.	Les tailleurs sont	bleu**s**.
Ce sont des robes	bleu**es**.	Les robes sont	bleu**es**.

1. Kategorie: die Veränderung kommt nur geschrieben zum Ausdruck. Gesprochen ist kein Unterschied.

C'est un tailleur	élégant.	Le tailleur est	élégant
C'est une robe	élégant**e**.	La robe est	élégant**e**.
Ce sont des tailleurs	élégant**s**.	Les tailleurs sont	élégant**s**.
Ce sont des robes	élégant**es**.	Les robes sont	élégant**es**.

2. Kategorie: die weibliche Form ist hörbar, da der Endkonsonant (hier: t) wegen des folgenden e gesprochen wird.

Es gibt also
- eine männliche Singularform (ohne Endung)
- eine weibliche Singularform (mit der Endung **-e**)
- eine männliche Pluralform (mit der Endung **-s**)
- eine weibliche Pluralform (mit der Endung **-es**)

Abweichend vom Deutschen richtet sich auch das prädikative Adjektiv in Geschlecht und Zahl nach dem Substantiv, auf das es sich bezieht.

Adjektive auf **-e** haben keine besondere weibliche Form:

un tailleur / *une robe* } *rouge*

Unregelmäßiges Adjektiv *beau*:

un	***beau***	*tailleur*	=	männliche Singularform vor Konsonanten
un	***bel***	*hôtel*	=	männliche Singularform vor Vokalen und stummem h
une	***belle***	*robe*	=	weibliche Singularform
deux	***beaux***	*tailleurs*	=	männliche Pluralform
deux	***belles***	*robes*	=	weibliche Pluralform

chic als Ausnahme immer unveränderlich

2. Stellung des attributiven Adjektivs

une **petite** robe une **grande** poche un **joli** tailleur	Vorangestellt werden kurze, häufig gebrauchte Adjektive.
une robe **bleue** un tailleur **rouge** une jupe **élégante**	Nachgestellt werden mehrsilbige Adjektive sowie Adjektive, die sinnlich wahrnehmbare Eigenschaften (z. B. Farben) bezeichnen.

3. Präsens von *être* (sein)

je	**suis**	élégant(e)
tu	**es**	élégant(e)
il	**est**	élégant
elle	**est**	élégante
nous	**sommes**	élégant(e)s
vous	**êtes**	élégant(e)(s)
ils	**sont**	élégants
elles	**sont**	élégantes

Je nach dem Geschlecht der betreffenden Person(en) ist das Adjektiv, das nach *être* steht, dem Subjekt anzugleichen.
Da die 2. Person Plural auch Höflichkeitsform (Singular und Plural) ist, kann es heißen:
- *vous êtes élégant, Monsieur*
- *vous êtes élégante, Madame*
- *vous êtes élégants, Yves et Gérard* (oder: *Eve et Yves*)
- *vous êtes élégantes, Mesdemoiselles*

4. Imperativ der Verben auf -er

regarde	schau! sieh!
regard**ons**	schauen wir!
regard**ez**	schaut (schauen Sie)!

Zu beachten:
- Die 2. Person Singular verliert das s von *tu regardes.*
- Im französischen Imperativ steht nie das Personalpronomen.

5. Das Demonstrativpronomen

ce	tailleur
cet	hôtel
cette	robe
ces 〈	tailleurs robes

Im Singular lautet die Form vor männlichen Substantiven, die mit Konsonant beginnen, **ce** und vor männlichen Substantiven, die mit Vokal oder stummem h beginnen, **cet**. Vor weiblichen Substantiven ist in der Einzahl die Form immer **cette**.
Im Plural gibt es nur eine Form: **ces**.
Auch das Demonstrativpronomen wird nicht dekliniert: *devant cette robe* = vor diesem Kleid.

3C Landeskunde und Sprachgebrauch

1. Das Präsens von *aller* + Infinitiv eines Verbs dienen zur Bezeichnung der nahen Zukunft:
Je vais *chercher la robe.*
= Ich gehe das Kleid holen.
= Ich werde das Kleid holen.

2. Vergleichen Sie die Satzstellung:
Vous êtes *sûr que c'est un quarante?* = *Sind Sie* sicher, daß das Größe vierzig ist?
– *C'est un peu large,* je trouve. = Das ist etwas weit, *finde ich.*

3. *On entre.* Wörtlich: Man geht hinein. *On* wird umgangssprachlich sehr häufig statt *nous* = „wir" verwendet.

4. *sûr* = „sicher" erhält zur Unterscheidung von *sur* = „auf" einen accent circonflexe (= ˆ).

5. „Bitte" (wenn man um einen Gefallen bittet, nicht als Antwort auf „danke") heißt *s'il vous plaît* (= wenn es Ihnen gefällt), wenn man per Sie ist, und *s'il te plaît* (= wenn es dir gefällt), wenn man per du ist.

6. Der *Boulevard Saint-Germain* ist eine schicke breite Straße im Zentrum von Paris. An ihm befindet sich die älteste Kirche von Paris, Saint-Germain-des-Prés.

3D Übungen

1. Ausspracheübung

[ʒ] je trouve [ʒətruv], joli [ʒɔli], bonjour [bõʒur], large [larʒ], la jupe [laʒyp], rouge [ruʒ]

[ʃ] chercher [ʃɛrʃe], chic [ʃik], la poche [lapɔʃ], chez [ʃe], la chambre [laʃɑ̃br], à gauche [agoʃ]
Je cherche une jolie chambre. [ʒeʃɛrʃynʒɔliʃɑ̃br]
La poche large est à gauche. [lapɔʃlarʒɛtagoʃ]
La jupe est jolie et chic. [laʒypɛʒɔlieʃik]
La jupe est dans l'étalage. [laʒypɛdɑ̃letalaʒ]

[j] la taille [latɑj], il travaille [iltravaj], la fille [lafij], volontiers [vɔlõtje], la famille [lafamij]
La fille de Monsieur Denier travaille. [lafijdəməsjødənjetravaj]

[ɥ] depuis [dəpɥi], puis [pɥi], trente-huit [trɑ̃tɥit], je suis [ʒəsɥi]
Je suis à Paris depuis huit jours. [ʒəsɥiaparidəpɥiɥiʒur]

2. Sagen Sie dem Verkäufer eines Modegeschäfts,
   - daß Ihnen die Handschuhe im Schaufenster gefallen
   - daß Sie einen roten Rock suchen
   - daß der Rock zu weit ist
   - daß Sie noch einmal die Größe 38 anprobieren möchten

3. Sie sind Verkäufer/Verkäuferin und fordern eine Kundin auf, sie solle
   - das rote Kleid anschauen
   - (die) Größe 40 anziehen
   - (die) Größe 38 (an)probieren
   - morgen wiederkommen

4. Sie sind Kundin und stellen fest:
   - Dieser blaue Rock ist elegant.
   - Diese Handschuhe sind schick.
   - (Die) Größe 40 ist zu weit.
   - (Die) Größe 38 ist ein wenig eng.
   - Sie möchten das rote Kleid mit den großen Taschen (an)probieren.
   - Sie haben es eilig und Sie werden morgen wiederkommen.

5. Ergänzen Sie die Sätze:

a) Christine et Marguerite ...... sur le boulevard Saint-Germain. b) Elles ...... devant une boutique et ...... la vitrine. c) Elles ...... dans la boutique. d) Christine va ...... la robe rouge. e) C'...... un peu large. f) Christine et Marguerite ...... pressées. g) Elles ...... repasser demain.

6. Formen Sie folgende Sätze um nach dem Muster:

La robe est élégante. – C'est une robe élégante.

a) Le tailleur est chic. b) Les gants sont rouges. c) Le tailleur est élégant. d) La jupe est petite. e) La robe est élégante. f) Les robes sont élégantes. g) Le tailleur est joli. h) L'idée est bonne.

7. Gleiche Übung nach folgendem Muster:

Regardez cette robe. – C'est une robe élégante.

a) Regardez ce tailleur. b) Regardez ces gants. c) Regardez cette jupe. d) Regardez ces robes. e) Regardez cette boutique. f) Regardez ces jupes. g) Regardez cette serviette.

8. Setzen Sie die richtige Form von *élégant* ein.

a) Monsieur Denier, vous êtes ... b) Eve et Yves, vous êtes ... c) Christine et Marguerite, vous êtes ... d) Mesdemoiselles, vous êtes ... e) Mademoiselle, vous êtes ... f) Monsieur et Madame Denier, vous êtes ... g) Le vendeur est ... h) Paul, tu es ... i) Gérard, vous êtes ... k) Eve, tu es ...

9. Übersetzungsübung

Christine und Marguerite treffen sich in der Stadt. Sie schauen die Schaufenster an und bleiben vor einem Modegeschäft stehen. Christine findet ein blaues Kleid sehr hübsch. Sie betreten das Geschäft. Christine zieht das Kleid über. (Die) Größe 38 ist zu eng. Christine und Marguerite haben es eilig; sie werden vielleicht morgen noch einmal vorbeikommen und elegante Kleider und Röcke anprobieren.

10. **Bon courage!** *(Nur Mut!)*

HORIZONTALEMENT

2. rot
4. hübsch
6. morgen
11. Größe
12. danke

VERTICALEMENT

1. Tasche
3. Handschuh
5. Gedanke
7. Geschäfte
8. bummeln
9. vor
10. blau

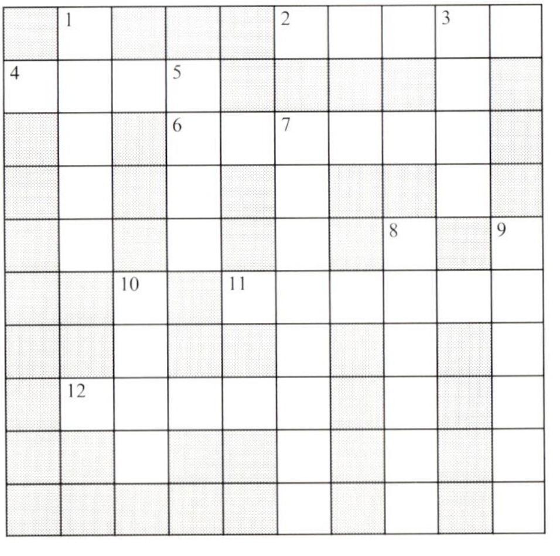

4A Text

Les Durand vont au Parc Euro Disneyland

Jacques Durand est avocat. Sa femme est institutrice. Elle s'appelle Dominique. Leurs enfants s'appellent Claudine et Philippe. Les Durand ont deux petits chiens et un chat. Ils ont une jolie maison à Saint-Cloud, près de Paris.

Aujourd'hui, le soleil brille et les Durand décident d'aller passer le week-end au Parc Euro Disneyland. Monsieur Durand appelle le centre des réservations ‹Euro Disney Vacances› pour réserver une chambre d'hôtel pour quatre personnes.

Ils sont tous assez énervés, surtout Madame Durand. Elle prépare les valises et elle dit à son mari:

– Je suis si énervée. Jacques, tu as ton rasoir, ta brosse à dents et ton appareil-photo? Les enfants, vous avez vos affaires et votre baladeur? N'oubliez pas que nous avons une heure de voyage en voiture.

Je ne trouve pas mon permis de conduire. Où est ma carte d'identité? Ah! Voilà mon portefeuille. Où est mon écharpe rouge? Jacques, tu es prêt? Claudine, Philippe, vous êtes prêts?

Monsieur Durand dit:

– Oui, chérie, j'ai tout, je suis prêt. Et voilà ton écharpe.

Et les enfants s'écrient:

– Oui, maman, nous avons toutes nos affaires, nous sommes prêts.

Alors, les Durand casent leurs affaires dans la voiture et ils quittent Saint-Cloud pour aller au Parc Euro Disneyland.

les Durand [ledyrɑ̃]	*die Durands*
l'avocat (m) [lavɔka]	*der Rechtsanwalt*
sa [sa]	*seine, ihre*
la femme [lafam]	*die Frau*
l'institutrice (f) [lɛ̃stitytris]	*die (Grundschul)-Lehrerin*
s'appeler [sapəle]	*heißen*
leurs [lœr]	*ihre* (Mehrzahl)
l'enfant (m) [lɑ̃fɑ̃]	*das Kind*
les Durand ont [ledyrɑ̃ɔ̃]	*die Durands haben*
deux [dø]	*zwei*
le chien [ləʃjɛ̃]	*der Hund*
le chat [ləʃa]	*die Katze*
la maison [lamɛzɔ̃]	*das Haus*
Saint-Cloud [sɛ̃klu]	*Pariser Vorort*
aujourd'hui [oʒurdɥi]	*heute*
le soleil [ləsɔlɛj]	*die Sonne*
briller [brije]	*scheinen*
décider de [desidedə]	*beschließen zu*
aller passer [alepase]	*verbringen*
le week-end [ləwikɛnd]	*das Wochenende*
appeler [aple]	*anrufen*
le centre [ləsɑ̃:tr]	*das Zentrum, die Stelle*
la réservation [larezɛrvɑsjɔ̃]	*die Reservierung*
réserver [rezɛrve]	*reservieren*
la chambre d'hôtel [laʃɑ̃:brədotɛl]	*das Hotelzimmer*
quatre [katr]	*vier*
la personne [lapɛrsɔn]	*die Person*
assez [ase]	*ziemlich*
énervé, e [enɛrve]	*aufgeregt, nervös*
surtout [syrtu]	*vor allem*
elle dit [ɛldi]	*sie sagt*
le mari [ləmari]	*der (Ehe)Mann*
si [si]	*so*
tu as [tya]	*du hast*
ton [tɔ̃]	*dein(en)*
le rasoir [ləraz war]	*der Rasierapparat*
ta [ta]	*deine* (Einzahl)
la brosse à dents [labrɔsadɑ̃]	*die Zahnbürste*
l'appareil-photo (m) [laparɛjfɔto]	*der Fotoapparat*
les enfants [lezɑ̃fɑ̃]	*Kinder* (Anrede)
vous avez [vuzave]	*ihr habt/habt ihr?*
vos [vo]	*euere* (Mehrzahl)
l'affaire (f) [lafɛr]	*die Sache, die Angelegenheit*
votre [vɔtr]	*euer*
le baladeur [ləbaladœ:r]	*der Walkman*
oublier [ublie]	*vergessen*
l'heure (f) [lœ:r]	*die Stunde*
le voyage [ləvwajaʒ]	*die Reise*
une heure de voyage [ynœ:rdəvwajaʒ]	*eine Stunde Fahrt*
la voiture [lavwatyr]	*der Wagen, das Auto*
en voiture [ɑ̃vwatyr]	*im Auto*
le permis de conduire [ləpɛrmidkɔ̃dɥir]	*der Führerschein*
ma [ma]	*meine* (Einzahl)
la carte d'identité [lakartdidɑ̃tite]	*der Personalausweis*
le portefeuille [ləpɔrtfœj]	*die Brieftasche*
l'écharpe (f) [leʃarp]	*das Halstuch*
prêt, -e [prɛ, prɛt]	*fertig, bereit*
chérie [ʃeri]	*Liebling*
j'ai [ʒe]	*ich habe*
tout [tu]	*alles*
s'écrier [sekrije]	*ausrufen*
nous avons [nuzavɔ̃]	*wir haben*
toutes nos affaires [tutnozafɛr]	*alle unsere Sachen*
caser [kaze]	*verstauen*

4B Grammatik

1. Präsens von *avoir* (haben)

j'	**ai**
tu	**as**
il/elle/on	**a**
nous	**avons**
vous	**avez**
ils/elles	**ont**

Zu beachten ist die stimmhafte Bindung des s [z] in den drei Pluralformen.

2. Präsens von appeler

appeler = nennen, rufen, anrufen
s'appeler = sich nennen, heißen

stammbetont		**endungsbetont**
j'	appẹ**ll**e	nous appelọns
tu	appẹ**ll**es	vous appelẹz
il/elle/on	appẹ**ll**e	
ils/elles	appẹ**ll**ent	

Die stammbetonten Formen verdoppeln das l.

3. Das Possessivpronomen

Singular		Plural
männl.	weibl.	männl. + weibl.
mon	**ma**	**mes**
ton	**ta**	**tes**
son	**sa**	**ses**
notre	**notre**	**nos**
votre	**votre**	**vos**
leur	**leur**	**leurs**

Vorsicht!

il trouve / elle trouve	**son** portefeuille	*sein* / *ihr*
il trouve / elle trouve	**sa** serviette	*seine* / *ihre*
il trouve / elle trouve	**ses** affaires	*seine* / *ihre*

Das adjektivische Possessivpronomen richtet sich im Französischen in Geschlecht und Zahl nach dem Substantiv, vor dem es steht (nicht, wie im Deutschen, nach dem Besitzer).
Vor weiblichen Substantiven, die mit Vokal oder stummem h beginnen, stehen die Formen **mon, ton, son** (statt **ma, ta, sa**), wobei das Endungs-n zum folgenden Substantiv hinübergebunden wird.
Beispiel: *une écharpe → mon‿écharpe.*
Bei den auf -s endenden Possessivpronomen wird dieses -s zu Substantiven, die mit einem Vokal oder stummem h beginnen, stimmhaft [z] hinübergebunden *(vos‿enfants).*

4. Verneinung

Je **ne** trouve **pas** mon rasoir.
Il **n'**est **pas** en vacances.
N'oubliez **pas** que ...
Ils **n'**habitent **pas** rue Racine.

Die Verneinung besteht im Französischen aus zwei Partikeln: **ne ... pas**.
Ne steht vor dem Verb, **pas** hinter dem Verb. Vor Vokalen oder stummem h wird **ne** apostrophiert. (In der Umgangssprache wird **ne** oft weggelassen, jedoch nicht in der gepflegten gesprochenen Sprache und auf keinen Fall in der Schriftsprache.)

5. Zusammengesetzte Substantive

la brosse	**à**	dents
le permis	**de**	conduire
la carte	**d'**	identité
une chambre	**d'**	hôtel
le magasin	**de**	mode
l'Arc	**de**	Triomphe

Zur Bildung zusammengesetzter Substantive braucht man im Französischen im allgemeinen eine Präposition, meist **de** oder **à**. Es kann nicht nur ein Substantiv mit einem anderen verbunden werden *(brosse à dents)*, sondern auch ein Substantiv mit einem Verb *(permis de conduire)*. Die Präposition **de** wird vor Vokalen und stummem h apostrophiert. Der Plural wird der Zusammensetzung entsprechend gebildet; z. B.: *la carte d'identité* = die Karte für die Identität; *les cartes d'identité* = die Karte**n** für die Identität.

4C Landeskunde und Sprachgebrauch

1. Der *Parc Euro Disneyland* oder *Euro Disney Resort* ist ein riesiger Freizeitpark in Marne-la-Vallée, eine Autostunde östlich von Paris.

2. *Se* wird vor Vokal (Selbstlaut) apostrophiert: *s'appeler*.

3. Die Präposition *de* (vor Vokal *d'*) wird häufig zum Anschluß des Infinitivs verwendet (im Deutschen meist „zu"). Beisp.: *Ils décident d'aller au Parc Euro Disneyland.* Sie beschließen, ins Euro Disneyland zu fahren.

4. In dem Satz „Die Durands haben eine Katze" denkt man nur an die Tiergattung, nicht an das Geschlecht. Es könnte sich auch um einen Kater handeln. Im Französischen verwendet man dabei die männliche Form: *Les Durand ont un chat.*

5. *Saint-Cloud* ist eine Kleinstadt nahe Paris. Sie ist bekannt für ihre mondäne Pferderennbahn.

6. Zu *week-end*: An sich ist im Französischen der Gebrauch englischer Wörter verpönt. Es gibt sogar einen Erlaß, nach dem die Verwendung englischer Fremdwörter in Veröffentlichungen mit einer Geldstrafe belegt werden kann. Einige englische Ausdrücke haben sich jedoch fest eingebürgert und sind auch „genehmigt“.

7. „Liebling“ in der Anrede heißt *chéri* (ohne *e*), wenn ein Mann angesprochen wird, und *chérie* (mit *e*), wenn eine Frau gemeint ist. Im gesprochenen Französisch hört man keinen Unterschied.

4D Übungen

1. Ausspracheübung

[o] aussi [osi], aujourd'hui [oʒurdɥi], vos [vo], à gauche [agoʃ], automobile [otɔmɔbil], nos [no], au lycée [olise]

[ɔ] avocat [avɔka], joli [ʒɔli], la brosse [labrɔs], notre [nɔtr], votre [vɔtr], la robe [larɔb], la poche [lapɔʃ]
Nos robes sont jolies. [norɔ̣bsõʒɔlị]
Votre brosse est dans la poche. [vɔtrbrɔ̣sɛdɑ̃lapɔ̣ʃ]

la liasion = die Bindung

[z] dans‿un hôtel [dɑ̃zɛ̃notɛ̣l]
nous‿allons [nuzalọ̃]
vous‿allez [vuzalẹ]
vous‿habitez [vuzabitẹ]
ces‿étalages [sezetalạʒ]

[n] un‿hôtel, [ɛ̃notɛ̣l]
un‿enfant [ɛ̃nɑ̃fɑ̣̃]
un‿arc [ɛ̃nạrk]
on‿a [õnạ]

[t] ils sont‿en vacances [ilsõtɑ̃vakɑ̣̃s]
elles sont‿à Paris [ɛlsõtaparị]
il est‿à Paris [ilɛtaparị]

2. Fragen Sie Frau Durand, ob
- sie ihren Führerschein hat
- sie ihren Personalausweis nicht findet
- ihre Kinder fertig sind

Fragen Sie Claudine, ob
- dieser Hund ihr Hund ist
- ihre Katze Minou heißt
- der blaue Schal ihr Schal ist

Fragen Sie Philippe, ob
- das sein Walkman ist
- diese rote Brieftasche seine Brieftasche ist
- er seinen Fotoapparat sucht

Frau Durand ist nervös; ihr Mann
- richtet seine Sachen nicht her
- findet seine Zahnbürste nicht
- verstaut seinen Koffer nicht im Auto

3. Geben Sie eine verneinende Antwort:

a) Tu vas à l'Ecole normale? b) Les enfants, vous allez bien? c) Jacques entre dans l'hôtel? d) Tu es prête, Claudine? e) Tu habites à Paris? f) Les enfants préparent leurs affaires? g) Vous êtes énervés? h) Yves trouve son permis de conduire? i) Tu as tes affaires? k) Ta carte d'identité est dans ta poche?

4. Stellen Sie Fragen nach dem Muster:

C'est une jolie maison. – C'est ta maison?

a) C'est une belle voiture. b) C'est une écharpe élégante. c) C'est un joli chien. d) C'est une belle valise. e) Ce sont des robes élégantes. f) C'est un joli tailleur. g) C'est une jolie femme. h) Ce sont des écharpes élégantes. i) C'est une jupe élégante. k) C'est un beau chat.

5. Geben Sie Antworten nach dem Muster:

Où est mon portefeuille? – Voilà votre portefeuille.

a) Où est ma jupe? b) Où sont mes affaires? c) Où sont nos valises? d) Où est ma carte d'identité? e) Où est notre serviette? f) Où est mon écharpe? g) Où sont nos cigarettes? h) Où est ma robe? i) Où sont mes timbres? k) Où sont nos chiens?

6. Verändern Sie – wenn erforderlich – die Adjektive:

a) Jacques a deux joli... petit... chiens. b) Claudine et Eve sont assez énervé... c) Mes enfants sont petit... d) Yves n'est pas prêt... e) Elle est très joli... f) Claudine essaye une robe bleu... et une jupe rouge...

7. Setzen Sie das entsprechende Possessivpronomen ein (bezogen auf das Subjekt):

a) Je ne trouve pas ... rasoir. b) Les enfants, vous avez ... affaires? c) Claudine, prépare ... valise. d) Yves, prépare ... valise. e) Yves trouve ... carte d'identité et ... permis de conduire. f) Marguerite case ... affaires dans la voiture. g) Les enfants ne trouvent pas ... carte d'identité. h) Nous préparons ... affaires. i) Madame Durand cherche ... écharpe rouge. k) Chérie, tu as ... portefeuille?

8. Übersetzungsübung

Herr und Frau Durand haben ein kleines Haus in der Nähe von Paris. Sie haben zwei Kinder und eine Katze. Heute sind Durands nervös. Sie suchen ihren Fotoapparat, ihren Walkman und ihre Personalausweise. Sie richten ihre Sachen her und verstauen ihren Koffer im Wagen. Sie verlassen das Haus und verbringen das Wochenende in Euro Disneyland.

9. **La solution vous conduira à Euro Disneyland.** *(Die Lösung wird Sie nach Euro Disneyland führen.)*

Tragen Sie senkrecht die französischen Wörter für nachstehende Begriffe ein. Die Lösung ergibt einen für Lektion 4 wichtigen Ort.

1. Haus
2. Rechtsanwalt
3. Stunde
4. Kind
5. Hund
6. Sonne
7. Ehemann
8. Wagen
9. Katze
10. scheinen
11. Walkman
12. beschließen
13. fertig, bereit

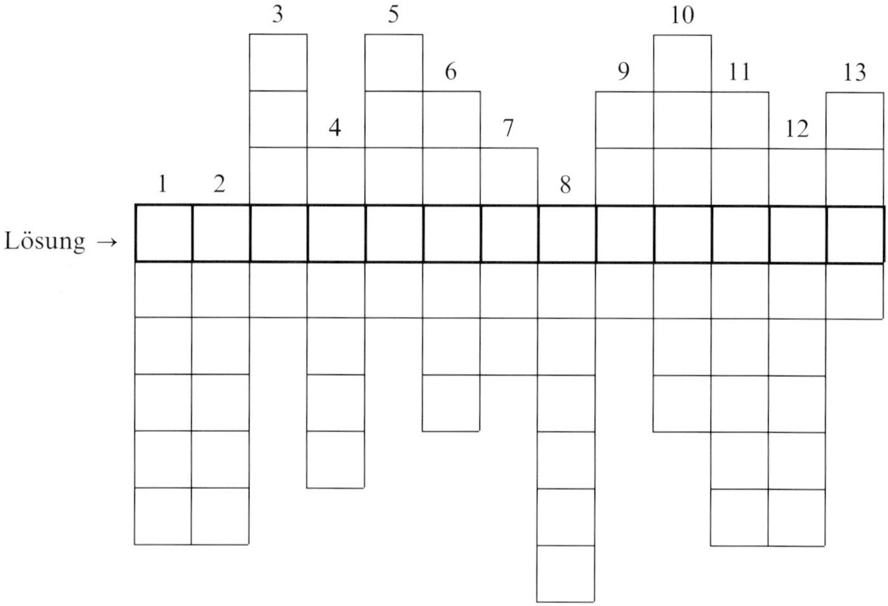

5A Text

Au voleur!

Un après-midi, Madame Hernu entend des bruits bizarres dans la maison de ses voisins. Normalement, il n'y a personne dans cette maison à cette heure-là. Alors, Madame Hernu téléphone à la police et, peu après, deux agents arrivent et s'approchent lentement de la maison. Tout à coup, l'un d'eux entend quelqu'un parler. Il s'arrête brusquement:
– Chut! J'entends une voix. Est-ce que tu entends aussi la voix?

Le deuxième agent écoute, lui aussi, attentivement pendant quelques minutes, puis il répond:
– Non, je n'entends rien. Et toi, tu entends toujours cette voix?

Le premier agent répond à voix basse:
– Tu es sourd, toi. Ecoute donc. Moi, j'entends quelqu'un parler. Allons-y!

Soudain, le deuxième agent arrête son collègue et dit:
– Doucement, doucement. Maintenant, j'entends également quelque chose. Ce sont peut-être deux voix ...

Le premier agent interrompt alors l'autre:
– Attention! Ne bouge pas! Je vois un homme et derrière lui une femme. Ils fouillent les tiroirs. Ce sont sûrement les cambrioleurs que nous recherchons depuis longtemps. Je les reconnais. Lui, c'est Jean Ribou.

2e agent:
– Et elle?

1er agent:
– Je ne sais pas. De toute façon, nous allons arrêter les deux individus. Tu es prêt?

2e agent:
– Oui, allons-y!

le voleur [ləvɔlœr]	*der Dieb*
au voleur! [ovɔlœr]	*haltet den Dieb!*
un après-midi [ɛ̃naprɛmidi]	*ein Nachmittag, eines Nachmittags*
entendre [ɑ̃tɑ̃dr]	*hören*
un bruit [ɛ̃brɥi]	*ein Geräusch*
bizarre [bizar]	*eigenartig*
le voisin [ləvwazɛ̃]	*der Nachbar*
normalement [nɔrmalmɑ̃]	*normalerweise*
il n'y a personne [ilnjapɛrsɔn]	*da ist niemand*
à cette heure-là [asɛtœrla]	*um diese Zeit (*wörtl.: *zu dieser Stunde)*
téléphoner [telefɔne]	*telefonieren*
un agent (de police) [ɛ̃naʒɑ̃(dəpɔlis)]	*ein Polizeibeamter*
s'approcher de [saprɔʃedə]	*sich nähern* (einer Sache oder Person)
lentement [lɑ̃tmɑ̃]	*langsam*
tout à coup [tutaku]	*plötzlich*
l'un d'eux [lɛ̃dø]	*der eine von ihnen*
quelqu'un [kɛlkɛ̃]	*jemand(en)*
parler [parle]	*sprechen*
brusquement [bryskmɑ̃]	*plötzlich*
chut! [ʃyt]	*pst!*
une voix [ynvwa]	*eine Stimme*
le deuxième agent, lui ... [lədøzjɛmaʒɑ̃lɥi]	*der* zweite *Polizist ...*
écouter [ekute]	*horchen, zuhören*
attentivement [atɑ̃tivmɑ̃]	*aufmerksam*
pendant [pɑ̃dɑ̃]	*während*
puis il répond [pɥi(z)ilrepɔ̃]	*dann antwortet er*
je n'entends rien [ʒənɑ̃tɑ̃rjɛ̃]	*ich höre nichts*
toi, tu ... [twaty]	*du* (betont)
le premier agent [ləprəmjɛraʒɑ̃]	*der erste Polizist*
à voix basse [avwabas]	*leise (*wörtl.: *mit niedriger Stimme)*
sourd, e [sur, surd]	*taub*
donc [dɔ̃k]	*doch*
moi, je [mwaʒə]	*ich* (betont)
allons-y! [alɔ̃zi]	*los! (*wörtl.: *gehen wir dorthin)*
soudain [sudɛ̃]	*plötzlich*
arrêter [arɛte]	*1. anhalten 2. verhaften*
le collègue [ləkɔlɛg]	*der Kollege*
doucement [dusmɑ̃]	*sachte, langsam*
également [egalmɑ̃]	*ebenfalls, auch*
quelque chose [kɛlkəʃoz]	*etwas*
interrompre [ɛ̃tɛrɔ̃pr]	*unterbrechen*
l'autre [lotr]	*der andere, den anderen*
attention! [atɑ̃sjɔ̃]	*Achtung! Vorsicht!*
bouger [buʒe]	*sich bewegen*

je vois [ʒəvwa]	*ich sehe*	je les reconnais [ʒəlerəkɔnɛ]	*ich erkenne sie (wieder)*
l'homme (m) [lɔm]	*der Mann*	je ne sais pas [ʒənəsepa]	*ich weiß (es) nicht*
derrière [dɛrjɛr]	*(da)hinter*	de toute façon [dətutfasõ]	*auf alle Fälle*
lui [lɥi]	hier: *ihm*	un individu [ɛ̃nɛ̃dividy]	*ein Individuum, ein Kerl, eine Person*
fouiller qch [fuje]	*etw. durchwühlen*		
le cambrioleur [ləkɑ̃briɔlœr]	*der Einbrecher*		
rechercher [rəʃɛrʃe]	*suchen, fahnden (nach)*		
depuis longtemps [dəpɥilõtɑ̃]	*seit langem*		

5B Grammatik

1. Das betonte Personalpronomen (I)

moi, je ... **toi,** tu ... **lui,** (il) ... **elle,** elle ... **nous,** nous ... **vous,** vous ... **eux,** (ils) ... **elles,** elles ...	Eine Betonung des Personalpronomens, die man im Deutschen mit der Stimme zum Ausdruck bringt (*Ich* habe ...), erfolgt im Französischen durch die Verwendung eines betonten Personalpronomens zusätzlich zum unbetonten Personalpronomen. In der 3. Person Singular und Plural kann das männliche unbetonte Pronomen **(il, ils)** entfallen.
Tu es sourd, **tói**.	Das betonte Pronomen kann in kurzen Sätzen am Ende stehen.
derrière **lui** l'un d'**eux**	Nach Präpositionen wird die betonte Form gebraucht.
Le deuxième agent écoute, **lui** aussi ...	Auch zur Betonung von Substantiven werden die betonten Personalpronomen verwendet. (Im Deutschen wieder mit der Stimme: Auch der *zweite* Polizist horcht ...)

2. Präsens der Verben auf -re

	entendre	
j' tu il/elle/on nous vous ils/elles	entends entends entend enten**dons** enten**dez** enten**dent**	Die zweite Konjugationsgruppe endet im Infinitiv auf **-re**. Im Singular unterscheiden sich die Endungen von denen der er-Konjugation. Im Plural sind die Endungen gleich.
il	interromp**t**	Ist der letzte Buchstabe des Stammes nicht -d, so ist die Endung der 3. Person Singular -t.

3. Das Adverb

Beachten Sie: Adverbien sind *immer* unveränderlich.

Formen:

Die **sogenannten ursprünglichen** Adverbien kommen *nur* als Adverbien vor. Solche sind zum Beispiel:

alors	*dann, danach, nun*	**maintenant**	*jetzt, nun*
assez	*genug, ziemlich*	**peu**	*wenig*
aussi	*auch*	**puis**	*dann*
beaucoup	*viel(e)*	**soudain**	*plötzlich*
bien	*gut*	**surtout**	*vor allem*
déjà	*schon*	**toujours**	*immer*
encore	*noch*	**très**	*sehr*
ensemble	*zusammen*		

Aus vielen Adjektiven läßt sich ein **Adverb durch Anhängen von -ment an die weibliche Adjektivform** bilden. Beispiele:

Adjektiv männlich	Adjektiv weiblich	Adverb	
attentif	attentive	**attentivement**	*aufmerksam*
lent	lente	**lentement**	*langsam*
normal	normale	**normalement**	*normalerweise*
doux	douce	**doucement**	*sachte*
brusque	brusque	**brusquement**	*plötzlich*
égal	égale	**également**	*gleichfalls, auch*

Oft entsprechen deutschen Adverbien im Französischen **Ausdrücke mit einem Substantiv**, zum Beispiel:

à voix basse	*leise (wörtl.: mit leiser Stimme)*

Satzstellung nach den Adverbien am Satzanfang:

Dann ruft Madame Hernu die Polizei an.	*Alors, Madame Hernu téléphone à la police.*
Jetzt höre ich auch etwas.	*Maintenant, j'entends aussi quelque chose.*
Dann antwortet er.	*Puis, il répond.*

Im Deutschen:
Umstellung der Wortfolge:
Verb unmittelbar nach dem Adverb.

Im Französischen:
Satzstellung wie im Aussagesatz ohne Adverb.

5C Landeskunde und Sprachgebrauch

1. *Est-ce que tu entends ...?*

Eine Frage kann man unter anderem durch *est-ce que* (= ist es, daß ...) einleiten. Die Wortfolge im Satz ist dann immer die des Aussagesatzes (1. Subjekt – 2. Prädikat = 1. Satzgegenstand – 2. Satzaussage) und nicht die umgekehrte Folge des deutschen Fragesatzes (hörst du ...).

2. Je *n'*entends *rien*. Ich höre *nichts*. Il *n'y* a *personne*. Da ist *niemand* (*wörtl.*: es gibt niemanden.)

Wird in der Verneinung *pas* durch *rien* bzw. *personne* ersetzt, dann bedeutet sie „nichts" bzw. „niemand".

3. *chercher* = suchen; *rechercher* = suchen, fahnden (nach); auch: durch eine Stellenanzeige suchen.

4. *Agent (de police)*: Die Ergänzung *(de police)* kann man nur weglassen, wenn aus dem Zusammenhang klar ist, daß es sich um einen Polizisten handelt; sonst kann *agent* alleine auch andere Bedeutungen haben: Vertreter, Agent usw.

5. *arrêter* bedeutet: „jemanden oder etwas anhalten, aufhalten"; auch: „jemanden verhaften". Die rückbezügliche Form *s'arrêter* (= sich anhalten) wird ins Deutsche nicht rückbezüglich übersetzt. Es bedeutet „anhalten" im Sinne von „stehenbleiben".

6. Die Ordnungszahlen haben im Französischen keinen Punkt. Sie werden durch die hochgestellte Endung des Zahlworts gekennzeichnet:

1er agent (premier agent) — *1. Polizist*
2e agent (deuxième agent) — *2. Polizist*

5D Übungen

1. Ausspracheübung

[œ] heure [œr], leur [lœr], portefeuille [pɔrtəfœj] tailleur [tajœr], vendeur [vɑ̃dœr]
[ø] eux [ø], peu [pø], deux [dø], bleu [blø]
Les deux voleurs arrivent à deux heures. [ledøvɔlœrarivadøzœr]
Peu après, ils arrêtent le deuxième cambrioleur.
[pøaprɛilzarɛtlədøjɛmkɑ̃briɔlœr]
C'est peut-être leur portefeuille. [sɛpøtɛ̣trlœrpɔrtəfœ̣j]
[u] doucement [dusmɑ̃], soudain [sudɛ̃], écouter [ekute], toujours [tuʒur], sourd [sur]
[y] brusquement [bryskəmɑ̃], minute [minyt], tu [ty], Durand [dyrɑ̃], voiture [vwatyr], sûrement [syrmɑ̃]
Monsieur Durand est sûrement sourd. [məsjødyrɑ̣̃ɛsyrmɑ̃sụr]
La voiture des Durand s'arrête brusquement.
[lavwatỵrdedyrɑ̣̃sarɛtbryskəmɑ̃]

2. Rufen Sie die Polizei an und sagen Sie:

– daß Sie eigenartige Geräusche im Haus Ihrer Nachbarn hören
– daß Sie jemanden sprechen hören
– daß es vielleicht zwei Stimmen sind
– daß Sie einen Mann und eine Frau sehen
– daß sie die Schubladen durchwühlen
– daß das sicher Einbrecher sind

Der Polizist am anderen Ende der Leitung

– fragt, ob Sie immer noch diese Stimmen hören
– sagt, daß das vielleicht die Einbrecher sind, die sie seit langem suchen
– sagt, daß Sie sich nicht bewegen sollen
– sagt, daß zwei Polizisten (an)kommen werden
– sagt, daß sie die zwei Personen verhaften werden

3. Betonen Sie das Personalpronomen nach folgendem Muster:

J'entends une voix. – Moi aussi, j'entends une voix.

a) Nous écoutons attentivement. b) Il interrompt son collègue. c) Tu es sourd. d) Ils s'approchent de la maison. e) Vous entendez des bruits bizarres. f) Elles arrêtent les cambrioleurs. g) Elle téléphone à la police. h) Je vais fouiller les tiroirs. i) Tu parles à voix basse. k) Nous recherchons cet individu.

4. Antworten Sie nach dem Muster:

Vous arrêtez les voleurs? – Oui, j'arrête les voleurs.

a) Vous entendez une voix? b) Vous écoutez attentivement? c) Vous téléphonez à la police? d) Vous continuez votre chemin? e) Vous interrompez l'agent de police? f) Vous répondez? g) Vous allez à votre bureau? h) Vous travaillez beaucoup? i) Vous êtes prêt?

5. Setzen Sie folgende Fragen in die Frageform mit *est-ce que* nach dem Muster: Il arrête le cambrioleur? – Est-ce qu'il arrête le cambrioleur?

   a) Vous entendez les voix? b) Tu vas essayer la robe rouge? c) Nous entrons dans le magasin? d) On entend quelqu'un parler? e) Elle répond? f) Marguerite et Philippe écoutent attentivement? g) Madame Hernu entend les voleurs? h) Monsieur Durand répond à voix basse? i) Gérard regarde la revue? k) Il s'arrête?

6. Stellen Sie fest, ob die eingeklammerten Wörter in dem Satz Adverbien oder Adjektive sein müssen und verändern Sie sie, wenn erforderlich.

   a) Madame Hernu est assez (énervé). b) Vous entrez (doux). c) Philippe est déjà (prêt). d) Les agents s'approchent (lent). e) Marguerite est (aussi) énervée. f) Il est (sûr) prêt. g) Ils s'arrêtent (brusque). h) La robe bleue est (très) élégante.

7. Vervollständigen Sie – wo erforderlich – die Endung.

   a) Est-ce que vous entend... aussi la voix? b) Madame Hernu téléphon... à la police. c) Moi, j'interromp... l'agent de police. d) On entend... des bruits bizarres. e) Les voisins écout... attentivement. f) Tu arrêt... les deux voleurs? g) L'agent répond... à voix basse. h) Nous interromp... Madame Hernu. i) Les agents s'arrêt... k) Tu entend... quelque chose?

8. Übersetzungsübung

   Frau Hernu ruft die Polizei an. Bald danach kommen zwei Polizisten und nähern sich langsam dem Haus der Nachbarn von Frau Hernu. Plötzlich hört einer von ihnen eine Stimme. Er bleibt stehen. Dann setzt er seinen Weg fort. Der andere Polizist hört eine zweite Stimme. Der erste Polizist horcht aufmerksam, dann hört er auch zwei Stimmen. Nun sehen die beiden Polizisten zwei Personen im Haus. Die Einbrecher durchwühlen die Schubladen. Die Polizisten nähern sich langsam den Dieben. Sie verhaften die beiden Personen.

6A

6A Text

Dans le bureau de la maison Levier et Cie

Il est onze heures du matin. Françoise Lapointe, secrétaire chez Levier et Cie, s'installe devant l'écran de son ordinateur et commence à taper lorsque son patron, Monsieur Levier, qui rentre d'un voyage d'affaires, entre dans le bureau.

– Bonjour, Monsieur. Vous avez fait bon voyage?
– Bonjour, Françoise. Oui, le voyage a été agréable, mais les négociations n'ont donné aucun résultat. Mais ce n'est pas grave. Et ici, tout va bien? Quoi de neuf?
– Hier, j'ai reçu un coup de téléphone de Monsieur Garnier, de la maison Tédoc. Il va finir l'analyse de marché aujourd'hui et nous faxer les résultats ce soir. On va donc recevoir la documentation complète demain ou après-demain.
– Bien. Et Monsieur Yvain n'a pas téléphoné?
– Non, pas encore.

Monsieur Levier jette un coup d'œil sur les papiers qui se trouvent sur le bureau de Mademoiselle Lapointe.

– Ah, la réclamation de Mercier annoncée par télécopie est arrivée, et vous êtes en train de faire la réponse. Très bien. J'ai besoin de trois copies.
– D'accord. Mais je finis d'abord la lettre à Claron, n'est-ce pas?
– Bien sûr. La réponse à Mercier n'est pas urgente. Finissez d'abord l'affaire Claron.
– Au fait, Carnot a payé. Il a viré les neuf mille francs avant-hier.
– Enfin une bonne nouvelle!

Monsieur Levier se dirige vers son bureau, entre et commence à parcourir le courrier. Au bout d'une demi-heure, il appelle Mademoiselle Lapointe.
– Ecoutez, Françoise, je reçois presque chaque semaine une offre de stylos à bille publicitaires d'un certain Monsieur Patalou. Répondez à ce monsieur qu'on n'a pas besoin de publicité.
– Oui, Monsieur. C'est tout?
– Oui, merci, c'est tout pour le moment.

le bureau	*1. das Büro, 2. der Schreibtisch*
la maison	*die Firma*
Levier et Cie (= compagnie)	*Levier und Co.*
il est	*es ist*
onze heures [õzœr]	*elf Uhr*
le matin	*der Morgen*
la secrétaire	*die Sekretärin*
elle s'installe	*sie setzt sich*
l'écran (m)	*der Bildschirm*
l'ordinateur (m)	*der Computer*
taper	*tippen*
lorsque	*als*
le patron	*der Chef*
qui	*der* (Relativpronomen)
rentrer	*zurückkommen*
le voyage d'affaires	*die Geschäftsreise*
fait	*gemacht;* hier: *gehabt*
(un) bon voyage	*eine gute Reise*
été	*gewesen*
agréable	*angenehm*
mais	*aber*
la négociation [negɔsjasjõ]	*die Verhandlung*
donner	*(er)geben, erbringen*
aucun	*kein(erlei)*
le résultat [rezylta]	*das Ergebnis*
grave	*schlimm*
ici	*hier*
quoi de neuf? [kwadənœf]	*was gibt's Neues?*
hier	*gestern*
recevoir	*erhalten*
le coup de téléphone	*der Telefonanruf*
finir	*beenden, fertigstellen*
l'analyse (f) de marché	*die Marktanalyse*
nous	*uns*
faxer	*„faxen", per Telefax übermitteln*
ce soir	*heute abend*
donc	*also, deshalb*
la documentation	*die Dokumentation, die Unterlagen*
complet, complète	*vollständig, komplett*
ou	*oder*
après-demain	*übermorgen*
pas encore	*noch nicht*
jeter	*werfen*
le coup d'œil [ləkudœj]	*der Blick*
les papiers (mpl)	*die Papiere, die Unterlagen*
se trouver	*sich befinden*

la réclamation	*die Reklamation*	avant-hier [avɑ̃tjɛr]	*vorgestern*
annoncer	*ankündigen*	enfin	*endlich*
par	*durch*	la nouvelle	*die Nachricht*
la télécopie	*das Telefax*	se diriger vers qch	*auf etw. zugehen*
être en train de faire	*im Begriff sein zu machen;* hier: *schreiben*	parcourir	*überfliegen, durchlesen*
		le courrier	*die Post (= Briefe)*
la réponse	*die Antwort*	au bout de	*nach (= am Ende von)*
avoir besoin de qch	*etw. brauchen (Bedarf haben an)*	une demi-heure	*eine halbe Stunde*
la copie	*die Kopie*	presque	*fast*
d'abord	*zunächst*	chaque	*jede, -r, -s*
à	*an*	la semaine	*die Woche*
bien sûr	*sicher, natürlich (adv.)*	l'offre (f)	*das Angebot*
		le stylo à bille [bij]	*der Kugelschreiber*
urgent, -e	*dringend*	publicitaire	*Werbe-*
payer	*(be)zahlen*	un certain	*ein gewisser*
neuf	*neun*	répondre à qn	*jdm antworten*
mille	*tausend*	la publicité	*die Werbung*
le franc	*der Franc*	pour	*für*
virer	*überweisen*	le moment	*der Augenblick*

6B Grammatik

1. Präsens der Verben auf -ir (z. B. *finir* beenden)

je	fin**is**	nous	fin**issons**
tu	fin**is**	vous	fin**issez**
il/elle/on	fin**it**	ils/elles	fin**issent**

Die 3. Konjugationsgruppe endet im Infinitiv auf -ir. Zu beachten die Stammerweiterung -iss- im Pl.

2. Präsens der Verben auf -oir (z. B. *recevoir* erhalten)

je	**reçois**	nous	recev**ons**
tu	**reçois**	vous	recev**ez**
il/elle/on	**reçoit**	ils/elles	**reçoivent**

Die 4. Konjugationsgruppe endet im Infinitiv auf -oir. Zu beachten die Verkürzung in den stammbetonten Formen. Vor o schreibt man **ç**.

3. Partizip Perfekt (participe passé)

Infinitiv	arriv*er*	entend*re*	fin*ir*	recev*oir*	*avoir*	*être*
Partizip Perfekt	arriv**é**	entend**u**	fin**i**	re**çu**	**eu**	**été**

Auch vor u wird ç geschrieben.

4. Perfekt *(passé composé)*

mit *avoir*	Monsieur X n'**a** pas **téléphoné**. Les négociations n'**ont donné** aucun résultat. J'**ai reçu** un coup de téléphone. Le voyage **a été** agréable. (= **ist** gewesen)	Die meisten Verben bilden das Perfekt mit **avoir.** Dabei wird das Partizip nicht verändert. (Sonderfälle werden später behandelt.)
mit *être*	La réclamation **est arrivée**. Monsieur L. **est entré** dans le bureau. Mademoiselle L. **est allée** à Paris.	Einige Verben, die eine Bewegungsrichtung ausdrücken (z. B. *entrer, aller, arriver*), bilden das Perfekt mit **être**. Das Partizip wird dabei wie ein Adjektiv behandelt (siehe Kap. 3B).

Zu beachten:
– Partizip **vor** der Ergänzung: *J'ai reçu un coup de téléphone.*
– In der Verneinung: **pas** (oder **rien**) zwischen Hilfsverb und Partizip: *Je **n'**ai **pas** téléphoné. Nous **n'**avons **rien** entendu.*

5. *Futur proche* (nahe Zukunft)

je	**vais**	**finir**	nous	**allons**	**finir**	Präsens von **aller** + **Infinitiv** zur Bezeichnung naher Zukunft (Siehe auch Kap. 3C)
tu	**vas**		vous	**allez**		
il/elle/on	**va**		ils/elles	**vont**		

6C Landeskunde und Sprachgebrauch

1. *jeter* = „werfen": *je jette – nous jetons.* In den stammbetonten Formen mit *tt* (vergl. *appeler* in Kap. 4B).

2. Der Imperativ der Verben auf -re, -ir und -oir verwendet die Formen des Präsens, nur ohne Pronomen: *finis* „beende!", *finissez* „beendet, beenden Sie!", *répondez* „antwortet, antworten Sie!" usw.

3. *aucun* wird wie *pas* und *rien* mit *ne* gebraucht.

4. *Ne* entfällt, wenn kein Verb vorhanden ist. Z. B.:
Monsieur Yvain a téléphoné? – Non, pas encore.

5. In den Zeitangaben bekommt *heure* ein Plural-s, außer natürlich in *une heure* = „ein Uhr".

6. Monsieur, Madame, Mademoiselle werden in der Anrede und vor einem Namen groß geschrieben.

7. *du* (*du matin* = des Morgens) ist die Zusammenziehung von *de* + *le*.

8. *complet, complète:* Manche Adjektive auf *-et* bilden die weibliche Form auf *-ète*.

9. *Bureau* bedeutet „Büro" oder „Schreibtisch". Der Sinn ergibt sich jeweils aus dem Zusammenhang.

10. *Bonjour, Monsieur* = Guten Tag, Herr Levier: Im Gegensatz zum Deutschen wird im Französischen hier der Name nicht dazugesagt.

11. *faxer* = „faxen" kommt von *fax*, Kurzform von *téléfax*, auch *télécopie* = Telefax.

6D Übungen

1. Ausspracheübung

[p] Paris [pari], papier [papje], patron [patrɔ̃], pas encore [pazɑ̃kɔr], réponse [repɔ̃s], taper [tape], pour [pur], parcourir [parkurir]

[b] bureau [byro], bon [bɔ̃], agréable [agreabl], bien [bjɛ̃], besoin [bəswɛ̃], bout [bu]
Le patron a besoin de papiers. [ləpatrɔ̣̃abəswɛ̃dəpapjẹ]
Il a un beau bureau à Paris. [ilaɛ̃bobyrọaparị]

[f] Françoise [frɑ̃swaz], fils [fis], affaire [afɛr], finir [finir], téléphone [telefɔn], faxer [fakse], neuf [nœf]

[v] voyage [vwajaʒ], avoir [avwar], grave [grav], on va [ɔ̃va], devant [dəvɑ̃], arriver [arive]
Françoise finit de téléphoner à Monsieur Yvain.
[frɑ̃swạzfinidətelefɔnẹaməsjø̣ivɛ̣̃]
Votre fils a fait un voyage agréable? [votrfịsafɛɛ̃vwajaʒagreạbl]
Monsieur Levier va faxer la réponse et virer neuf mille francs.
[məsjøləvjevafakselarepɔ̃sevirenœfmilfrɑ̃]

2. Beantworten Sie folgende Sätze bejahend nach dem Muster:
Vous finissez d'abord cette lettre? – Oui, je finis d'abord cette lettre.

a) Vous recevez chaque jour une lettre publicitaire? b) Vous téléphonez à Madame Duriez? c) Vous jetez un coup d'œil sur la lettre? d) Vous finissez la télécopie? e) Vous rentrez d'un voyage? f) Vous avez besoin de publicité? g) Vous tapez la lettre?

3. Fragen Sie Françoise, ob sie
   - den Brief getippt hat
   - von Herrn Mercier ein Angebot erhalten hat
   - die Antwort an Herrn Claron vorbereitet hat
   - das Werbeangebot von Herrn Patalou erhalten hat
   - die Antwort an Herrn Denier fertiggeschrieben (beendet) hat
   - die Reklamation angekündigt hat.

4. Françoise soll einen Brief an Herrn Mercier schreiben. Sie spielen die Rolle von Françoise und sagen, daß Sie vorher (zunächst)
   - den Brief an Herrn Claron tippen
   - die Antwort an Monsieur Patalou vorbereiten
   - die neuntausend Francs überweisen
   - einen Blick auf die Post werfen
   - die Marktanalyse ankündigen
   - Herrn Durand antworten

5. Beantworten Sie folgende Sätze verneinend nach dem Muster:
   Monsieur Levier a tapé la lettre? – Non, il n'a pas encore tapé la lettre.

   a) Françoise a téléphoné à Claron et Cie? b) Madame Denier a appelé la police? c) Françoise a fini la lettre? d) Madame Denier a payé? e) Monsieur Levier a fini la réponse? f) L'agent de police a entendu la voix? g) Monsieur Durand a cherché son permis de conduire? h) Françoise a reçu l'analyse de marché? i) Monsieur Levier a casé la valise dans la voiture? k) Madame Hernu a parcouru le courrier?

6. Antworten Sie nach folgendem Muster:
   Monsieur Durand reçoit la réclamation? – Il a déjà reçu la réclamation.

   a) Monsieur Levier rentre? b) Madame Hernu appelle la police? c) Françoise téléphone à Monsieur Patalou? d) Les Durand quittent Saint-Cloud? e) Les agents de police arrivent? f) Françoise finit la lettre? g) Françoise répond à Monsieur Levier? h) Monsieur Levier commence à parcourir le courrier? i) Monsieur Carnot vire les neuf mille francs? k) Marguerite passe la robe?

7. Erteilen Sie Anweisungen nach folgendem Muster:
   Vous avez déjà répondu à Monsieur Claron? – Répondez à Monsieur Claron.

   a) Vous avez déjà fini la lettre? b) Vous avez déjà appelé la police? c) Vous avez déjà cherché les timbres? d) Vous avez déjà tapé la réponse? e) Vous avez déjà préparé les affaires? f) Vous avez déjà faxé les résultats à Monsieur Hernu? g) Vous avez déjà arrêté les deux individus?

8. Antworten Sie unter Verwendung des «futur proche». Muster:
   Vous avez déjà tapé la réponse?– Maintenant, je vais taper la réponse.

   a) Vous avez déjà casé les affaires dans la voiture? b) Vous avez déjà appelé la police? c) Vous avez déjà fini la lettre? d) Vous avez déjà essayé la robe rouge? e) Vous avez déjà préparé le bac? f) Vous avez déjà téléphoné à Françoise? g) Vous avez déjà commencé à taper la lettre?

9. Setzen Sie folgende Sätze in die verneinte Form:

   a) J'ai besoin de publicité. b) La lettre de Mercier est arrivée. c) Philippe commence à taper. d) J'ai reçu le coup de téléphone de Monsieur Durand. e) Monsieur Garnier a fini l'analyse de marché. f) La réclamation est arrivée. g) Monsieur Levier jette un coup d'œil sur les papiers. h) Madame Duriez a téléphoné à Monsieur Carnot. i) Mademoiselle Durand a reçu la télecopie de Monsieur Garnier. k) Monsieur Levier a fait bon voyage.

10. Setzen Sie folgende Sätze ins futur proche:

    a) Je reçois une lettre de Madame Durand. b) Monsieur Carnot finit d'abord la réponse. c) La télecopie arrive cet après-midi. d) Nous entrons dans le bureau. e) Les Durand finissent l'analyse de marché. f) Je réponds à l'offre de Monsieur Mercier. g) Jacques commence à taper la lettre.

11. Übersetzungsübung

a) Herr Carnot wirft einen Blick auf den Brief vor Christine. b) Hat Herr Yvain eine schöne (gute) Reise gehabt? (mit est-ce que). c) Sie haben den Brief schon getippt? – Sehr gut. d) Sie haben die Richier-Angelegenheit schon beendet? – Nein, noch nicht. e) Es ist zwei Uhr. Wir werden jetzt telefonieren (futur proche). f) Der Brief hat keinerlei Ergebnis erbracht (= ergeben). g) Wir brauchen Werbung. h) Was gibt's Neues? i) Ich bin im Begriff, eine Antwort zu schreiben. k) Herr Durand ist schon angekommen. Seine Frau ist auch angekommen. l) Die Reise ist angenehm gewesen. m) Die Reklamation hat nichts erbracht (= ergeben).

12. **Vous maîtrisez les mots composés?** *(Beherrschen Sie die zusammengesetzten Wörter?)*

In das vorgegebene Gitter sind waagrecht zusammengesesetzte französische Wörter mit nachstehender Bedeutung einzutragen. (Bindestriche erhalten ein eigenes Kästchen, Apostrophe nicht.) Bei richtiger Lösung ergibt sich in der stark umrandeten senkrechten Spalte ein weiteres zusammengesetztes Wort:

1. Geschäftsreise
2. vielleicht
3. Personalausweis
4. achtunddreißig
5. Marktanalyse
6. vorgestern
7. Hotelzimmer
8. Kugelschreiber
9. Telefonanruf
10. Führerschein

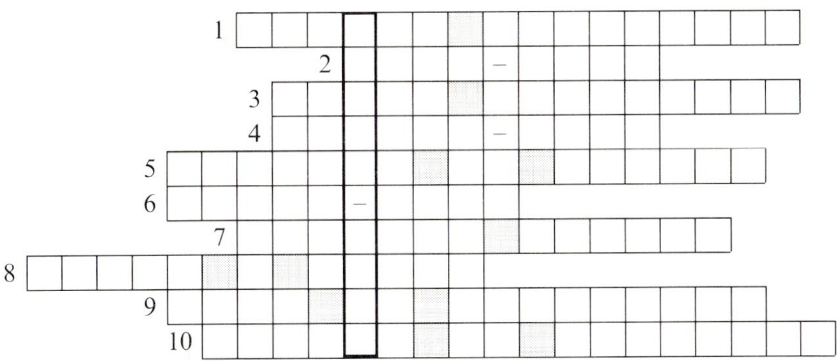

7A

La grève de la RATP le 28 juin réduira le trafic à un métro sur trois

Le mot d'ordre de grève lancé à la RATP par la CGT, le SAT (conducteurs autonomes), la CFDT, la CFTC et FO encadrement pour la journée du 28 juin devrait sérieusement perturber le fonctionnement des transports en commun en Ile-de-France. La RATP prévoit que les bus seront moins affectés avec un trafic de … Les RER circu-

ÉCONOMIE

… les mots d'ordre de grève

… voit d'assurer vendredi … % des vols

Fin de la grève à la gare Saint-Charles

Les agents de manœuvre de la SNCF, qui bloquaient depuis vingt-six jours les voies ferrées de la gare Saint-Charles à Marseille, ont voté jeudi 27 juin la fin de la grève. Sans avoir obtenu la pri…

d'une prime-panier de 25 francs par jour, n'y a-t-il pas disproportion entre la cause et l'effet? Voilà bien le genre de remarque à ne pas faire à André, onze ans de métier, agent de manœuvres à la gare Saint-Charles à M… «Nous gagnons en …

veux dire, reprend un autre. *Mon salaire de base est de 5 200 francs par mois. J'y ajoute une prime de vacances unique de 428 francs et pour toucher une prime de réserve, je travaille le week-end et certains jours fériés. Au bout du compte, ça fait 7 000 francs.»*

…seph, marié, pè…

7A Text

Une histoire vraie

Au mois de juin, une grève éclate dans un atelier d'une entreprise moyenne de la région parisienne. C'est un lundi matin. La grève s'étend aux autres ateliers, et, le soir, la production est arrêtée. La direction est surprise, car elle n'a reçu jusque-là aucune revendication.

Le mardi, la situation reste inchangée. Les ouvriers sont là, ils bavardent, feuillettent des livres et jouent aux cartes. La direction prend contact avec les représentants du personnel. Elle presse les ouvriers d'indiquer au gérant l'objet de la grève, mais en vain. Aucune revendication n'est présentée à la direction par les grévistes.

Le mercredi, les ateliers prennent un air de fête. Les grévistes improvisent des pièces de théâtre où la vie de l'entreprise est jouée avec humour. Le patron est représenté sans insolence.

Le jeudi, la direction accorde aux ouvriers une prime de vacances de deux mille francs pour débloquer la situation. Mais cette nouvelle ne change rien. Les grévistes laissent les machines arrêtées. Le vendredi, il en est de même: Tous sont là, mais personne ne travaille. Le samedi et le dimanche sont pour les directeurs des jours très désagréables: Ils ignorent en effet les intentions des ouvriers pour la semaine à venir.

Mais le lundi suivant, tout le monde est à son poste et le travail reprend. La direction n'a jamais appris les motifs de cette grève.

une histoire	*eine Geschichte*
vrai, -e	*wahr*
au mois de juin	*im Monat Juni*
la grève	*der Streik*
éclater	*ausbrechen*
un atelier	*eine Werkstatt, Werkshalle*
une entreprise	*ein Unternehmen*
moyen, -ne	*mittelgroß, Mittel-*
la région	*die Gegend, die Region*
parisien, -ne	*von Paris*
lundi (m)	*Montag*
s'étendre à	*sich erstrecken, sich ausbreiten auf*
le soir	*1. am Abend, 2. der Abend*
la production	*die Produktion*
arrêter	*stoppen, anhalten*
la direction	*die Direktion, Unternehmensleitung*
surprendre	*überraschen*
surpris, -e	*überrascht*
car	*denn, weil*
jusque-là	*bis dahin*
la revendication	*die Forderung*
mardi (m)	*Dienstag*
la situation	*die Lage*
rester	*bleiben*
inchangé, -e	*unverändert*
un ouvrier	*ein Arbeiter*
bavarder	*plaudern*
feuilleter qch	*in etw. blättern*
le livre	*das Buch*
jouer	*spielen*
la carte	*die Karte, Spielkarte*
prendre	*(auf)nehmen*
le contact	*der Kontakt*
le représentant	*der Vertreter*
le personnel	*das Personal*
presser qn de faire qch	*jdn drängen, etw. zu tun*
indiquer	*angeben, nennen*
le gérant	*der Geschäftsführer*
l'objet (m)	*der Gegenstand*

en vain	*vergeblich*
présenter	*vorbringen, darlegen, vorlegen*
le gréviste	*der Streikende*
mercredi (m)	*Mittwoch*
un air de	*ein Aussehen von*
la fête	*das Fest*
improviser	*improvisieren*
la pièce	*das Stück*
la pièce de théâtre	*das Theaterstück*
la vie	*das Leben*
l'humour (m)	*der Humor*
représenter	*darstellen*
sans	*ohne*
l'insolence (f)	*die Unverschämtheit, Respektlosigkeit*
jeudi (m)	*Donnerstag*
accorder	*gewähren*
la prime	*die Prämie*
cinq	*fünf*
débloquer	*entschärfen, lösen*
changer	*ändern*
laisser	*lassen*
la machine	*die Maschine*
vendredi (m)	*Freitag*
il en est de même	*es ist das gleiche*
personne ... ne	*niemand*
samedi (m)	*Samstag*
dimanche (m)	*Sonntag*
le directeur	*der Direktor*
désagréable	*unangenehm*
ignorer	*nicht kennen*
en effet	*nämlich*
l'intention (f)	*die Absicht*
la semaine à venir	*die kommende Woche*
suivant, -e	*folgend*
tout le monde	*jedermann, alle*
le poste	*der Posten, die Arbeitsstelle*
le travail	*die Arbeit*
reprendre	*wieder beginnen*
ne ... jamais	*nie(mals)*
apprendre	*1. lernen, 2. erfahren*
appris, -e	*1. gelernt, 2. erfahren*
le motif	*das Motiv, der Grund*

7B Grammatik

1. Zum Substantiv (Deklination)

	Le	**personnel**	travaille	das	Personal
Les revendications	**du**	**personnel**		des	Personals
La direction accorde une prime	**au**	**personnel**		dem	Personal
On presse	**le**	**personnel**	(de ...)	das	Personal
	La	**direction**	est surprise	die	Direktion
Les motifs	**de la**	**direction**		der	Direktion
Le gréviste présente une revendication	**à la**	**direction**		der	Direktion
On presse	**la**	**direction**	(de ...)	die	Direktion
	Les	**ouvriers**	travaillent	die	Arbeiter
Les revendications	**des**	**ouvriers**		der	Arbeiter
La direction accorde une prime	**aux**	**ouvriers**		den	Arbeitern
On presse	**les**	**ouvriers**	(de ...)	die	Arbeiter

a) Eine Deklination (Beugung) wie im Deutschen gibt es im Französischen nicht. Es stehen dafür Präpositionen (vergl. im umgangssprachlichen Deutsch: Die Forderungen von den Arbeitern.) Dabei sind

de + *le* verschmolzen zu **du**
à + *le* verschmolzen zu **au**
de + *les* verschmolzen zu **des**
à + *les* verschmolzen zu **aux**.

b) Vor Vokal und stummem h wird in der weiblichen und männlichen Singularform **de l'** und **à l'** verwendet. Beisp.:

Le gérant de l'hôtel. Je présente une revendication à l'avocat. Je vais à l'école.

c) Statt des bestimmten Artikels kann natürlich auch der unbestimmte Artikel oder ein Demonstrativpronomen oder ein Possessivpronomen stehen. Beisp.:

La revendication d'un ouvrier. La revendication de cet ouvrier. La revendication de notre personnel.

2. Präsens und Partizip Perfekt des unregelmäßigen Verbs *prendre* (nehmen)

Singular			Plural			Partizip Perfekt		
je	**prends**	[prɑ̃]	nous	**prenons**	[prənɔ̃]	männlich:	**pris**	[pri]
tu	**prends**	[prɑ̃]	vous	**prenez**	[prəne]	weiblich:	**prise**	[priz]
il/elle/on	**prend**	[prɑ̃]	ils/elles	**prennent**	[prɛn]			

ebenso: surprendre = *überraschen*, apprendre = *erfahren, lernen* und reprendre: *wieder beginnen*

3. Adjektive auf -n

männlich		weiblich		Bemerkung
moyen	[mwajɛ̃]	**moyenne**	[mwajɛn]	Die Auflösung des Nasals in der weiblichen Form wird zum Teil durch Verdoppelung des Endkonsonanten (hier n) gekennzeichnet.
parisien	[parizjɛ̃]	**parisienne**	[parizjɛn]	
bon	[bɔ̃]	**bonne**	[bɔn]	
aucun	[okɛ̃]	**aucune**	[okyn]	
certain	[sɛrtɛ̃]	**certaine**	[sɛrtɛn]	
mit Nasal		ohne Nasal		

4. Das Passiv

La production **est arrêtée**. *Die Produktion* **ist** *eingestellt.* La direction **est surprise**. *Die Direktion* **ist** *erstaunt.*	**Zustandspassiv:** Übersetzung mit *ist*	Auch im Passiv wird das Partizip Perfekt behandelt wie ein Adjektiv (siehe Kap. 3B).
Le patron **est représenté** avec humour. *Der Chef* **wird** *humorvoll dargestellt.* Aucune revendication n'**est présentée** par les grévistes. *Keinerlei Forderung* **wird** *von den Streikenden erhoben.*	**Vorgangspassiv:** Übersetzung mit *wird*	
une entreprise **arrêtée** *ein lahmgelegtes Unternehmen* la réclamation **annoncée** par télécopie *die durch Telefax angekündigte Reklamation*	**Verkürztes Passiv**	Im verkürzten Passiv-Satz ist das Partizip Perfekt praktisch einem Adjektiv gleichzusetzen.

7C Landeskunde

1. Streik = *grève*: Das französische Wort leitet sich vom *« Place de Grève »* in Paris ab, wo sich früher die Arbeitslosen einfanden, um Gelegenheitsarbeiten zu finden.

2. *La région parisienne* = Paris und Umgebung: Ein großes Ballungsgebiet, das als Verwaltungseinheit heute den Namen *« Ile-de-France »* trägt und die Stadt Paris selbst und 7 weitere Departements umfaßt.

3. Zusammenfassung der bisher vorgekommenen Zeiten des Tages (beachten Sie, daß diese Ausdrücke mit dem bestimmten Artikel gebraucht je nach Kontext unterschiedliche Bedeutungen haben können):

le matin	der Morgen, am Morgen, morgens
l'après-midi	der Nachmittag, am Nachmittag, nachmittags
le soir	der Abend, am Abend, abends

4. Zusammenfassung der Wochentage:

lundi	Montag
mardi	Dienstag
mercredi	Mittwoch
jeudi	Donnerstag
vendredi	Freitag
samedi	Samstag
dimanche	Sonntag

Beachten Sie: Für die Kombination Artikel + Wochentag kommen – je nach Kontext – drei verschiedene Übersetzungen in Frage:

1. *le mardi* = der Dienstag (jener Woche – siehe Lektionstext)
2. *le mardi* = dienstags
3. *le mardi,* 30 juin = am Dienstag, den 30. Juni

Unterschied zum Deutschen: *Il va arriver mardi.* = *Er wird am Dienstag ankommen:* Für einen Wochentag der laufenden Woche steht im Französischen kein Artikel.

5. *feuilleter qch* = „in etw. blättern", wird konjugiert wie *jeter* (siehe 6C), also mit -tt- in den stammbetonten Formen.

6. *Personne* wird wie *pas, rien* und *aucun* mit *ne* vor dem Verb gebraucht, z. B. *Je ne vois personne. Personne ne travaille.*

7. *tout le monde* ist Singular: *tout le monde est là* = alle **sind** da

7D Übungen

1. Ausspracheübung

[g] grève [grɛv], gréviste [grevist], désagréable [dezagreabl], regarder [rəgarde], cigarette [sigarɛt]

[k] aucune [okyn], revendication [rəvɑ̃dikasjɔ̃], mercredi [mɛrkrədi], vacances [vakɑ̃s]
Une grève sans revendications est désagréable.
[yngrɛ̣vsɑ̃rəvɑ̃dikasjɔ̣̃ɛdezagreạbl]
Le gréviste allume une cigarette. [ləgrevịstalymynsigarɛ̣t]

[ɲ] ignorer [iɲɔre], ils ignorent [ilziɲɔr]
Les directeurs ignorent les revendications. [ledirɛktœ̣riɲɔ̣rlerəvɑ̃dikasjɔ̣̃]

2. Erklären Sie einem Außenstehenden, was die Arbeitnehmer tun; sagen Sie, daß die Arbeiter

- keinerlei Forderung vorlegen
- Theaterstücke improvisieren
- den Chef darstellen
- die Maschinen stillstehen lassen
- da sind, aber nicht arbeiten

Erklären Sie derselben Person, was die Unternehmensleitung tut; sagen Sie, daß der Chef

- überrascht ist
- mit den Personalvertretern Kontakt aufnimmt
- die Arbeiter drängt, das Ziel (den Gegenstand) des Streiks anzugeben
- den Arbeitern eine Urlaubsprämie gewährt
- die Absichten der Arbeiter nicht kennt
- nie die Gründe für diesen Streik erfahren hat.

3. Füllen Sie die Lücken.

a) ... vie ... entreprise est représentée dans une pièce de théâtre. b) Trois revendications sont présentées ... direction. c) ... gérant accorde ... grévistes une prime de vacances. d) ... grévistes improvisent des pièces de théâtre. e) Monsieur Durand présente ... revendications ... grévistes ... gérant. f) J'ai appris ... motifs ... grève. g) J'ai appris ... revendications ... ouvriers. h) ... gérant presse ... représentants ... personnel d'indiquer ... motifs ... grève. i) ... patron est représenté par les grévistes avec humour. k) Est-ce que vous ignorez ... intentions ... grévistes?

4. Antworten Sie nach folgendem Muster:
C'est une revendication du gérant? (Non, direction). – Non, c'est une revendication de la direction.

a) C'est une offre de la direction? (Non, ouvriers). b) C'est la lettre du patron? (Non, un ouvrier). c) C'est un coup de téléphone de la direction? (Non, gérant). d) Ce sont les intentions des ouvriers? (Non, représentants du personnel). e) Ce sont les motifs des ouvriers? (Non, direction). f) Ce sont les intentions du patron? (Non, ouvriers).

5. Antworten Sie nach folgendem Muster:
Il a donné le livre au patron? (Non, ouvrier). – Non, il a donné le livre à l'ouvrier.

a) Il donne les cigarettes à la secrétaire? (Non, patron). b) Ils indiquent les motifs de la grève au patron? (Non, représentants du personnel). c) Il téléphone à la maison Legrand et Cie? (Non, secrétaire) d) Vous donnez les timbres au fils de Monsieur Durand? (Non, fille de Monsieur Durand). e) Il a payé les mille francs à la secrétaire? (Non, vendeur). f) Tu as téléphoné à la fille de Madame Leloir? (Non, mari). g) Elle a présenté les revendications au patron? (Non, ouvriers).

6. Übersetzen Sie.
a) die den Arbeitern von der Unternehmensleitung gewährte Urlaubsprämie b) die von Fräulein Lapointe getippten Briefe c) die von der Sekretärin erteilte (= gegebene) Antwort d) die von den Personalvertretern angegebenen Streikgründe e) die der Unternehmensleitung vorgebrachten Forderungen f) das von den Streikenden improvisierte Theaterstück g) die an die Firma Tédoc überwiesenen neuntausend Francs h) die durch Telefax angekündigte Marktanalyse.

7. Verändern Sie – wenn nötig – das Adjektiv.
a) C'est une (bon) idée. b) Le lundi est pour moi un jour (désagréable). c) Mademoiselle Lapointe est très (énervé). d) J'ai téléphoné à une (certain) Eve Durand. e) Je n'ai reçu (aucun) lettre. f) La situation est (grave). g) La maison Tédoc est une entreprise (moyen). h) Le patron a accordé une (petit) prime aux grévistes.

8. Übersetzungsübung
In einem mittleren Unternehmen bricht in einer Werkshalle ein Streik aus. Die Unternehmensleitung ist überrascht. Die Arbeiter plaudern und spielen Karten, aber arbeiten nicht. Keinerlei Forderung wird der Unternehmensleitung vorgelegt. Die Streikenden improvisieren Theaterstücke und stellen den Chef mit Humor, aber ohne Respektlosigkeit dar. Die Unternehmensleitung gewährt den Arbeitern eine Urlaubsprämie, aber die Streikenden arbeiten immer noch nicht. Am folgenden Montag sind alle da, und die Arbeit beginnt wieder.

9. **Testez votre intelligence** *(Testen Sie Ihre Intelligenz)*

1. Bilden Sie aus folgenden 27 Silben 8 Wörter mit der angegebenen Bedeutung. Die Anfangsbuchstaben der so gefundenen Wörter ergeben das Lösungswort.

bre – ca – ce – cla – di – di – dre – dre – é – en – gé – in – len – on – pri – pren – rant – re – se – so – sur – ti – tim – ter – tre – ven – ven

1. Geschäftsführer
2. Forderung
3. ausbrechen (Streik)
4. Freitag
5. Respektlosigkeit
6. überraschen
7. Briefmarke
8. Unternehmen

2. Les sept jours de la semaine *(Die sieben Tage der Woche)*
Placez dans la grille les sept jours de la semaine:
(Tragen Sie in das Gitter die sieben Tage der Woche ein:)

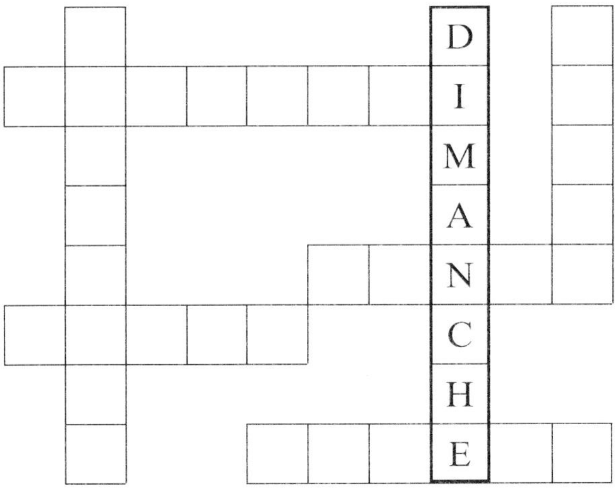

8A

8A Text

Au restaurant

L'après-midi, les Martin ont montré aux Karsten le célèbre Centre Georges Pompidou à Paris; pour digérer tant de culture, ils invitent leurs amis allemands à dîner dans un petit restaurant sympathique. Ils prennent place, Monsieur Martin commande l'apéritif et ils commencent à étudier la carte. Finalement, ils décident de prendre un menu: hors-d'œuvre variés, truite meunière, tournedos aux haricots verts, fromage, glace.

M. Martin: Et comme boisson, je propose un beaujolais. Il est excellent ici.

M. Karsten: Volontiers.

M. Martin au garçon qui apporte l'apéritif: Quatre menus numéro deux, une bouteille de beaujolais et de l'eau minérale.

Puis, M. Karsten lève son verre: A votre santé.

M. et Mme Martin: A la vôtre.

Au bout de quelques minutes, le garçon apporte le vin et le pain et il pose le poivre et le sel sur la table. Un quart d'heure après, il apporte les hors-d'œuvre: salades, jambon, sardines à l'huile et olives. Mme Karsten prend quelques feuilles de salade, du jambon et une sardine.
Mme Martin: Prenez des olives. Elles sont très bonnes.
Mme Karsten: Non, merci, je n'aime pas les olives. – Est-ce qu'il y a de l'huile et du vinaigre dans la salade?
Mme Martin: Oui; en général, en France, la salade est assaisonnée.
Tous les quatre mangent de bon appétit. Le garçon apporte le poisson, puis la viande.
Plus tard, Mme Karsten déclare: Ah, excellent ce dîner. Après tant de culture au Centre Pompidou . . .
M. Karsten: Oui, effectivement. Et ce vin, il est exquis.
Le garçon apporte le plateau de fromages: Du camembert, du chèvre, du gruyère . . .?
Mme Karsten: Du gruyère, s'il vous plaît.
M. Karsten: Pour moi un peu de chèvre, mais seulement un tout petit peu.
Le fromage terminé, le garçon apporte les glaces et demande: Désirez-vous un café?
M. Martin: Oui, volontiers.
Mme Karsten: Pas moi. Je ne supporte pas le café.
Après le café, ils fument une cigarette. Puis, M. Martin appelle le garçon: L'addition, s'il vous plaît.
Le garçon apporte l'addition sur une petite assiette, M. Martin paie et laisse un pourboire. Ils quittent le restaurant, contents de leur soirée.

le restaurant	*das Restaurant*
montrer	*zeigen*
célèbre	*berühmt*
digérer	*verdauen*
tant de	*so viel*
la culture	*die Bildung*
inviter	*einladen*
un ami	*ein Freund*
allemand, -e	*deutsch*
dîner	*zu Abend essen*
sympathique [sɛ̃patik]	*sympathisch, nett*
prendre place	*Platz nehmen*
commander	*bestellen*
l'apéritif (m)	*der Aperitif*
étudier	*studieren*
la carte	*die Speisekarte*
finalement	*schließlich*
le menu	*das Menü*
les hors-d'œuvre (mpl) [le|ɔrdœvr]	*die Vorspeisen*
varié, -e	*verschieden*
la truite	*die Forelle*
meunière	*„Müllerin"*
le tournedos	*das Rinderfilet*
le haricot [lə|ariko]	*die Bohne*
vert, -e	*grün*
le fromage	*der Käse*
la glace	*das Eis*

comme	*als*
la boisson	*das Getränk*
proposer	*vorschlagen*
le beaujolais	*der Beaujolais*
excellent, -e	*ausgezeichnet*
le garçon	*der Kellner, Ober*
apporter	*bringen*
le numéro	*die Nummer*
la bouteille	*die Flasche*
l'eau (f)	*das Wasser*
minéral, -e	*Mineral-*
lever	*(er)heben*
le verre	*das Glas*
la santé	*die Gesundheit*
à votre santé	*auf Ihr Wohl*
à la vôtre	*Prost (= auf das Ihre)*
le vin	*der Wein*
le pain	*das Brot*
poser	*stellen, setzen, legen*
le sel	*das Salz*
le poivre	*der Pfeffer*
un quart d'heure	*eine Viertelstunde*
après	*danach*
la salade	*der Salat*
le jambon	*der Schinken*
la sardine	*die Sardine*
l'huile (f)	*das Öl*
l'olive (f)	*die Olive*
la feuille	*das Blatt*
aimer	*mögen, lieben*
le vinaigre	*der Essig*
en général	*im allgemeinen*
en France	*in Frankreich*
assaisonner	*anmachen (Salat)*
manger	*essen*
l'appétit (m)	*der Appetit*
de bon appétit	*mit großem (gutem) Appetit*
le poisson	*der Fisch*
la viande	*das Fleisch*
tard	*spät*
plus tard	*später*
déclarer	*erklären*
le dîner	*das Abendessen*
exquis, -e	*hervorragend*
le plateau	*das Tablett*
le plateau de fromages	*die Käseplatte*
le camembert	*der Camembert*
le chèvre	*der Ziegenkäse*
le gruyère	*der Schweizerkäse*
seulement	*nur*
un tout petit peu	*ein ganz klein wenig*
terminer	*beenden*
demander	*fragen*
le café	*der Kaffee*
supporter	*(v)ertragen*
fumer	*rauchen*
l'addition (f)	*die Rechnung*
une assiette	*ein Teller*
le pourboire	*das Trinkgeld*
content, -e (de)	*zufrieden (mit)*
la soirée	*der Abend*

8B Grammatik

1. Teilungsartikel – bestimmter Artikel (I)

Prenez	Nehmen Sie
du jambon	Schinken
de la salade	Salat
de l'huile	Öl
des olives	Oliven
des hors-d'œuvre	Vorspeisen

Teilungsartikel

unbestimmte, aber begrenzte Menge (etwa: Nehmen Sie ein bißchen von dem Schinken.) In Kap. 2B haben wir dieses **des** als unbest. Artikel im Plural definiert.

J'aime le jambon la salade l' huile les olives les hors-d'œuvre	Ich mag gerne Schinken Salat Öl Oliven Vorspeisen	**Bestimmter Artikel** *unbegrenzte* Menge bzw. überhaupt keine Mengenvorstellung (Ich mag Schinken; ganz allgemein als Gattungsname gebraucht.)
Donnez-moi une bouteille de vin un peu de salade un litre d'huile beaucoup de sardines beaucoup d'olives	Geben Sie mir eine Flasche Wein ein wenig Salat einen Liter Öl viele Sardinen viele Oliven	**Nur *de*** Nach Mengenangaben steht nur **de**, vor Vokalen und stummem h **d'**. (Singular und Plural)
un ami trois menus quatre personnes certains poissons quelques vins différents fromages plusieurs salades	ein Freund drei Menüs vier Personen bestimmte Fische einige Weine verschiedene Käse mehrere Salate	**Nach Zahlwörtern und den unbestimmten Zahladverbien** *certains, -es* = gewisse *quelques* = einige *différents, -es* = verschiedene *plusieurs* = mehrere steht weder der Teilungsartikel noch *de* (wie im Deutschen).

Der Teilungsartikel und der bestimmte Artikel können in stichwortartigen Aufzählungen (z. B. Speisekarte, Einkaufsliste usw.) fehlen.

2. Stummes h – aspiriertes h

stummes h	aspiriertes h
l'hôtel l'heure les‿hôtels des‿heures	le | haricot le | hors-d'œuvre les | haricots des | hors-d'œuvre
Apostrophierung und Bindung	keine Apostrophierung und keine Bindung

Das aspirierte h ist zwar auch stumm, wird aber noch irgendwie als vorhanden empfunden. Man muß bei jedem h-Substantiv dazulernen, ob es ein stummes oder ein aspiriertes h hat. Im Lexikon steht ein * oder ' vor aspiriertem h.

3. Präsens und Partizip Perfekt der Verben auf -yer

stammbetont			endungsbetont		
je	**paie**	[pɛ]	nous	**payons**	[pɛjõ]
tu	**paies**	[pɛ]	vous	**payez**	[pɛje]
il/elle/on	**paie**	[pɛ]	Partizip Perf.:		
ils/elles	**paient**	[pɛ]		**payé**	[pɛje]

In den stammbetonten Formen wird das y [j] zu i [stumm].

8C Landeskunde und Sprachgebrauch

1. Tournedos *aux* haricots verts. Die Präposition *à* kann auch „mit" bedeuten.

2. Die Präposition *à* wird außerdem nach einigen Verben zum Anschluß des Infinitivs verwendet (deutsch: zu). z. B.: inviter à dîner; commencer à étudier

3. Hors-d'œuvre hat kein Mehrzahl-s.

4. *lever:* In den stammbetonten Formen mit *è* [ɛ]; z. B.: *je lève* [lɛv].
In den endungsbetonten Formen mit tonschwachem *e* [ə] (wie im Infinitiv); z. B.: *nous levons* [ləvõ].
manger: 1. Person Plural: *nous mangeons*

5. *M.* ist die Abkürzung für *Monsieur*, *Mme* für *Madame* und *Mlle* für *Mademoiselle*.

6. Das *«Centre (Georges) Pompidou»* oder *«Centre Beaubourg»* heißt offiziell *«Centre national d'art et de culture Georges Pompidou»* und wurde auf Veranlassung des 1974 verstorbenen ehemaligen Staatspräsidenten Georges Pompidou errichtet und 1977 eröffnet. Es ist ein ultramodernes Kunst- und Kulturzentrum im Pariser Stadtteil Beaubourg und ist zu einem Mittelpunkt des Pariser Lebens und Fremdenverkehrs geworden.

7. *un beaujolais* (mit kleinem Anfangsbuchstaben) = ein (Wein aus dem) Beaujolais. *Le Beaujolais* (mit großem Anfangsbuchstaben) = die Landschaft *Beaujolais* zwischen Saône und Loire, die eines der bekanntesten Weinbaugebiete beherbergt.

8. *Le garçon* heißt nicht nur der Ober, der Kellner, sondern auch der Junge.

9. *le chèvre* = der Ziegenkäse; *la chèvre* = die Ziege

10. *le soir* ist der Abend als neutrale Zeitangabe; z. B.: *ce soir* = heute abend; *hier soir* = gestern abend; *la soirée* ist der erlebte Abend, der Abend, auf den man sich freut, usw. z. B.: *une belle soirée* = ein schöner Abend.

8D Übungen

1. Ausspracheübung

[d] Madame [madam], dîner [dine], dans [dɑ̃], prendre [prɑ̃dr], des sardines [desardin]

[t] truite [trɥit], inviter [ɛ̃vite], Martin [martɛ̃], volontiers [volɔ̃tje], petit [pəti], table [tabl]

Madame va dîner. Elle mange des sardines, des olives et une truite.
[madạmvadinẹ|ɛlmɑ̃ʒdesardịn|dezɔlịveyntrɥ̣ịt]
Les Martin invitent leurs amis à dîner dans un restaurant près de Paris.
[lemartɛ̃ɛ̃vitlœrzamiadinedɑ̃zɛ̃rɛstorɑ̃prɛdəpari]

2. Bilden Sie Antworten nach dem Muster:

Vous prenez de la viande? – Oui, je prends volontiers un peu de viande.

a) Vous prenez du jambon? b) Vous prenez de l'huile? c) Vous prenez du poivre? d) Vous prenez du vin rouge? e) Vous prenez de la salade? f) Vous prenez du poisson? g) Vous prenez du pain?

3. Bilden Sie Antworten nach dem Muster:

   Prenez-vous des olives? – Non, je n'aime pas les olives.

   a) Prenez-vous des sardines à l'huile? b) Prenez-vous des haricots verts? c) Prenez-vous de la salade? d) Prenez-vous du camembert? e) Prenez-vous du beaujolais?

4. Fordern Sie Frau Karsten auf, noch etwas von dem Angebotenen zu nehmen. Muster:

   Voilà le fromage. – Prenez du fromage.

   a) Voilà le jambon. b) Voilà les hors-d'œuvre. c) Voilà la salade. d) Voilà le vin. e) Voilà le poivre. f) Voilà les olives. g) Voilà le chèvre. h) Voilà la viande. i) Voilà le camembert. k) Voilà l'huile. l) Voilà le sel. m) Voilà les sardines.

5. Antworten Sie nach dem Muster:

   Encore un peu de viande? – Oui, donnez-moi de la viande.

   a) Encore un peu de vinaigre? b) Encore un peu de poisson? c) Encore un peu d'huile? d) Encore un peu de pain? e) Encore un peu de beaujolais? f) Encore un peu d'eau minérale? g) Encore un peu de sel? h) Encore un peu de gruyère? i) Encore un peu de viande? k) Encore un peu de glace?

6. Füllen Sie – wenn nötig – die Lücken.

   a) Prenez ... pain. – Non merci, je n'aime pas ... pain. b) Elle mange un peu ... jambon. c) Est-ce que vous aimez ... sardines? d) Le garçon apporte beaucoup ... sardines et un peu ... salade. e) C'est une table pour quatre ... personnes. f) J'ai commandé une bouteille ... eau minérale. g) Prenez encore ... salade. h) Le garçon apporte différentes ... salades. i) Prenez beaucoup ... huile et un peu ... sel. k) Je n'aime pas ... salade, mais j'aime ... sardines à l'huile.

7. Übersetzungsübung

   a) Eve hat zwei Kleider und mehrere Röcke anprobiert. b) Der Kellner bringt Herrn Levier ein Glas Rotwein und seinem Sohn ein Glas Mineralwasser. c) Meine deutschen Freunde haben eine Flasche Beaujolais bestellt. d) Ich vertrage keine Ölsardinen (= die Ölsardinen nicht), aber ich esse gern (= ich liebe) grüne Bohnen. e) Gewisse Getränke sind sehr gut für die Gesundheit. f) Der Kellner stellt verschiedene Rotweine auf den Tisch.

9A Text

Les courses

Mireille et son amie Francine se rencontrent devant le supermarché. Francine dit à Mireille:

F: Bonjour, Mireille. Tu fais tes courses?
M: Bonjour. Oui. Toi aussi? Alors, on les fait ensemble?

Les deux femmes entrent dans le supermarché. Elles prennent un chariot et commencent à longer les rayons.

M: Tiens, voilà le sucre. Je l'ai oublié la dernière fois.
F: Moi, je fais toujours une liste, car autrement j'oublie toujours quelque chose.
M: C'est une bonne idée. Mais pour moi, ça dépend de mon inspiration.

F: Chacun ses goûts. – Regarde les olives. Elles coûtent treize francs cinquante ici. Chez Thierry, je les achète toujours à douze francs trente.

M: Ça peut arriver, mais en général, le supermarché est quand même moins cher que l'épicier.

F: Bien sûr.

Après un instant:

F: Regarde le lait. Il coûte maintenant cinq francs quarante. La semaine passée, je l'ai payé cinq francs vingt! Cette hausse des prix continuelle commence à m'inquiéter. Je me demande comment ça va finir. Mais inutile de s'énerver. De toute façon, on ne nous demande pas notre avis pour les prix.

M: Hier, mes enfants m'ont demandé d'augmenter leur argent de poche. Je leur ai répondu: «Tant qu'on ne me donne pas plus à moi, je ne peux pas vous donner plus à vous.»

Entre-temps, les deux femmes ont acheté du riz, des fruits, des légumes, du beurre, de la confiture, etc.

M: Où est la farine? Je ne la vois pas.

F: Là-bas, à droite.

M: Ah, oui.

F: Moi, j'ai tout.

M: Moi aussi.

Mireille et Francine passent maintenant à la caisse et paient.

La caissière: Attendez, je vous donne un sac.

Mireille et Francine mettent tout dans le sac. Elles échangent encore quelques mots. Puis elles quittent le supermarché, se disent au revoir et se séparent.

les courses (fpl)	*die Einkäufe*
l'amie (f)	*die Freundin*
le supermarché	*der Supermarkt*
faire	*machen, tun*
le chariot	*der Einkaufswagen*
longer qch	*an etw. entlangfahren*
le rayon	*das Regal*
tiens	*sieh mal*
le sucre	*der Zucker*
l' (= le)	*ihn*
la dernière fois	*letztes Mal*
la liste	*die Liste*
autrement	*sonst*
ça (= cela)	*das, dies*
ça dépend de	*das hängt ab von*
l'inspiration (f)	*die Eingebung*
chacun, -e	*jeder, -e, -es*
le goût	*der Geschmack*

coûter	*kosten*
treize	*dreizehn*
cinquante	*fünfzig*
les	*sie*
acheter	*kaufen*
douze	*zwölf*
ça peut arriver	*das kann vorkommen*
quand même	*doch, immerhin*
cher, chère	*1. lieb, 2. teuer*
moins cher que	*billiger (= weniger teuer) als*
l'épicier (m)	*der „Tante-Emma-Laden"*
le lait	*die Milch*
la semaine passée	*vergangene Woche*
vingt	*zwanzig*
la hausse	*der Anstieg*
le prix	*der Preis*
continuel, -le	*ständig*
inquiéter qn	*jdn beunruhigen*
se demander	*sich fragen*
comment ça va finir	*wie das (noch) enden wird*
inutile	*unnütz, nutzlos*
s'énerver	*sich aufregen*
nous	*uns*
demander qch à qn	*jdn (nach) etw. fragen*
l'avis (m)	*die Ansicht, Meinung*
demander à qn de faire qch	*jdn bitten, etw. zu tun, daß er etw. tut*
augmenter	*erhöhen*
l'argent (m)	*das Geld*
l'argent de poche	*das Taschengeld*
leur	*ihnen*
tant que	*solange (wie)*
donner	*geben*
plus [plys]	*mehr*
je ne peux pas	*ich kann nicht*
vous	*euch*
entre-temps	*inzwischen*
le riz	*der Reis*
le fruit	*die Frucht*
les fruits	*das Obst*
les légumes (mpl)	*das Gemüse*
le beurre	*die Butter*
la confiture	*die Marmelade, Konfitüre*
la farine	*das Mehl*
la	*sie (*hier: *es)*
à droite	*rechts*
passer	*gehen*
la caisse	*die Kasse*
la caissière	*die Kassiererin*
attendre	*warten*
le sac	*die Tasche, die Tüte*
elles mettent	*sie legen, stecken*
échanger	*austauschen, wechseln*
le mot	*das Wort*
se séparer	*sich trennen*

9B Grammatik

1. Das Personalpronomen als Objekt

direktes Objekt (Akkusativ): payer qn (ou: qch)

On	**me**	paie.	*mich*	On	**nous**	paie.	*uns*
On	**te**	paie.	*dich*	On	**vous**	paie.	*euch, Sie*
On	**le**	paie.	*ihn, es*	On	**les**	paie.	*sie*
On	**la**	paie.	*sie*				

indirektes Objekt (Dativ): dire à qn

On	**me**	dit ça.	*mir*	On	**nous**	dit ça.	*uns*
On	**te**	dit ça.	*dir*	On	**vous**	dit ça.	*euch, Ihnen*
On	**lui**	dit ça.	*ihm, ihr*	On	**leur**	dit ça.	*ihnen*

Reflexivpronomen: se regarder

Je	**me**	regarde.	*mich*	Nous	**nous**	regardons.	*uns*
Tu	**te**	regardes.	*dich*	Vous	**vous**	regardez.	*euch, sich*
Il	**se**	regarde.	*sich*	Ils	**se**	regardent.	*sich*
Elle	**se**	regarde.	*sich*	Elles	**se**	regardent.	*sich*
On	**se**	regarde.	*sich*				

a) **me, te, le, la, se** werden vor Vokal und stummem h apostrophiert. Beisp.: *Je l'ai oublié.*

b) Das Pronomen steht – abweichend vom Deutschen – **vor** dem Verb oder Hilfsverb. Beisp.: *Je leur demande de ... Je leur ai demandé de ...*

c) In verneinten Sätzen steht *ne* **vor** dem Pronomen. Beisp.: *Il ne l'oublie pas. Il ne l'a pas oublié.*

d) Die Reflexivpronomen sind im Dativ und Akkusativ gleich. Also auch wenn im Deutschen die Pronomen „mir", „dir" heißen, lauten sie im Französischen **me, te**.

2. Das betonte Personalpronomen (II)

moi aussi	*ich auch*	
toi aussi	*du auch*	
etc.	usw.	

Das betonte Personalpronomen (siehe Kap. 5B) wird auch immer dann verwendet, wenn kein Verb vorhanden ist.

Tant qu'on ne me donne pas plus à moi ...
Solange man ***mir*** *nicht mehr gibt ...*
Je ne peux pas vous donner plus à vous.
Ich kann ***euch*** *nicht mehr geben.*

Es wird außerdem gebraucht, wenn ein unbetontes Pronomen verstärkt werden soll. (Im Deutschen mit der Stimme.)

3. Präsens und Partizip Perfekt der unregelmäßigen Verben *faire* (machen) und *dire* (sagen)

	faire	dire
je	**fais**	**dis**
tu	**fais**	**dis**
il/elle/on	**fait**	**dit**
nous	**faisons** [fəzõ]	**disons**
vous	**faites**	**dites**
ils/elles	**font**	**disent**
Part. Perfekt	**fait, e**	**dit, e**

In der weiblichen Form des Partizips Perfekt ist das t durch das nachfolgende e hörbar. Vergl.: *élégant, e* (Kap. 3B).

4. Rektion: ***demander***

demander qn	*jdn verlangen*	On demande M. Martin au téléphone.	*Herr M. wird am Telefon verlangt.*
demander qch	*etw. erbitten, verlangen, beantragen*	Les enfants demandent plus d'argent.	*Die Kinder verlangen mehr Geld.*
demander qch à qn	*jdn um etw. bitten, jdn nach etw. fragen*	On ne nous demande pas notre avis.	*Man fragt uns nicht nach unserer Meinung.*
demander à qn de faire qc	*jdn bitten, etw. zu tun (bzw. daß er etw. tut)*	Les enfants demandent à Mireille d'augmenter leur argent de poche.	*Die Kinder bitten M., daß sie ihr Taschengeld erhöht.*

9C Landeskunde und Sprachgebrauch

1. *acheter*
In den stammbetonten Formen mit *è* [ɛ] (z. B.: *j'achète* [ʒaʃɛt]).
In den endungsbetonten Formen wie im Infinitiv mit stummem e (z. B.: *nous achetons* [nuzaʃtõ]).

2. Es gibt in Frankreich den *« supermarché »*; das ist ein eher kleiner Selbstbedienungsladen mit einer Verkaufsfläche von 400 bis 2500 m². Ein großer Supermarkt (über 2500 m² Verkaufsfläche) heißt *« hypermarché »*.

3. *« L'épicier »* heißt wörtlich eigentlich „der Gewürzhändler" (von *« les épices »* [fpl] = die Gewürze). Heute bedeutet es das kleine Lebensmittelgeschäft, den „Tante-Emma-Laden", der natürlich auch in Frankreich immer mehr von den Supermärkten verdrängt wird.

4. Beachten Sie die unterschiedliche Konstruktion: *Je les paie 12 francs.* = Ich bezahle für sie 12 Francs.

9D Übungen

1. Ausspracheübung

   Françoise achète toujours des olives. [frɑ̃swa̦zaʃɛ̦ttuʒu̦rdezɔli̦v]
   En général, le supermarché est moins cher que l'épicier.
   [ɑ̃ʒenera̦l|ləsypɛrmarʃe̦ɛmwɛ̃ʃɛrkəlepisje]
   attention [atɑ̃sjõ], intention [ɛ̃tɑ̃sjõ]
   le gérant [ləʒerɑ̃], je longe [ʒəlõʒ], j'oublie toujours quelque chose
   [ʒublituʒurkɛlkəʃoz]
   nous disons [nudizõ], nous faisons [nufəzõ], les olives [lezɔliv]

2. Sagen Sie dem Verkaufspersonal, daß Sie die gewünschten Dinge nicht finden; Muster:

   Où est la farine? → Je ne la trouve pas.

   a) Où est le sucre? b) Où sont les olives? c) Où est le lait? d) Où est le riz? e) Où sont les légumes? f) Où est le beurre? g) Où est la confiture? h) Où est le sel? i) Où est l'huile? k) Où est le vin? l) Où sont les fruits? m) Où est le vinaigre?

3. Sie treffen eine(n) Bekannte(n) im Supermarkt und stellen fest, daß
   - Sie letztes Mal den Zucker vergessen haben
   - Sie immer etwas vergessen
   - die Oliven jetzt dreizehn Francs fünfzig kosten
   - Sie das Öl nicht finden
   - der Supermarkt billiger ist als der Tante-Emma-Laden
   - Sie der ständige Preisanstieg zu beunruhigen beginnt
   - Sie sich fragen, wie das enden wird
   - die Kinder Sie gebeten haben, ihr Taschengeld zu erhöhen
   - Sie jetzt alles haben
   - Sie nun zur Kasse gehen

4. Bilden Sie Fragen nach folgendem Muster:

   J'entre dans le supermarché. Vous entrez aussi dans le supermarché?

   a) Je fais des courses. b) J'achète de la farine. c) Je prends un chariot. d) Je dis que c'est bon. e) Je vais à Paris. f) J'appelle Francine.

5. Bilden Sie Sätze nach folgendem Muster:

   Vous allez à Euro Disneyland? Moi, aussi, je vais à Euro Disneyland.

   a) Vous achetez une maison? b) Vous demandez à votre fils de travailler plus? c) Vous dites à Francine qu'elle a oublié quelque chose? d) Vous appelez le gérant? e) Vous faites une liste?

6. A: Antworten Sie nach folgendem Muster:
Vous trouvez la farine? – Oui, je la trouve.

a) Vous prenez le chariot? b) Vous faites la liste? c) Vous allumez la cigarette? d) Vous demandez le prix? e) Vous appelez Jacques? f) Vous appelez Francine et Mireille? g) Vous achetez la maison?

B: Beantworten Sie die Fragen negativ nach dem Muster:
Vous trouvez la farine? – Non, je ne la trouve pas.

7. Antworten Sie nach folgendem Muster:
Vous donnez le pain aux enfants? – Oui, je leur donne le pain.

a) Vous dites à votre femme que j'attends? b) Vous demandez à votre mari de vous donner du sucre? c) Vous donnez les cent francs à Francine? d) Vous dites à Jacques que je fais mes courses? e) Vous donnez la viande à Monsieur et Madame Denier?

8. Konjugieren Sie folgende Sätze in allen Personen im Präsens.
a) Je me demande comment ça va finir. b) Je me dis que c'est inutile. c) Je m'arrête.

9. Übersetzungsübung
a) Solange man mich nicht fragt, antworte ich nicht. b) Bist du fertig? – Ich bin fertig. – Ich auch. – Du auch? c) Hast du den Zucker? – Nein, ich habe ihn vergessen. d) Ich habe sie (Francine et Mireille) gebeten, mir Milch zu bringen. e) Die beiden Frauen gehen die Regale entlang. f) Ich habe eine Liste. – *Er* hat keinerlei Liste. – Jeder nach seinem Geschmack. g) Der Wein ist hier billiger als im Tante-Emma-Laden. h) Er nimmt einen Einkaufswagen und geht die Regale entlang. i) Ich kaufe Obst (Früchte), Gemüse, Mehl und Brot. k) Ich vergesse immer etwas. Du auch?

10. Übersetzungsübung
Francine sagt: „Schau, Mireille, die Oliven kosten jetzt dreizehn Francs. Und die Milch kostet fünf Francs. Dieser ständige Preisanstieg beginnt mich zu beunruhigen. Ich frage mich, wie das enden wird.“ Die Frauen kaufen trotzdem viele Dinge: Reis, Butter, Mehl, Marmelade, Gemüse und Obst. Dann gehen sie zur Kasse und bezahlen. Die Kassiererin gibt ihnen eine Tüte. Mireille und Francine tun alles in die Tüte, verlassen den Supermarkt und sagen sich auf Wiedersehen.

10A

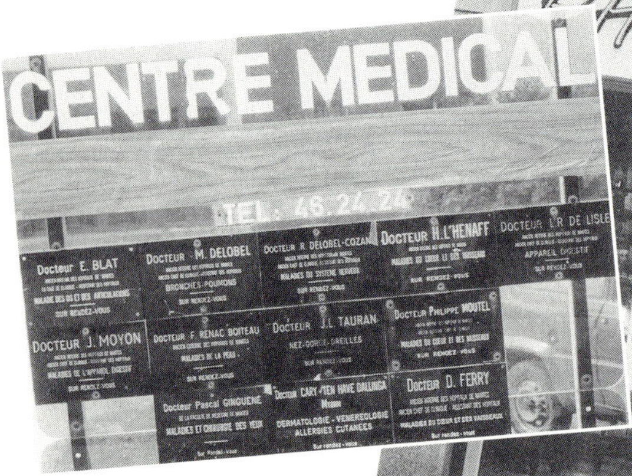

10A Text

Monsieur Bériot tombe malade

Monsieur Bériot et sa femme Simone arrivent à midi à Deauville. Ils se rendent immédiatement à l'Hôtel du Lion où ils ont fait réserver une chambre avec vue sur la mer. Ils prennent le déjeuner à l'hôtel, mais M. Bériot mange sans appétit.

Mme B.: Tu n'as pas faim, chéri?

M. B.: Non, je ne me sens pas bien. J'ai mal au ventre et j'ai mal à la tête.

Mme B.: Zut! Nos vacances commencent mal. C'est peut-être le voyage. Monte donc dans notre chambre pour te reposer. Entre-temps, je vais écrire une carte postale à grand-mère.

Monsieur Bériot monte dans la chambre, se laisse tomber sur le lit et essaie de dormir un peu. Mais au bout d'une demi-heure, il se sent vraiment mal et demande à sa femme d'appeler le médecin.

Le docteur Chazal arrive une heure plus tard.

D. Ch.: Depuis quand est-ce que vous vous sentez mal?

M. B.: Depuis deux heures à peu près. Ça a commencé pendant le déjeuner.

D. Ch.: Où avez-vous mal?

M. B.: J'ai très mal au ventre.

D. Ch.: Au ventre ou à l'estomac?

M. B.: Plutôt au ventre.

D. Ch.: Vous avez vomi?

M. B.: Non. Mais j'ai envie de vomir depuis une demi-heure.

D. Ch.: Vous avez pris votre température?

M. B.: Oui, j'ai 38,8.

D. Ch.: Bon! C'est sans doute une légère grippe intestinale. Je vous donne quelques comprimés à prendre toutes les deux heures. Et je vous prescris des suppositoires. Comme ça, vous pourrez dormir la nuit.

Le docteur Chazal se tourne vers Mme Bériot: Madame, voici une ordonnance pour des suppositoires; est-ce que vous pouvez aller chercher le médicament à la pharmacie? C'est à deux pas d'ici. Entre-temps, laissez votre mari dormir un peu.

Mme B.: Bien sûr.

M. B.: Je laisse la fenêtre ouverte?

D. Ch.: Naturellement. L'air frais vous fera du bien. Ouvrez l'autre aussi. Je repasserai demain vers huit heures.

M. B.: Docteur, elle va durer longtemps, cette grippe?

D. Ch.: Je ne pense pas. Essayez de dormir un peu. Alors, au revoir, Monsieur Bériot. A demain.

M. B.: Au revoir, docteur. Merci.

Le lendemain, Monsieur Bériot n'a plus de douleurs et il se sent beaucoup mieux.

malade	*krank*	la vue	*die Sicht, der Blick*
tomber malade	*krank werden*	la mer [lamɛr]	*das Meer*
à midi	*mittags*	le déjeuner	*das Mittagessen*
se rendre à	*sich begeben zu (in)*	la faim	*der Hunger*
immédiatement	*sogleich, unverzüglich*	avoir faim	*Hunger haben*
le lion	*der Löwe*	(se) sentir	*(sich) fühlen*
faire réserver	*reservieren lassen*	le ventre	*der Bauch*

j'ai mal au ventre	*ich habe Bauchschmerzen*
la tête	*der Kopf*
j'ai mal à la tête	*ich habe Kopfweh*
zut [zyt]	*verflixt*
mal	*schlecht (adv.)*
se reposer	*(sich) ausruhen*
écrire	*schreiben*
la grand-mère	*die Großmutter*
tomber	*fallen*
le lit	*das Bett*
vraiment	*wirklich*
le médecin	*der Arzt*
le docteur	*der Doktor*
quand	*wann*
à peu près	*etwa, ungefähr*
l'estomac (m) [ɛstɔma]	*der Magen*
plutôt	*eher, vielmehr*
vomir	*(sich) erbrechen*
avoir envie de	*Lust haben zu;* hier: *nahe dran sein zu*
pris, -e	*genommen* (Part. Perfekt zu *prendre*)
la température	*die Temperatur*
38,8 (= trente-huit/huit)	*38,8*
sans doute	*wahrscheinlich, sicherlich*
léger, légère	*leicht*
la grippe	*die Grippe*
intestinal, -e	*Darm-*
le comprimé	*die Tablette*
toutes les deux heures	*alle zwei Stunden*
prescrire	*verschreiben*
le suppositoire	*das Zäpfchen*
comme ça	*so, damit, derart*
vous pourrez dormir	*Sie werden schlafen können*
la nuit	*1. die Nacht, 2. während der Nacht*
se tourner vers	*sich drehen zu*
voici	*hier ist*
une ordonnance	*ein Rezept*
vous pouvez ...?	*können Sie ...?*
le médicament	*das Medikament*
la pharmacie	*die Apotheke*
à deux pas d'ici	*zwei Schritte von hier*
la fenêtre	*das Fenster*
ouvert, -e	*geöffnet*
naturellement	*natürlich*
l'air (m)	*die Luft*
frais, fraîche	*frisch*
faire du bien	*guttun*
ouvrir	*öffnen*
je repasserai	*ich werde wieder vorbeikommen*
vers	*gegen*
durer	*dauern*
penser	*denken*
essayer de	*versuchen zu*
le lendemain	*1. der nächster Tag, 2. am nächsten Tag*
ne ... plus	*nicht mehr, keine ... mehr*
les douleurs (fpl)	*die Schmerzen*
mieux	*besser (adv.)*

10B Grammatik

1. Präsens und Partizip Perfekt der Verben auf -ir ohne Stammerweiterung

	sentir
je	sens
tu	sens
il/elle/on	sent
nous	sent**ons**
vous	sent**ez**
ils/elles	sent**ent**
Part. Perf.	sent**i, -e**

Die Verben auf **-ir**

sentir = fühlen
sortir = weg-, ausgehen
servir = (be)dienen, auftragen
mentir = lügen
partir = wegfahren, abreisen
dormir = schlafen
se repentir de qch = etw. bereuen

werden ohne Stammerweiterung konjugiert.
Im Singular entfällt der letzte Konsonant des Stammes.

2. Präsens und Partizip Perfekt der Verben auf -rir

	ouvrir
j'	ouvre
tu	ouv**res**
il/elle/on	ouv**re**
nous	ouvr**ons**
vous	ouvr**ez**
ils/elles	ouvr**ent**
Part. Perf.	ouv**ert, -e**

Verben auf -rir werden mit den Endungen der Verben auf -er (z. B.: *travailler*; siehe Kap. 2B) und ohne Stammerweiterung konjugiert. Das Part. Perf. hat die Endung -ert, weiblich -erte (hörbares t!).

Zu dieser Gruppe gehören u. a.:
souffrir = (er)leiden
offrir = (an)bieten

3. Präsens und Partizip Perfekt der unregelmäßigen Verben *pouvoir* (können) und *écrire* (schreiben)

je	**peux**	[pø]	nous	**pouvons**	[puvõ]
tu	**peux**	[pø]	vous	**pouvez**	[puve]
il/elle/on	**peut**	[pø]	ils/elles	**peuvent**	[pœv]
Part. Perf.	**pu**	[py]			
j'	**écris**	[ekri]	nous	**écrivons**	[ekrivõ]
tu	**écris**	[ekri]	vous	**écrivez**	[ekrive]
il/elle/on	**écrit**	[ekri]	ils/elles	**écrivent**	[ekriv]
Part. Perf.	**écrit, -e**	[ekri, ekrit]			

4. *faire* / *laisser* } + Infinitiv

faire réserver une chambre	**faire + Infinitiv** Bedeutung: veranlassen Übersetzung: meist nur „lassen"
se laisser tomber sur le lit laisser qn dormir	**laisser + Infinitiv** Bedeutung: zulassen, erlauben Übersetzung: meist auch nur „lassen"

5. Der Teilungsartikel (II)

faire **du** bien avoir **des** douleurs	= *guttun* = *Schmerzen haben*	**Teilungsartikel:** nicht nur bei Konkreten *(du beurre)*, auch bei Abstrakten
plus **de** douleurs pas **de** comprimés pas **d'**argent rien **d'**élégant	= *keine Schmerzen mehr* = *keine Tabletten* = *kein Geld* = *nichts Elegantes*	**Nur de:** Verneinung gilt hier als Mengenbegriff (siehe Kap. 8B).
avoir faim avoir peur avoir envie avoir mal au ventre	= *Hunger haben* = *Angst haben* = *Lust haben* = *Bauchschmerzen haben*	In verschiedenen Redewendungen fehlt der Teilungsartikel
pour **des** suppositoires avec **de l'**argent sans appétit en vacances	= *für Zäpfchen* = *mit Geld* = *ohne Appetit* = *in Ferien*	**Nach Präpositionen** steht der Teilungsartikel, außer bei *sans* und *en*.

10C Landeskunde und Sprachgebrauch

1. Zu beachten sind die unterschiedlichen männlichen und weiblichen Formen bei: *frais* [frɛ], *fraîche* [frɛʃ] und *léger* [leʒe], *légère* [leʒɛr].

2. Bei den abgeleiteten Adverbien entfällt das e der weiblichen Adjektivform, wenn das Adjektiv auf einen betonten Vokal endet:

männl. Adj.	weibl. Adj.	Adverb
vrai	*vraie*	*vraiment*

3. *Deauville* ist ein bekanntes, recht vornehmes Seebad in der Normandie, am Ärmelkanal. Der Ort ist vor allem durch seine Pferderennen und Segelregatten berühmt.

4. Wenn man von einem Arzt spricht, verwendet man den Doktortitel mit dem Artikel: *Le docteur Chazal arrive* ... Wenn man zu einem Arzt spricht, sagt man *« docteur »* ohne sonstige Zusätze (also auch kein *« Monsieur »* und auch kein Name): *Ecoutez, docteur*, ... Im Französischen verwendet man den Doktortitel nur für Ärzte; in anderen akademischen Berufen sagt man einen eventuellen Doktortitel in der Regel nicht dazu.

5. *essayer* = versuchen wird konjugiert wie *payer* = (be)zahlen (siehe 8B).

10D Übungen

1. Ausspracheübung

   Dies ist nun eine abschließende Übung, in der nochmals besondere Schwierigkeiten zusammengefaßt werden. Sicher sind Sie ja nun so weit vorangekommen, daß für das Einüben und Überprüfen der Aussprache die Nachsprechübungen von der Cassette genügen.

   Les grévistes représentent le patron dans une pièce de théâtre.
   [legrevistrəpresɑ̃tləpatrɔ̃dɑ̃zynpjɛsdəteatr]
   La salade est bien assaisonnée ici. [lasaladɛbjɛ̃nasɛzɔneisi]
   L'air frais vous fera vraiment du bien. [lɛrfrɛvufəravrɛmɑ̃dybjɛ̃]
   Prenez du pain et du vin et montez dans la chambre.
   [prənedypɛ̃edyvɛ̃emɔ̃tedɑ̃lɑʃɑ̃br]

2. Sie berichten dem Arzt am Telefon, daß Ihr Mann (Ihre Frau)
   - sich krank fühlt
   - keinen Hunger hat
   - Bauchschmerzen und Kopfweh hat
   - seine/ihre Temperatur gemessen hat
   - 38,8 hat
   - nahe dran ist, sich zu erbrechen
   - sich wirklich sehr schlecht fühlt
   - Sie gebeten hat, den Arzt zu rufen

3. Sie sind der Arzt und raten Ihrem Patienten (Ihrer Patientin), daß er (sie)
   - seine/ihre Temperatur messen soll
   - das Fenster öffnen soll
   - versuchen soll, sich auszuruhen
   - Zäpfchen in der Apotheke holen soll
   - einige Tabletten (ein)nehmen soll
   - versuchen soll, zu schlafen

4. Antworten Sie verneinend nach dem Muster:
Vous sortez? – Non, je ne sors pas.

a) Vous allez à Paris? b) Vous pouvez aller à la pharmacie? c) Vous mentez? d) Vous souffrez? e) Vous attendez? f) Vous partez? g) Vous prenez le comprimé? h) Vous téléphonez? i) Vous vous rendez à l'hôtel? k) Vous avez mal au ventre?

5. Füllen Sie – wenn nötig – die Lücken:

a) Madame Bériot a beaucoup ... comprimés. b) Est-ce que vous avez ... peur? c) Ma femme mange sans ... appétit. d) J'ai acheté un litre ... lait. e) Le médecin m'a donné une ordonnance pour ... comprimés. f) Les Bériot sont en ... ville. g) J'ai ... faim. Tu as ... faim, toi aussi? h) Il mange ... pain avec ... beurre. i) Simone n'a pas ... argent. k) Ma femme n'a pas ... envie de partir en ... vacances.

6. Gleiche Übung wie 5

a) Vous avez ... envie de manger quelque chose? b) Achetez ... farine, ... beurre et ... sucre. c) Cette robe n'a rien ... élégant. d) L'air frais me fait ... bien. e) Je prends mon café sans ... sucre. f) J'ai acheté cinquante ... cigarettes. g) Il est arrivé sans ... valises. h) Vous avez acheté ... viande? i) J'ai différents ... vins. k) Ne faites pas ... histoires.

7. A. Geben Sie das Partizip Perfekt folgender Verben an:
sentir, finir, ouvrir, recevoir, trouver, penser, faire, prendre, prescrire, arriver, entendre, offrir, dormir, servir, écrire, pouvoir

B. Geben Sie die 3. Person Singular Präsens an von:
sortir, taper, téléphoner, souffrir, recevoir, aller, dire, pouvoir, mentir, écrire, ouvrir, prendre, faire

C. Geben Sie die 2. Person Plural Präsens an von:
prendre, sentir, finir, vomir, prescrire, dire, aller, recevoir, pouvoir, faire, servir

8. Übersetzungsübung

a) Haben Sie frisches Wasser? b) Herr Bériot läßt sich auf sein Bett fallen. c) Kannst du zur Apotheke gehen? d) Herr Bériot fühlt sich krank (= schlecht). – Ist er wirklich krank? e) Seit wann sind Sie in Paris? – Seit drei Wochen. f) Soll ich das Fenster offenlassen? Die frische Luft tut gut. g) Haben Sie eine Tablette für mich? h) Ich habe keine Schmerzen. i) [Seit][1] [ungefähr][3] [zwei Stunden][2] fühle ich mich krank. k) Herr Bériot wendet sich seiner Frau zu und sagt: „Wird diese Grippe lange dauern" (futur proche)? l) Ich habe ein Zimmer bestellen lassen. m) Gehen Sie auf Ihr Zimmer!

9. **Pauvre Monsieur Bériot!** *(Armer Monsieur Bériot!)*

Ersetzen Sie die Zahlen durch die passenden Wörter und setzen Sie sie waagerecht ein. Die stark umrandete Senkrechte verrät Ihnen, was Herr Bériot gegen die Schmerzen nimmt.

Monsieur Bériot est tombé malade. Sa femme appelle le ... 1 ... Chazal. Il lui donne une ... 2 ... et dit: «Vous pourrez ... 3 ... la nuit, si vous prenez un ... 4 ... Ouvrez la fenêtre, l'air ... 5 ... vous fera du bien. Vous avez peut-être une ... 6 ... intestinale. – Madame, pouvez-vous aller à la ... 7 ...?» Le soir, Madame Bériot dit: «Si demain, tu ne te sens pas mieux, je vais appeler encore une fois le ... 8 ...»

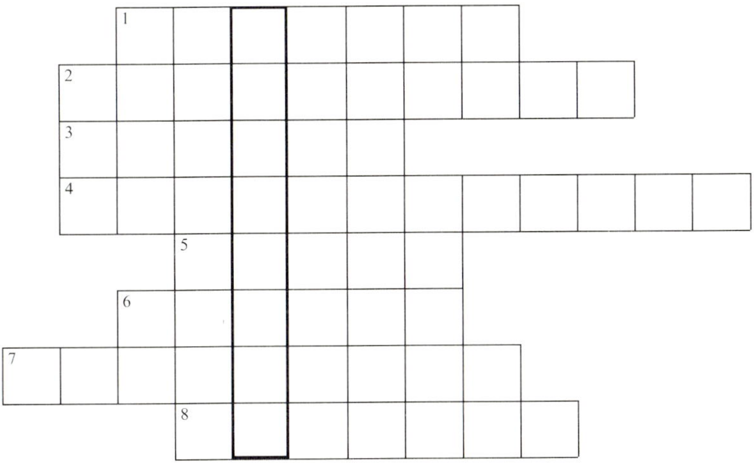

11A

11A Text

Gaston aime parler politique

Gaston Leloir est contremaître chez Renault. Il s'intéresse beaucoup à la politique. A midi, il rencontre souvent à la cantine de l'usine Marcel Gardé, un agent de maîtrise qui aime aussi parler politique. Une vive discussion s'engage donc presque chaque jour pendant le déjeuner.

– Le voyage que le président de la République a l'intention de faire la semaine prochaine en Afrique ne servira à rien qu'à dépenser notre argent.

– Ah! Ne dis pas ça. L'autre jour, j'ai lu dans « France-Soir » qu'une bonne partie de nos produits sera exportée vers l'Afrique et que les importations de matières premières en provenance des Etats africains augmentent sans cesse.

– Je ne parle pas d'exportations et d'importations, mais de l'aide aux pays en voie de développement. Nos hommes politiques profiteront de l'occasion pour distribuer nos francs à l'étranger au lieu de les employer à régler les problèmes nationaux. Et nous, nous ne recevrons rien en contrepartie.

– Il serait souhaitable de régler d'abord les problèmes que nous avons en France avec les immigrés et les demandeurs d'asile.

Mais tu ne vois que le présent. Il faut voir plus loin. Cette aide fait des Etats moins développés des partenaires commerciaux importants. Cela aura pour conséquence que les échanges avec ces Etats augmenteront.

L'accroissement du commerce extérieur favorisera l'économie nationale et augmentera la prospérité de la France.

– Et comme toujours, nous, nous n'en profiterons pas.

– Tu n'es pas objectif. Il y aura sans doute quelques industriels qui profiteront plus particulièrement d'une augmentation des échanges commerciaux, mais nous en bénéficierons aussi.

– Tu resteras optimiste jusqu'à la fin de tes jours, hein?

– Ecoute, tu dois admettre que l'augmentation des échanges entre les pays de la Communauté européenne a élevé notre niveau de vie.

– Et entraîné un accroissement des coûts et des prix!

– Tu dis des bêtises aujourd'hui. Tiens, je vais t'expliquer ...

– Tu ne m'expliqueras plus rien aujourd'hui, car il est temps de retourner au boulot.

– Alors demain, je t'expliquerai tout ça.

– D'accord, mais tu ne me convaincras pas de la nécessité de ce voyage en Afrique.

– Tu es têtu, toi!

– Je suis réaliste, voilà tout.

aimer faire qch	*gern etw. tun (= lieben, etw. zu tun)*
parler politique	*über Politik reden, politisieren*
le contremaître	*der Vorarbeiter*
s'intéresser à	*sich interessieren für*
la politique	*die Politik*
souvent	*oft*
l'usine (f)	*das Werk, die Fabrik*
la cantine de l'usine	*die Werkskantine*
l'agent (m) de maîtrise	*der Industriemeister*
vif, -ve	*heftig, lebhaft*
la discussion	*die Diskussion*
s'engager	*entbrennen*
que	*die* (Relativpronomen)
le président de la République	*der (französische) Staatspräsident*
la semaine prochaine	*nächste Woche*
en	*nach*
l'Afrique (f)	*Afrika*
servir à	*dienen zu, gut sein für*
ne ... que	*nur*
ne ... rien que	*nichts als*
dépenser	*ausgeben*
l'autre jour	*neulich*
lu	*gelesen*
France-Soir	*französische Tageszeitung*
la partie	*der Teil*
le produit	*das Erzeugnis, Produkt*
sera	*wird werden, wird sein*
exporter (vers)	*exportieren (nach)*
vers	*nach, in Richtung auf*
l'importation (f)	*die Einfuhr, der Import*
la matière première	*der Rohstoff*
la provenance	*die Herkunft*
en provenance de	*aus (Herkunft)*
l'Etat (m)	*der Staat*

africain, -e	*afrikanisch*
augmenter	*1. steigen, sich erhöhen, 2. steigern*
sans cesse	*unaufhörlich, ständig*
l'exportation (f)	*die Ausfuhr, der Export*
l'aide (f)	*die Hilfe*
l'aide aux pays en voie de développement	*die Entwicklungshilfe (= Hilfe an Länder auf dem Weg der Entwicklung)*
l'homme (m) politique	*der Politiker*
profiter de	*Nutzen ziehen aus, (be)nützen*
l'occasion (f)	*die Gelegenheit*
distribuer	*verteilen*
l'étranger (m)	*das Ausland*
au lieu de	*anstatt*
employer qch à ...	*etw. verwenden, um (um zu) ...*
le problème	*das Problem*
régler un problème	*ein Problem lösen*
national, -e, -aux	*national, innerstaatlich*
la contrepartie	*die Gegenleistung*
en contrepartie	*als Gegenleistung*
il serait souhaitable	*es wäre wünschenswert*
un/une immigré(e)	*ein(e) Einwanderer/-derin*
le demandeur d'asile	*der Asylbewerber, der Asylant*
le présent	*die Gegenwart*
il faut	*man muß (= es ist nötig)*
voir	*sehen*
loin	*weit*
faire qch de qn	*aus jdm etw. machen*
moins	*weniger*
développer	*entwickeln*
le partenaire	*der Partner*

commercial, -e, -aux *Handels-*
important, -e *wichtig*
cela *dies, das*
aura *wird haben*
pour *als*
la conséquence *die Folge*
les échanges (mpl) *der Warenaustausch*
l'accroissement (m) *der Anstieg*
le commerce *der Handel*
extérieur, -e *Außen-*
favoriser *fördern*
l'économie (f) *die Wirtschaft*
la prospérité *der Wohlstand*
objectif, -ve *objektiv*
il y aura *es wird geben*
l'industriel (m) *der Industrielle*
particulièrement *besonders*
l'augmentation (f) *die Zunahme, Erhöhung*
en *davon*
bénéficier de qch *profitieren von etw.*
tu resteras *du wirst bleiben*
l'optimiste (m) *der Optimist*
jusqu'à *bis (zu)*
la fin *das Ende*
hein? *nicht (wahr)?*
tu dois (*von* devoir, *konjugiert wie* recevoir) *du mußt*
admettre *zugeben*
entre *zwischen*
la Communauté européenne (C.E.) *die Europäische Gemeinschaft (EG)*
élever *anheben*
le niveau de vie *der Lebensstandard*
entraîner qch *etw. mit sich bringen, führen zu*
les coûts (mpl) [ku] *die Kosten*
dire des bêtises *dummes Zeug daherreden*
expliquer *erklären*
ne ... plus rien *nichts mehr*
il est temps *es ist Zeit*
retourner *zurückkehren*
le boulot *die Arbeit (fam.)*
convaincre *überzeugen*
la nécessité *die Notwendigkeit*
têtu, -e *dickköpfig*
le réaliste *der Realist*

11B Grammatik

1. Futur

	expliquer	**servir**	**convaincre**	**recevoir**
j(e)	expliquer**ai**	servir**ai**	convaincr**ai**	recevr**ai**
tu	expliquer**as**	servir**as**	convaincr**as**	recevr**as**
il/elle/on	expliquer**a**	servir**a**	convaincr**a**	recevr**a**
nous	expliquer**ons**	servir**ons**	convaincr**ons**	recevr**ons**
vous	expliquer**ez**	servir**ez**	convaincr**ez**	recevr**ez**
ils/elles	expliquer**ont**	servir**ont**	convaincr**ont**	recevr**ont**

a) Das Futur wird durch Anhängen einer Endung gebildet, die der Präsensform von *avoir* (bzw. deren Endung) entspricht. Die Endungen des Futurs sind für alle Verben – auch die unregelmäßigen – gleich.

b) Bei den Verben auf **-er** und **-ir** wird die Futurendung an den Infinitiv angehängt.

c) Bei den Verben auf **-re** wird die Futurendung ebenfalls an den Infinitiv angehängt, wobei jedoch das Schluß-e des Infinitivs entfällt.

d) Bei den Verben auf **-oir** wird das Futur gebildet aus dem Infinitiv-Stamm + r + Futurendung.

e)

avoir				**être**			
j'	**aurai**	nous	**aurons**	je	**serai**	nous	**serons**
tu	**auras**	vous	**aurez**	tu	**seras**	vous	**serez**
il/elle/on	**aura**	ils/elles	**auront**	il/elle/on	**sera**	ils/elles	**seront**

f) Zum Gebrauch: Das Futur wird im Französischen konsequenter gebraucht als im Deutschen; z. B.:

Heute abend erkläre ich dir das Problem.	Ce soir je t'expliquerai le problème. ou: Ce soir je vais t'expliquer le problème.
Im Deutschen häufig das Präsens für nahe Zukunft.	Im Französischen muß dafür das Futur oder *futur proche* stehen.

2. Die Relativpronomen *qui* und *que*

Nominativ = **qui** (wer oder was?)	Akkusativ = **que** (wen oder was?)
un contremaître **qui** aime parler politique une femme **qui** aime parler politique les produits **qui** sont exportés les prix **qui** augmentent	l'agent de maîtrise **que** Gaston rencontre la conséquence **que** cela aura les produits **que** nous exportons les produits **qu'**il a achetés

Qui und **que** sind Relativpronomen, die sowohl für Personen als auch für Sachen im Singular und Plural verwendet werden.

Que wird vor Vokalen apostrophiert, **qui** nicht.

Zu beachten: Vor französischen Relativsätzen steht im allgemeinen kein Komma.

3. Adjektive auf -al

männl. Sing.	weibl. Sing.	männl. Plur.	weibl. Plur.
national	nationale	nationaux [o]	nationales
commercial	commerciale	commerciaux	commerciales

4. Adjektive auf -if

männl. Sing.	weibl. Sing.	männl. Plur.	weibl. Plur.
vif [vif] objectif	vive [viv] objective	vifs [vif] objectifs	vives [viv] objectives

11C Landeskunde und Sprachgebrauch

1. *parler de qch* = *von* etw. (Bestimmtem) sprechen
parler qch = *über* ein allgemeines Thema sprechen

2. *aimer faire qch:* Wie im Deutschen bei den Verben „können", „wollen" usw. gibt es auch im Französischen den Infinitiv-Anschluß ohne Präposition.

3. *Nous allons tous bien.* [tus] = alle (ohne folgendes Substantiv)
Tous les problèmes [tu] = alle (mit folgendem Substantiv)

4. *République* wird groß geschrieben, wenn ein bestimmtes Land gemeint ist.
Etat wird groß geschrieben, wenn es „Staat" bedeutet; *état* klein geschrieben bedeutet „Zustand"

5. Zu *«président de la République»*: Frankreich hatte im Lauf der Geschichte 5 Republiken. Die erste wurde im Jahre 1792, nach der Französischen Revolution, ausgerufen und dauerte bis zur Proklamation Napoleons zum Kaiser (1804). Die 2. Republik dauerte von der Revolution von 1848 bis zum zweiten Kaiserreich (Empire) im Jahre 1851. Die dritte Republik wurde 1870 proklamiert und endete 1940 mit dem Vichy-Regime. Die 4. Republik wurde nach der Befreiung Frankreichs 1944 errichtet und dauerte bis 1958. Seitdem existiert die 5. Republik, deren erster Präsident General de Gaulle war.

6. *« France-Soir »* ist das größte französische Boulevardblatt. Bedeutende Tageszeitungen sind: *« Le Monde »* mit linksliberaler Tendenz und *« Le Figaro »* mit konservativ-rechter Tendenz.

France-Soir
toute dernière

11D Übungen

1. Sie erklären einem Gesprächspartner, was Sie in ‹France-Soir› gelesen haben *(J'ai lu dans ‹France-Soir› que ...)*:
   - Der französische Staatspräsident wird unser Geld ausgeben.
   - Ein guter Teil unserer Produkte wird exportiert werden.
   - Die Importe von Rohstoffen werden steigen.
   - **Wir** werden nichts erhalten.
   - Die Zunahme des Außenhandels wird die französische Wirtschaft begünstigen.
   - **Wir** werden davon nicht profitieren.
   - Einige Industrielle werden ganz besonders von der Erhöhung des Warenaustauschs profitieren.
   - Die Erhöhung des Warenaustauschs wird den Lebensstandard anheben (mit: *augmenter*).
   - Die Zunahme des Außenhandels wird eine Erhöhung der Kosten und der Preise nach sich ziehen.

2. Antworten Sie nach folgendem Muster:

   Gaston a convaincu Marcel? → Non? Alors, il ne le convaincra plus.

   a) Christine a fini la lettre? b) Monsieur Leloir a reçu l'analyse de marché? c) Gaston a dépensé l'argent? d) Les Karsten ont visité le Louvre? e) M. Durand a regardé la revue automobile? f) Le patron a réglé le problème? g) Gaston a rencontré Marcel? h) Les Durand ont convaincu les Karsten? i) Les Durand ont reçu la lettre? k) Madame Durand à trouvé sa carte d'identité?

3. Setzen Sie vor folgende Sätze «La semaine prochaine» und die Sätze selbst ins Futur.

   a) Le président de la République dépense beaucoup d'argent. b) Un contremaître et un agent de maîtrise se rencontrent dans un bistro. c) Je t'explique le problème des exportations. d) Gaston reçoit une lettre de Monsieur Denier. e) Mon mari répond à la lettre. f) Une vive discussion s'engage. g) Je parle de l'aide aux pays en voie de développement. h) Je te convaincs de la nécessité de ce voyage. i) Marcel Gardé est à Paris. k) Nous sommes en vacances.

4. Setzen Sie folgende Sätze aus dem *futur proche* ins Futur.

   a) Nous allons arriver à midi à Deauville. b) Si tu manges cela, tu vas te sentir mal. c) Monsieur Denier n'est pas là? – Alors, je vais attendre. d) Les échanges vont augmenter. e) Le président de la République va régler les problèmes nationaux. f) Nous allons profiter de ce voyage. g) Une grève va éclater. h) Vous allez prendre contact avec la direction. i) Je vais t'expliquer la situation. k) Vous allez recevoir ma réponse ce soir.

5. Setzen Sie *qui* oder *que* ein.

   a) La voyage ... le président de la République a l'intention de faire ne servira à rien. b) L'agent de maîtrise ... j'ai trouvé travaille bien. c) C'est une histoire ... m'inquiète. d) Je parle des conséquences ... ce voyage aura. e) Je n'aime pas les personnes ... parlent toujours politique. f) Les exportations ... vont en Afrique augmentent sans cesse. g) Marguerite Leloir est une femme ... aime parler politique. h) Monsieur Leloir s'intéressera sans doute à l'analyse ... elle a annoncée par téléphone. i) La direction ... a pris contact avec les grévistes est étonnée. k) Le tailleur ... j'ai acheté est très élégant.

6. Übersetzungsübung

   a) Wir werden zunächst die nationalen Probleme lösen und dann von der Entwicklungshilfe sprechen. b) Er spricht gerne über Autos. c) Unsere Handelspartner brauchen Hilfe. d) Ein guter Teil unserer Produkte wird exportiert. e) Wir interessieren uns für alle Probleme des Handels. f) Der französische Staatspräsident wird die Gelegenheit benützen, (um) eine Reise zu unternehmen (= machen). g) Wir exportieren viele Erzeugnisse nach Afrika. h) Ich werde immer (ein) Realist bleiben. i) Der Warenaustausch wird den Wohlstand Frankreichs anheben. k) Sie werden mich nicht von der Notwendigkeit dieser Diskussion überzeugen. l) Du mußt (doch) zugeben, daß Gaston dickköpfig ist. m) Wir werden von einer Erhöhung der Exporte profitieren.

7. **Un peu d'économie** *(Ein wenig Wirtschaft)*

Tragen Sie die französische Übersetzung der 10 deutschen Begriffe in das Gitter ein. Die Buchstaben in den stark umrandeten Feldern ergeben, fortlaufend von oben nach unten gelesen, als Lösung einen aus 2 Wörtern bestehenden Begriff.

1	Wirtschaft										
2	Partner										
3	entwickeln										
4	ausgeben										
5	Produkt										
6	verteilen										
7	Handel										
8	Gelegenheit										
9	Woche										
10	überzeugen										

12A

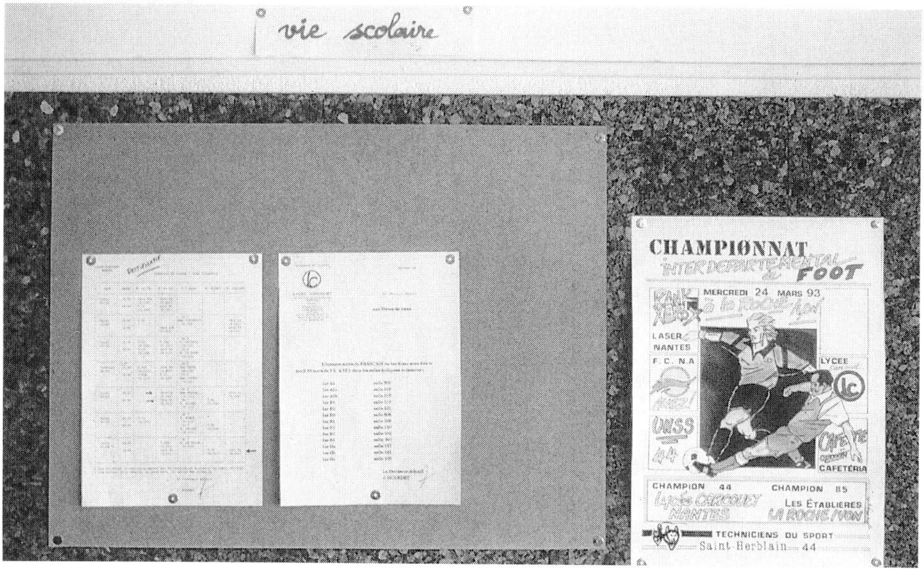

12A Text

Les sports

A la fin de l'année scolaire, Monsieur Chaval, le plus âgé des professeurs d'éducation physique du collège Louis-Philippe, fait, devant les membres de l'association des parents d'élèves, un rapport sur les sports au collège:

«Mesdames et Messieurs,

Au cours de l'année passée, l'athlétisme a évolué de manière très satisfaisante grâce à l'acquisition du nouveau terrain de sport, rue du Quatorze Juillet. La récente fête sportive municipale est la preuve concluante d'une meilleure préparation physique de nos élèves. Je me permets de vous rappeler que nous avons remporté onze des seize épreuves disputées. Il faut citer avant tout nos exploits au 100 mètres et dans le saut en hauteur, où nous avons gagné les trois premières places. Julien Leclerc, le meilleur de nos sprinters, a couru les 100 mètres en 10 secondes $^{9}/_{10}$. On peut dire que c'est là un résultat sensationnel. Dans le saut en longueur, nous avons gagné la première, la troisième et la quatrième place; et la deuxième place de notre équipe de football représente aussi une belle performance.

Quant à la natation, je ne peux malheureusement mentionner aucune amélioration de la situation. Tant que la municipalité ne fera pas construire une piscine dans notre quartier, la situation restera inchangée. Nous comptons à ce sujet sur le soutien des pères et des mères de nos élèves.

Maintenant, je voudrais dire quelques mots au sujet des sports d'hiver. En février dernier, nous avons fait pour la première fois l'essai de passer une semaine dans les Alpes avec les classes du deuxième cycle. Malheureusement, le séjour de nos cent soixante-dix élèves a été mal organisé. Mais presque tous les élèves veulent continuer à faire du ski. C'est pour cette raison que nous voulons répéter cet essai. J'ai demandé à mon jeune collègue, Monsieur Barotti, de se rendre à Grenoble pour s'occuper personnellement de l'organisation des classes de neige. J'espère que les prochaines vacances seront alors mieux organisées.

Mesdames, Messieurs, je vous remercie de votre attention. Si vous désirez poser des questions concernant les sports dans notre collège, je suis à votre entière disposition. »

le sport	*der Sport*
l'année (f)	*das Jahr*
l'année (f) scolaire	*das Schuljahr*
âgé, -e	*alt*
le plus âgé	*der älteste*
le professeur	*der Lehrer*
le professeur d'éducation physique	*der Sportlehrer*
le membre	*das Mitglied*
les parents (mpl)	*die Eltern*
l'association (f) des parents d'élèves	*der Elternbeirat*
le rapport	*der Bericht*
Mesdames et Messieurs	*Meine Damen und Herren!*
au cours de	*im Lauf* (+ Genitiv)
l'année (f) passée	*im vergangenen Jahr*
l'athlétisme (m)	*die Leichtathletik*
évoluer	*sich entwickeln*
satisfaisant, -e	*zufriedenstellend*
de manière satisfaisante	*zur Zufriedenheit*
grâce à	*dank* (+ Dativ)
l'acquisition (f)	*der Erwerb*
nouveau (*Veränderlichkeit wie* beau)	*neu*
le terrain de sport	*der Sportplatz*
quatorze	*vierzehn*
juillet (m)	*Juli*
récent, -e	*kürzlich*
sportif, -ve	*Sport-*
municipal, -e	*städtisch, Stadt-*
la preuve	*der Beweis*
concluant, -e	*schlüssig*
meilleur, -e	*besserer, -e, -es*
la préparation	*die Vorbereitung*
physique	*körperlich*
l'élève (m *oder* f)	*der Schüler, die Schülerin*
je me permets de ...	*ich erlaube mir, ... zu*
rappeler qch à qn	*j-n an etw. erinnern*
remporter qch	*etw. gewinnen*
seize	*sechzehn*
l'épreuve (f)	*der Wettkampf*
disputer	*austragen*
citer	*nennen*
avant tout	*vor allem*
l'exploit (m)	*der Erfolg, die Leistung*
cent	*hundert*
le mètre	*der Meter*
le saut en hauteur	*der Hochsprung*
gagner	*gewinnen*
le sprinter	*der Sprinter*
courir	*laufen*
il a couru	*er ist gelaufen*
dix	*zehn*
la seconde	*die Sekunde*
9/10 (= neuf dixièmes)	*neun Zehntel*

c'est là	*dies ist*
sensationnel, -le	*sensationell*
le saut en longueur	*der Weitsprung*
troisième	*dritter, -e, -es*
l'équipe (f) de football	*die Fußballmannschaft*
la performance	*die (sportliche) Leistung*
malheureusement	*leider*
mentionner	*erwähnen*
l'amélioration (f)	*die Verbesserung*
la municipalité	*die Stadt(verwaltung)*
fera (= *Futur von* faire)	*wird lassen*
construire	*bauen*
la piscine	*das Schwimmbad*
le quartier	*das (Stadt)Viertel*
compter sur	*rechnen mit, bauen auf*
à ce sujet	*in dieser Hinsicht, diesbezüglich*
le soutien	*die Unterstützung*
le père	*der Vater*
la mère	*die Mutter*
je voudrais	*ich möchte*
au sujet de	*in bezug auf*
l'hiver (m)	*der Winter*
le sport d'hiver	*der Wintersport*
en février dernier	*im letzten Februar*
pour la première fois	*zum ersten Mal*
l'essai (m)	*der Versuch*
passer	*verbringen*
les Alpes (fpl)	*die Alpen*
la classe	*die Klasse*
le deuxième cycle	etwa: *die oberen Klassen*
le séjour	*der Aufenthalt*
cent soixante-dix	*einhundertsiebzig*
organiser	*organisieren*
ils veulent	*sie wollen*
faire du ski	*Ski fahren*
la raison	*der Grund*
pour cette raison	*aus diesem Grund*
nous voulons	*wir wollen*
répéter	*wiederholen*
jeune	*jung*
s'occuper de qch	*sich um etw. kümmern*
personnellement	*persönlich*
l'organisation (f)	*die Organisation*
la neige	*der Schnee*
les classes (fpl) de neige	*das Skilager*
espérer	*hoffen*
prochain, -e	*nächster, -e, -es*
remercier qn de qch	*jdm für etw. danken*
la question	*die Frage*
poser une question	*eine Frage stellen*
concernant	*betreffend*
entier, -ère	*vollständig*
la disposition	*die Verfügung*

12B Grammatik

1. Die Grundzahlen bis 100

1	un [ɛ̃], une [yn]		14	quatorze	[katɔrz]	70	soixante-dix
2	deux	[dø]	15	quinze	[kɛ̃z]	71	soixante et onze
3	trois	[trwa]	16	seize	[sɛz]	72	soixante-douze
4	quatre	[katr]	17	dix-sept	[disɛt]	79	soixante-dix-neuf
5	cinq	[sɛ̃k]	18	dix-huit	[dizɥit]	80	quatre-vingts
6	six	[sis]	19	dix-neuf	[diznœf]	81	quatre-vingt-un
7	sept	[sɛt]	20	vingt	[vɛ̃]	82	quatre-vingt-deux
8	huit	[ɥit]	21	vingt et un	[vɛ̃teɛ̃]	89	quatre-vingt-neuf
9	neuf	[nœf]	22	vingt-deux	[vɛ̃tdø]	90	quatre-vingt-dix
10	dix	[dis]	30	trente	[trɑ̃t]	91	quatre-vingt-onze
11	onze	[ɔ̃z]	40	quarante	[karɑ̃t]	92	quatre-vingt-douze
12	douze	[duz]	50	cinquante	[sɛ̃kɑ̃t]	99	quatre-vingt-dix-neuf
13	treize	[trɛz]	60	soixante	[swasɑ̃t]	100	cent [sɑ̃]

Bei **cinq, six, huit** und **dix** ist der Endkonsonant

- **stumm**, wenn ein Substantiv folgt, das mit Konsonant beginnt, z. B.: *dix personnes* [dipɛrsɔn]
- **hörbar**, wenn kein Substantiv folgt oder wenn ein Substantiv folgt, das mit Vokal beginnt. Im letzteren Fall wird das x von *six* und *dix* stimmhaft [z] hinübergebunden.
  z. B.: *cinq enfants* [sɛ̃kɑ̃fɑ̃], *dix élèves* [dizelɛv]

Bei **deux** und **trois** wird der Endkonsonant stimmhaft [z] zu einem folgenden Wort hinübergebunden, wenn dieses mit einem Vokal beginnt. Ansonsten ist der Endkonsonant nicht hörbar.

Quatre-vingts verliert sein s, wenn eine weitere Zahl folgt.

Cent erhält ab 200 ein s, wenn keine weitere Zahl folgt: *cent élèves, deux cents élèves*; aber: *deux cent trente élèves*

2. Die Ordnungszahlen

1er	le premier	4^{e}	le/la quatrième
1re	la première	17^{e}	le/la dix-septième
2^{e}	le/la deuxième	23^{e}	le/la vingt-troisième
3^{e}	le/la troisième	71^{e}	le/la soixante et onzième

Nur der/die 1. hat eine männliche und eine weibliche Form. Die übrigen Ordnungszahlen hängen einfach **-ième** an. Dabei entfällt ein eventuell vorhandenes Endungs-e der Grundzahlen. Bei 5e = *cinquième* wird ein u eingeschoben.

In Ziffern ausgedrückt erhält die Ordnungszahl den hochgestellten letzten Buchstaben (bzw. beim 1. = $1^{er}/1^{re}$).

Auch die Bruchzahlen werden mit der Form der Ordnungszahlen gebildet, z. B.: *neuf dixièmes*.

3. Die Steigerung des Adjektivs

	Positiv	Komparativ	Superlativ
regelmäßige St. nach „oben“	âgé	**plus** âgé **(que)**	**le plus** âgé
regelmäßige St. nach „unten“	âgé	**moins** âgé **(que)**	**le moins** âgé
unregelm. St. bei **bon**	bon	meilleur (que)	le meilleur

Der Superlativ bedeutet „der älteste“ oder „am ältesten“.

Natürlich können alle Formen auch weiblich sein und im Plural stehen: *Elle est* la *plus âgé*e. *Ils sont* les *moins âgé*s.

Wird der Komparativ weitergeführt, so erfolgt der Anschluß mit *que* (deutsch „als“): *Gérard est plus âgé* **que** *Jacques*.

4. Die Steigerung des Adverbs

	Positiv	Komparativ	Superlativ
regelmäßige St. nach „oben“	mal	plus mal (que)	le plus mal
regelmäßige St. nach „unten“	mal	moins mal (que)	le moins mal
unregelm. St. bei **bien**	bien	mieux (que)	le mieux

Der Komparativ-Anschluß erfolgt auch hier mit *que* = „als“: *Les prochaines vacances seront mieux organisées* ***que*** *les premières.*

5. Präsens und Partizip Perfekt der unregelmäßigen Verben *vouloir* (wollen) und *courir* (laufen)

je	**veux**	nous	**voulons**
tu	**veux**	vous	**voulez**
il/elle/on	**veut**	ils/elles	**veulent**
Part. Perf.	**voulu, e**		
je	**cours**	nous	**courons**
tu	**cours**	vous	**courez**
il/elle/on	**court**	ils/elles	**courent**
Part. Perf.	**couru**		

Beachten Sie: Das Perfekt von *courir* wird im Gegensatz zum Deutschen mit *avoir* gebildet: *il* **a** *couru* = er **ist** gelaufen

12C Landeskunde und Sprachgebrauch

1. *L'athlétisme a évolué.* = Die Leichtathletik hat *sich* entwickelt; évoluer ist im Gegensatz zu der deutschen Übersetzung nicht reflexiv.

2. *de manière satisfaisante* = wörtlich: auf zufriedenstellende Weise. *de manière* + Adjektiv (weibl. Form) dient im Französischen oft als Umschreibung für ein Adverb.

3. *rappeler qch à qn* = jdn an etw. erinnern (= jdm etw. ins Gedächtnis rufen). Zu beachten ist also die unterschiedliche Konstruktion. Z. B.: *Je lui rappelle les vacances.* = Ich erinnere ihn an die Ferien.

Rappeler wird wie *appeler* (siehe Kap. 4B) konjugiert.

remercier qn de qch = jdm für etw. danken; ebenfalls unterschiedliche Konstruktion: *Je le remercie de l'argent.* = Ich danke ihm für das Geld.

4. Adjektive auf *-el* verdoppeln in der weiblichen Form des Endungs-*l*, ohne daß sich die Aussprache dabei ändert: *sensationnel, sensationnelle.* Adjektive auf *-er* [e] haben im allgemeinen die weibliche Form auf *-ère* [ɛr]: *dernier* [dɛrnje], *dernière* [dɛrnjɛr].

5. Espérer erhält in den stammbetonten Formen è [ɛ]: *j'espère.*

6. *collège* [kɔlɛʒ] – *collègue* [kɔlɛg]; *u* nach *g* wird im allgemeinen nicht gesprochen. Es dient nur dazu, den *g*-Laut [g] zu erhalten.

7. *Elève* kann männlich oder weiblich sein:
- *un élève* = ein Schüler
- *une élève* = eine Schülerin

8. *Louis-Philippe:* König von Frankreich von 1830 bis zur Revolution von 1848

9. Die wichtigsten Schultypen in Frankreich:
- *Ecole maternelle*: freiwillige, aber häufig in Anspruch genommene Vorschule (2–6 Jahre)

- *Ecole primaire* oder *élémentaire*: Grundschule (6–11 Jahre)
- *Collège*: integrierte Gesamtschule, etwa vergleichbar mit Hauptschule + Realschule
- *Lycée*: vergleichbar etwa mit der Oberstufe des deutschen Gymnasiums

10. *Rue du 14 Juillet*: Viele französische Städte und Gemeinden haben eine „Straße des 14. Juli" zur Erinnerung an den Sturm auf die Bastille, der die Französische Revolution einleitete. Der 14. Juli ist in Frankreich auch Nationalfeiertag.

12D Übungen

1. Sie teilen Ihren Zuhörern Ergebnisse eines anderen Sportfests mit:
   - Wir haben viele Wettkämpfe gewonnen.
   - Gaston Durand ist die 200 Meter in 22 Sekunden gelaufen.
   - Im Hundertmeterlauf haben wir den ersten Platz belegt (gewonnen).
   - Im Weitsprung haben wir nicht gewonnen.
   - Unsere Fußballmannschaft hat den ersten Platz belegt (gewonnen).
   - Im Hochsprung haben wir den dritten Platz belegt (gewonnen).

2. Erklären Sie den Eltern der Schüler, daß
   - das Skilager im vorigen Februar schlecht organisiert gewesen ist.
   - fast alle Schüler weiterhin in den Alpen Ski laufen wollen.
   - sich Herr Barotti nach Grenoble begeben wird.
   - er sich persönlich um die Organisation kümmern wird.
   - Sie hoffen, daß die nächsten Ferien besser organisiert sein werden.

3. Lesen Sie folgende Zahlen laut.

   7, 5, 2, 9, 6, 3, 8, 4, 11, 20, 50, 70, 90, 60, 40, 80, 30, 100, 21, 32, 43, 54, 65, 76, 87, 98, 61, 71, 81, 91.

4. Lesen Sie folgende Begriffe laut.

   six élèves, huit personnes, dix enfants, six femmes, cinq cigarettes, huit tailleurs, cinq écharpes, dix fois, trois élèves, deux femmes, huit jours, deux enfants, trois poissons.

5. Lesen Sie folgende Begriffe laut.

   la 3e place, le 2e mot, le 5e enfant, la 7e cigarette, le 1er sprinter, la 12e maison, la 2e classe, le 1er saut, le 18e problème, la 23e minute, la 68e femme.

6. Steigern Sie die Adjektive bzw. Adverbien in folgenden Sätzen nach dem Muster:

Monsieur Durand est âgé, Monsieur Leloir est plus âgé que Monsieur Durand, Monsieur Leclerc est le plus âgé.

a) Mon tailleur est élégant, ton tailleur ..., le tailleur de Catherine ... b) Madame Durand est énervée, Mademoiselle Durand ..., Monsieur Durand ... c) La robe rouge est jolie, la robe verte ..., la robe bleue ... d) La performance de Julien est sensationnelle, l'exploit de Gérard ..., le saut en longueur de Claudine ... e) La viande est bonne, le poisson ..., les sardines ... f) Jacques écrit lentement, Julien ..., Yves ... g) Marie-Louise travaille bien, Marguerite ..., Eve ...

7. A. Setzen Sie die entsprechende Form von *vouloir* ein.

a) Je ... organiser les classes de neige. b) Vous ... ouvrir le tiroir? c) Nous ... regarder la revue automobile. d) Marguerite et Eve ... fumer une cigarette. e) Jacques ... apporter les hors-d'œuvre. f) Tu ... essayer cette robe? g) Les Bériot ... passer leurs vacances au bord de la mer.

B. Setzen Sie die entsprechende Form von *pouvoir* ein.

a) Mon mari ne ... pas acheter la maison. b) Je ne ... pas vous donner plus d'argent de poche. c) Ma femme et moi, nous ... prendre contact avec la direction. d) Vous ... me prescrire un médicament? e) La direction ... arrêter la production. f) Nous ... faire un voyage en Afrique. g) Gaston ne ... pas s'occuper de l'organisation.

8. Übersetzen Sie alle in den Sätzen vorkommenden Adverbien mit *de manière* + Adjektiv.

a) Herr Durand hat das Problem elegant gelöst. b) Der Handel entwickelt sich sensationell. c) Fräulein Bériot arbeitet zufriedenstellend (mit: *satisfaisant*). d) Herr Meyer hat dem Arbeiter objektiv geantwortet. e) Ich werde die Dinge objektiv erklären.

9. Übersetzungsübung.

a) Am Ende des Schuljahres gibt (= macht) Herr Chaval immer einen Bericht über die Fußballmannschaft. b) Ich danke dir für deinen Brief. c) Der Handel (= Handelsaustausch) mit den afrikanischen Staaten hat zugenommen. d) Herr Müller erinnert mich jeden Tag an seinen Brief. e) Wir werden Herrn Barotti bitten, sich nach Paris zu begeben. f) Ich will nach Paris fahren (= gehen). g) Im Lauf der kommenden Woche werden wir euch alles erklären. h) Herr Chaval dankt den Mitgliedern des Elternbeirats für ihre Aufmerksamkeit. i) Wir hoffen, daß diese Ferien besser organisiert sein werden. k) Leider ist Herr Müller nicht zu Ihrer Verfügung. l) Herr Chaval ist älter als sein Kollege. m) Der Hochsprung von Julien ist eine sehr gute Leistung. n) Jean ist besser vorbereitet als Julien, aber weniger gut als Yves. o) Der Aufenthalt im Juni ist besser organisiert gewesen als der Aufenthalt im Februar. p) Julien Leclerc ist mein bester Schüler.

10. **Vous maîtrisez les nombres?** *(Beherrschen Sie die Zahlen?)*

1. Les nombres de 1 à 10 (die Zahlen von 1 bis 10)

2. Les nombres de 11 à 20 (die Zahlen von 11 bis 20)

13A Text

Salut, mon vieux!

Albert Nodier roule sur l'autoroute Nice–Marseille lorsqu'il voit le panneau: «Saint-Raphaël 14 km». Le nom de cette ville lui rappelle qu'un camarade d'études y habite. Albert Nodier décide de quitter l'autoroute et de passer par Saint-Raphaël pour rendre visite à son camarade. Il gare sa voiture dans le centre pour aller prendre un café et consulter l'annuaire téléphonique:

– Medan, Médard, Médelin ... voilà! Médelon, Georges, 85, boulevard Saint-Exupéry.

Albert Nodier demande à la serveuse:

– Dites, est-ce que vous avez un plan de la ville?
– Non, Monsieur. Où voulez-vous aller? Je connais la ville comme ma poche.
– Le boulevard Saint-Exupéry, c'est loin d'ici?
– Mais non. Etes-vous à pied ou en voiture? C'est à un quart d'heure à pied d'ici.

– Alors, j'y vais à pied.
– Est-ce que vous connaissez un peu la ville?
– Non, pas du tout.
– Alors, regardez. Voyez-vous cette tour là-bas? C'est l'église «Notre-Dame de la Victoire». Vous allez jusqu'à cette église. Puis vous tournez à droite et montez la rue Jean-Aicard. Au bout de la rue, vous tournez de nouveau à droite et peu après à gauche, dans l'avenue Paul-Doumer. Vous traversez la ligne de chemin de fer et tombez juste sur le boulevard de Nice qui vous mène directement au boulevard Saint-Exupéry.
– Ah, c'est compliqué. Pouvez-vous répéter, s'il vous plaît?
La serveuse répète l'explication, Albert Nodier paie son café et laisse un bon pourboire. Grâce à la description détaillée de la serveuse, il arrive bientôt chez son ami.
– Salut, mon vieux. Tu me reconnais?
– Mais oui! Albert, vieux pote. D'où viens-tu? Entre. Tu es seul? Ta femme n'est pas venue avec toi?
– Non, je viens de Nice. Je fais un voyage d'affaires.
– Tu as bonne mine. Tu vas donc bien? Et ta famille, comment va-t-elle?
– Très bien.
– Et tes jumeaux, ils poussent?
– Et comment! Ils m'arrivent déjà à l'épaule.
La conversation continue ainsi, jusqu'au moment où Monsieur Nodier, au grand regret de son ami, doit repartir.

mon vieux	*mein Lieber* (wörtl.: *mein Alter*)
rouler	*fahren*
l'autoroute (f)	*die Autobahn*
Nice	*Nizza*
le panneau	*das Schild*
km (= kilomètres)	*km (= Kilometer)*
le camarade	*der Kamerad*
les études (fpl)	*das Studium*
y	*da, dort, dorthin*
passer par	*fahren durch*
rendre visite à qn	*jdn besuchen*
garer	*abstellen, parken*
consulter qch	*nachschlagen in etw.*
l'annuaire (m) téléphonique	*das Telefonbuch*
le plan de la ville	*der Stadtplan*
connaître	*kennen*
connaître qch comme sa poche	*etw. wie seine Westentasche kennen*
à pied	*zu Fuß*
en voiture	*mit dem Wagen*
c'est à …	*das ist … (+ Zeit- oder Streckenangabe)*
pas du tout	*überhaupt nicht*
la tour	*der Turm*
l'église (f)	*die Kirche*
tourner à	*sich wenden nach*
monter	*hinaufgehen*
de nouveau	*erneut, wieder*
l'avenue (f)	*die Avenue, die Straße*
traverser	*überqueren*
la ligne	*die Linie*
le chemin de fer	*die Eisenbahn*
tomber sur	*treffen auf*

juste	*gerade(wegs)*	avoir bonne mine	*gut (gesund) aussehen*
mener	*führen*	les jumeaux (mpl)	*die Zwillingsbrüder, das Zwillingspaar*
directement	*direkt*	pousser	*wachsen*
compliqué, -e	*kompliziert*	et comment!	*und wie!*
l'explication (f)	*die Erklärung*	arriver	hier: *reichen*
la description	*die Beschreibung*	l'épaule (f)	*die Schulter*
détaillé, -e	*detailliert, ausführlich*	la conversation	*die Unterhaltung*
arriver chez	*ankommen bei*	ainsi	*so, derart*
bientôt	*bald*	au moment où	*zum Zeitpunkt, da (als)*
reconnaître	*wiedererkennen*	au grand regret de	*zum großen Bedauern von*
vieux pote	*alter Kumpel*	il doit	*er muß*
d'où	*woher*	repartir	*wieder abreisen*
venir	*kommen*		
seul, -e	*allein*		
venu, -e	*gekommen*		

13B Grammatik

1. Die Frageform

Tu vas bien? Ils poussent? On quitte l'autoroute?	*Geht's dir gut?* *Wachsen sie?* *Verlassen wir (= verläßt man) die Autobahn?*	**Frage nur durch den Tonfall** Wortfolge des Aussagesatzes (vgl. Kap. 2B). Umgangssprachlich sehr geläufige Form. Sie ist nicht möglich nach Fragewörtern (*comment, où, quand,* etc.).
Est-ce que la serveuse a un plan? Est-ce qu'il va à Paris? Où est-ce que vous allez?	*Hat die Bedienung einen Stadtplan?* *Fährt er nach Paris?* *Wohin fahren (gehen) Sie?*	**Frage mit *est-ce que*** Wortfolge des Aussagesatzes (vgl. Kap. 5B). In allen Sprachebenen sehr geläufig.
Pouvez-vous répéter? Voyez-vous la tour? Où voulez-vous aller? Ne voyez-vous pas l'église? Comment va-t-elle? A-t-il une voiture?	*Können Sie wiederholen?* *Sehen Sie den Turm?* *Wohin wollen Sie gehen (fahren)?* *Sehen Sie die Kirche nicht?* *Wie geht's ihr?* *Hat er einen Wagen?*	**Einfache Frage mit Inversion** Pronomen als Subjekt, Satzstellung wie im Deutschen (Bindestrich nicht vergessen!). Verneinung: Verb + Pronomen zwischen *ne ... pas.* 3. Pers. Sing.: Nach Endungs-Vokal wird ein *t* eingeschoben.

Quand M. N. rend-il visite à son camarade?	*Wann besucht H. N. seinen Schulkameraden?*	**Absolute Frage mit Inversion** Substantiv als Subjekt, das nach dem Verb als Personalpronomen wiederholt wird. Gehört mehr einer gehobenen Sprachebene an.
Sa femme est-elle venue avec lui?	*Ist seine Frau mit ihm gekommen?*	

2. Präsens und Partizip Perfekt der unregelmäßigen Verben *venir* (kommen), *voir* (sehen), *connaître* (kennen)

	venir	voir	connaître
je	**viens**	**vois**	**connais**
tu	**viens**	**vois**	**connais**
il/elle/on	**vient**	**voit**	**connaît**
nous	**venons**	**voyons**	**connaissons**
vous	**venez**	**voyez**	**connaissez**
ils/elles	**viennent**	**voient**	**connaissent**
Part. Perf.	**venu, e**	**vu, e**	**connu, e**
ebenso	revenir = *zurückkommen* tenir = *halten*	revoir = *wiedersehen*	reconnaître = *(wieder)erkennen*

13C Landeskunde und Sprachgebrauch

1. *visiter qch* = etw. besuchen, (eine Stadt, ein Museum, eine Ausstellung usw.) besichtigen

rendre visite à qn = jdn besuchen

2. *tourner qch* = etw. drehen

tourner à droite/gauche = sich nach rechts/links wenden, rechts/links abbiegen

se tourner vers = sich (jdm oder etw.) zuwenden

3. *mener* und *répéter*: In den stammbetonten Formen mit *è* [ɛ] (vgl. *acheter*, Kap. 9C/1).

4. *Saint-Raphaël*: Bekannter Ferienort an der französischen Mittelmeerküste zwischen Cannes und Saint-Tropez.

5. *Antoine de Saint-Exupéry*: Schriftsteller und Flieger. Seine Romane «Vol de nuit» (Nachtflug), «Terre des hommes» (Wind, Sand und Sterne) u. a. und vor allem auch die Erzählung «Le Petit Prince» (Der kleine Prinz) wurden in viele Sprachen übersetzt. Antoine de Saint-Exupéry ist 1944 bei einem Aufklärungsflug über dem Mittelmeer verschollen.

6. *L'église «Notre-Dame de la Victoire»*: «Notre Dame» ist die Jungfrau Maria (vgl. „Unsere Liebe Frau"), der viele Kirchen in Frankreich (oft noch mit Zusätzen wie hier «de la Victoire») geweiht sind, zum Beispiel auch die berühmte Kathedrale von Paris: «Notre-Dame de Paris».

13D Übungen

1. Beantworten Sie die Fragen nach folgendem Muster:
Vous connaissez la ville? – Oui, je connais la ville.

   a) Est-ce que vous venez de Paris? b) Prenez-vous du café? c) Allez-vous répéter cela? d) Voyez-vous cette tour là-bas? e) Est-ce que vous allez à Nice? f) Vous faites un voyage d'affaires? g) Vous dites cela à votre femme? h) Est-ce que vous rentrez d'un voyage d'affaires? i) Vous vous sentez mal? k) Est-ce que vous êtes en vacances?

2. Ersetzen Sie in der Begrüßungsszene am Ende des Lektionstexts ‹*Salut, mon vieux.*› durch ‹*Bonjour, Monsieur*› und ‹*Albert, vieux pote*› durch ‹*Monsieur Nodier*› und sprechen Sie den Dialog in der Höflichkeitsform.

3. Verwandeln Sie die einfachen Fragesätze in Fragen mit Inversion:
a) Vous voyez l'église? b) Il est venu avec toi? c) Nous quittons l'autoroute? d) Il décide de rendre visite à son ami? e) Vous pouvez donner une description détaillée de la ville? f) Elle a une voiture rouge? g) Votre femme est venue avec vous? h) Vous ne connaissez pas la ville? i) Tu vois cette tour, là-bas? k) Monsieur Nodier est malade?

4. Welche Fragen (mit *est-ce que*) sind folgenden Antworten vorausgegangen?
a) Je vais à Marseille. b) Oui, nous allons tous bien. c) Oui, je vais entrer dans le restaurant. d) Non, l'église n'est pas loin d'ici. e) Oui, l'analyse de marché sera finie ce soir. f) Oui, je veux poser une question. g) Oui, elle va bien. h) Non, Jean est venu avec sa femme. i) Oui, Monsieur Nodier quitte l'autoroute. k) Je viens de Nice. l) Oui, le supermarché est ouvert. m) Oui, Monsieur Nodier rend visite à son ami.

5. Verwandeln Sie die Fragen mit *est-ce que* in Fragen mit Inversion.

   a) Est-ce qu'il est malade? b) Est-ce que vous avez mal au ventre? c) Est-ce que tu as envie de vomir? d) Où est-ce que vous allez? e) Est-ce que votre femme dépense beaucoup d'argent? f) Est-ce que le président est objectif? g) Est-ce que vous pouvez revenir demain? h) Comment est-ce qu'elles vont? i) Est-ce qu'elle part en vacances? k) Est-ce que le docteur Chazal arrivera après-demain?

6. Ein bißchen Formenbildung muß sein:

   A: Konjugieren Sie nachstehende Verben im Präsens nach folgendem Muster: Je viens, tu fais, il trouve, elle reçoit, nous finissons, vous allez, ils sortent, elles viennent; je fais, tu trouves, usw.

I	II	III
venir	dire	tenir
faire	rentrer	sentir
trouver	entendre	pouvoir
recevoir	ouvrir	offrir
finir	prendre	vouloir
aller	commander	voir
sortir	connaître	partir

   Die drei Gruppen sollen nicht auf einmal gemacht werden. Diese Übung ist vor allem für die ständige Wiederholung gedacht.

   B: Geben Sie von allen Verben der Übung 6A die Partizip Perfekt-Formen an.

7. Übersetzungsübung

   a) Herr Nodier besucht das „Centre Georges Pompidou". Aber er besucht auch seinen Freund. b) Können Sie die Beschreibung wiederholen? c) Wollen Sie zu Fuß nach Nizza gehen? d) Ich kenne die Stadt nicht. Wo ist die Avenue Jean-Aicard, bitte? e) Wenn Sie sich erst nach links und dann nach rechts wenden, treffen Sie bald auf die Avenue Paul-Doumer. f) Servus, altes Haus. Du siehst gut aus. g) Mein Sohn reicht mir schon bis an die Schulter. h) Herr Bériot betritt das Zimmer, als es Herr Nodier verläßt. i) Herr Nodier, sind Sie alleine? k) Woher kommen Herr und Frau Bériot? Sie kommen direkt aus Paris.

14A Text

Les paysans manifestaient ...

Après une semaine de vacances, Philippe Lefèvre, Strasbourgeois, rentre au bureau un jour plus tard que prévu. Il explique à ses collègues les raisons de son retard. Il raconte:

«Vous savez, Marie-Noëlle et moi voulions depuis quelques années visiter la Bretagne et le Mont-Saint-Michel. Comme au début de notre semaine de vacances le temps était splendide dans toute la France, nous avons décidé spontanément de faire enfin ce voyage. Lundi matin, j'ai donc pris deux billets d'avion pour Rennes, et à trois heures de l'après-midi déjà, nous avons atterri en Bretagne. Grâce au minitel de l'aéroport, nous avons trouvé un hôtel très agréable, nous avons loué une voiture à l'aéroport même, bref, tout fonctionnait comme sur des roulettes. Nous avons ensuite profité des cinq jours qui étaient à notre disposition pour visiter Brest, Saint Malo, Quimper, le Mont-Saint-Michel et d'autres sites touristiques. Le soleil brillait la plupart du temps; c'était parfait.

Mais le retour! Nous nous sommes rendus à l'aéroport de Rennes dimanche à l'heure prévue. Déjà la route d'accès était bloquée par d'innombrables tracteurs qui occupaient les principaux carrefours. Les paysans bretons protestaient contre la politique agricole de la C.E.E. A l'aéroport, c'était pire encore. Les agriculteurs avaient déversé plusieurs tonnes de pommes de terre sur la piste d'atterrissage. Aucun avion ne pouvait décoller ni atterrir. Nous avons attendu jusqu'au soir, mais les manifestations continuaient. Alors, nous avons accepté l'offre d'Air France d'échanger les billets d'avion contre des billets de chemin de fer. Nous avons pris le TGV qui est parti peu avant minuit de Rennes. Comme les trains en provenance de la Bretagne avaient également du retard à cause des manifestations des agriculteurs, nous avons manqué la correspondance à Paris d'où nous sommes partis à cinq heures du matin seulement pour arriver à Strasbourg vers neuf heures.

Nous étions complètement crevés et incapables d'aller travailler.»

le paysan	*der Bauer*
manifester	*demonstrieren*
le Strasbourgeois	*der Straßburger*
prévu, -e (von prévoir)	*vorgesehen*
le retard	*die Verspätung*
raconter	*erzählen*
vous savez	*ihr wißt*
la Bretagne	*die Bretagne*
le Mont-Saint-Michel	*der Mont-Saint-Michel*
comme	*da, weil*
le début	*der Anfang*
au début	*zu Beginn, zunächst*
le temps	*das Wetter*
splendide	*prächtig*
spontanément	*spontan*
lundi matin	*am Montagmorgen*
le billet	*die Fahrkarte*
prendre un billet	*eine Fahrkarte lösen*
l'avion (m)	*das Flugzeug*
le billet d'avion	*das Flugticket*
pour	*nach*
atterrir	*landen*
minitel (m)	
l'aéroport (m)	*der Flughafen*
louer	*mieten*
même	*selbst*
bref	*kurz*
fonctionner	*funktionieren*
fonctionner comme sur des roulettes	*wie am Schnürchen klappen*
ensuite	*dann, danach*
le site touristique	*die Touristenattraktion*
le temps	*die Zeit*

la plupart du temps	*meistens*
c'était parfait	*es war (alles) bestens*
le retour	*die Rückreise*
la route	*die Straße, die Landstraße*
la route d'accès	*die Zufahrtstraße*
bloquer	*blockieren*
innombrable	*zahllos*
le tracteur	*der Traktor*
occuper	*besetzen*
principal, -e	*hauptsächlich,* hier: *wichtig*
le carrefour	*die Kreuzung*
breton, -ne	*bretonisch*
protester	*protestieren*
contre	*gegen*
agricole	*Landwirtschafts-*
pire	*schlimmer*
l'agriculteur (m)	*der Landwirt*
déverser	*schütten*
la tonne	*die Tonne*
la pomme de terre	*die Kartoffel*
la piste d'atterrissage	*die Landebahn*
ne ... ni	eigentl.: *weder ... noch,* hier: *... oder* (s. 14C/7)
décoller	*starten*
la manifestation	*die Demonstration*
continuer	*andauern*
accepter	*annehmen, akzeptieren*
Air France	*Air France (frz. Luftfahrtgesellschaft)*
le TGV [teʒeve] (= train à grande vitesse)	*der Hochgeschwindigkeitszug*

peu avant	*kurz vor*	Strasbourg	*Straßburg*
minuit (m!)	*Mitternacht*	crevé, -e	*erschöpft, kaputt (fam.)*
à cause de	*wegen*		
manquer	*verpassen, versäumen*	incapable	*unfähig*
la correspondance	*der Anschluß(zug)*		

14B Grammatik

1. Imperfekt

Formen des Imperfekts

j'	av**ais**	nous	av**ions**	**Imperfekt-Endungen**
tu	av**ais**	vous	av**iez**	Sie sind für alle Verben – auch
il/elle/on	av**ait**	ils/elles	av**aient**	die unregelmäßigen – gleich.

	je	**voul**ais	**Imperfekt-Stamm**
	tu	**voul**ais	Er läßt sich vom Stamm der
nous **voul**ons →	il	**voul**ait	1. Person Plural Präsens (Indikativ)
	nous	**voul**ions	ableiten.
	vous	**voul**iez	Ausnahme: *nous sommes → j'étais*
	ils	**voul**aient	*tu étais, etc.*

Gebrauch von Imperfekt und Perfekt *(Passé composé)*

Imperfekt	Perfekt
Le temps **était** splendide. Le soleil **brillait** la plupart du temps. Les paysans **protestaient**.	Nous **avons décidé** de faire ce voyage. Nous nous **sommes rendus** à l'aéroport. Nous **sommes partis** de Paris à cinq heures du matin.
Ausdruck von: Zustand, Eigenschaft. Der Vorgang ist zu dem Zeitpunkt in der Vergangenheit, von dem gesprochen wird, nicht abgeschlossen. Frage: Was war?	Ausdruck von: Handlung, Geschehen. Der Vorgang kann zu dem Zeitpunkt in der Vergangenheit, von dem gesprochen wird, abgeschlossen sein. Frage: Was geschah?

2. Präsens und Partizip Perfekt des unregelmäßigen Verbs *savoir* (wissen)

je	**sais**	nous	**savons**
tu	**sais**	vous	**savez**
il/elle/on	**sait**	ils/elles	**savent**

Part. Perf. **su, e**

3. an/année

an	année
J'ai 22 ans. = *Ich bin 22 Jahre alt.*	l'année passée = *im vergangenen Jahr* l'année scolaire = *das Schuljahr*
neutrale Zeitangabe	Betonung des Zeitraums, des Zeitablaufs

14C Landeskunde und Sprachgebrauch

1. Die *Bretagne* ist eine kulturell recht eigenständige Provinz im Nordwesten Frankreichs. Ihre Hauptstadt ist *Rennes*. Sie umfaßt 4 Départements mit hauptsächlich ländlichem Charakter. Wirtschaftliche Haupttätigkeiten sind: Fischfang, Getreideanbau, Rinderzucht und im Sommer Fremdenverkehr.

2. *Brest* ist die westlichste Stadt Frankreichs. Sie hat einen großen Militärhafen und ist vor allem durch die riesigen, donnernden Springfluten *(« Tonnerre de Brest »)* bekannt, die bei bestimmten Mond- und Sonnenkonstellationen kombiniert mit bestimmten Witterungsbedingungen entstehen und bei denen der Gischt bis über die ersten Häuserzeilen der Stadt spritzt. Das eindrucksvolle Naturschauspiel ist in der französischen Sprache zu einer feststehenden Redewendung des Erstaunens geworden: *« Tonnerre de Brest »* heißt soviel wie „Donnerwetter noch einmal!"

3. Der *Mont-Saint-Michel* ist eine berühmte Klosterinsel, die zwar in der Normandie nahe der bretonischen Grenze liegt, aber ein Muß in jedem Besuchsprogramm der Bretagne ist. Diese Benediktinerabtei ist nur bei Flut von Wasser umgeben und stellt eine der touristischen Hauptattraktionen Frankreichs dar.

4. *Minitel* ist das bekannteste französische Bildschirm-Textsystem.

5. *La plupart de* = die meiste(n), wörtl.: die Mehrheit (+ Genitiv). Besonderheiten zu diesem Ausdruck:

- Er wird *nicht* als Mengenbegriff (Kap. 8B) behandelt, das heißt, es steht danach der volle Teilungsartikel:
  la plupart du temps = die meiste Zeit
  la plupart des élèves = die meisten Schüler
- Wenn ein Wort in der Mehrzahl folgt, steht das Verb auch in der Mehrzahl:
  la plupart des paysans ***veulent*** ... = die Mehrheit der Bauern **will** (besser: die meisten Bauern wollen)

6. Der *TGV* = *Train à grande vitesse* ist der schnellste Zug Europas (Siehe auch Kapitel 27). Er entspricht in etwa dem ICE.

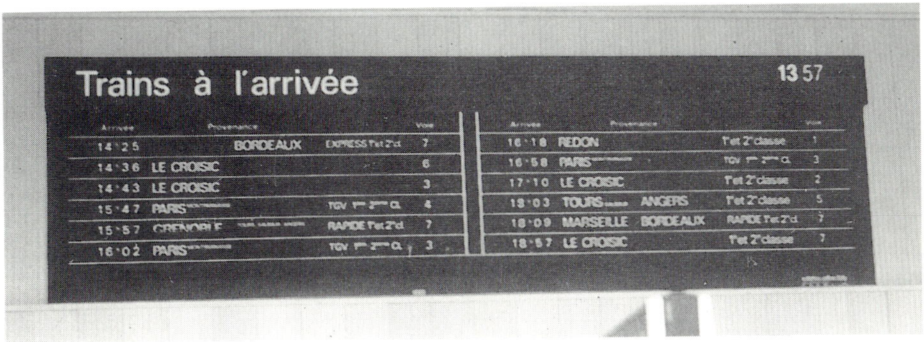

7. Ein Beispiel für ***ni . . . ni . . .*** in der eigentlichen Bedeutung *weder . . . noch . . .*: ***On ne pouvait ni atterrir ni décoller.*** = *Man konnte weder starten noch landen.*

Zu der Konstruktion in der Lektion: ***Aucun avion ne pouvait décoller ni atterrir . . .*** = *Kein Flugzeug konnte starten oder landen . . .*: Da es im Deutschen die doppelte Verneinung nicht gibt, muß man den Satz folgendermaßen übersetzen: *Kein Flugzeug konnte starten* ***oder*** *landen.*

14D Übungen

1. Philippe berichtet, wie es in der Bretagne war. Er erzählt, daß
   - das Wetter während der ganzen Woche prächtig war;
   - die Sonne fünf Tage (lang) schien;
   - das Hotel sehr angenehm war;
   - der Flughafen blockiert war;
   - die Kreuzungen besetzt waren;
   - kein Flugzeug landen konnte;
   - der TGV auch Verspätung hatte.

2. Ein Bauer erzählt, was die Landwirte gemacht haben. Sie haben
   - die Zufahrtstraße zum Flughafen mit vielen Traktoren blockiert;
   - die wichtigsten Kreuzungen besetzt;
   - mehrere Tonnen Kartoffeln auf die Landebahn geschüttet;
   - bis zum Abend demonstriert;
   - mit dieser Demonstration gegen die Politik der EG protestiert.

3. Ein bißchen Formenbildung muß sein:

   A: Bilden Sie die 1. Person Singular und Plural Imperfekt folgender Verben: (An die Ableitung des Stammes denken!)

   prendre, finir, aller, ouvrir, recevoir, donner, dire, faire, trouver, attendre, sortir, venir, souffrir, savoir, vouloir, tenir, partir, pouvoir, connaître, voir

   B: Setzen Sie ins Imperfekt:

   nous trouvons, il veut, elle finit, vous espérez, elles reçoivent, vous entendez, ils donnent, elle prend, j'ouvre, vous offrez, je veux, tu es, nous sommes, je connais, il va, ils rendent, vous venez

4. Beantworten Sie die Sätze nach folgendem Muster:

   Tu veux visiter la Bretagne? – Je voulais visiter la Bretagne.

   a) Tu as une maison? b) Tu es malade? c) Tu veux aller en France? d) Tu aimes parler politique? e) Tu connais Jean Lebrun? f) Tu vas toujours au bistro? g) Tu finis en général de travailler à 5 heures? h) Tu es un bon sprinter? i) Tu aimes marcher? k) Tu es à ma disposition?

5. Gleiche Übung nach folgendem Muster:

   Ce magasin de mode est cher? – Il était cher.

   a) Le docteur Chazal arrive toujours à temps? b) Monsieur Bériot a toujours faim? c) Nos élèves sont mieux préparés? d) Monsieur Lebrun est professeur au collège? e) Madame Bériot s'occupe toujours du séjour? f) Monsieur Denier laisse en général un bon pourboire? g) Votre équipe de football est bien préparée? h) La serviette est dans le tiroir? i) Votre fils travaille beaucoup? k) Votre fille fume?

6. Gleiche Übung nach folgendem Muster:

   Vous voulez répéter cet essai? – Nous voulions répéter cet essai.

   a) Vous avez un plan de la ville? b) Vous habitez rue Racine? c) Vous êtes pressés? d) Vous aimez parler politique? e) Vous avez une maison? f) Vous voulez aller en ville? g) Vous êtes à sa disposition? h) Vous avez toujours peur des chiens? i) Vous êtes bien préparés? k) Vous travaillez beaucoup?

7. Übersetzung

   Da die Sonne fast die ganze Zeit schien, beschlossen wir spontan, den Mont-Saint-Michel zu besichtigen. Das ist die wichtigste Touristenattraktion (mit: *site*) dieser Gegend. Wir wollten seit einigen Jahren in die Bretagne fahren, aber wir hatten nie genug Geld. Wir kauften zwei Flugtickets, aber kein Flugzeug konnte in Rennes landen, denn der Flughafen war blockiert. Viele Bauern hatten Kartoffeln auf die Landebahn geschüttet. Sie protestierten gegen die Politik der EG. Wir tauschten also die Flugtickets gegen Eisenbahnfahrscheine und nahmen den TGV.

8. **Testez votre vocabulaire** *(Testen Sie Ihren Wortschatz)*

Tragen Sie waagerecht 13 französische Begriffe nachstehender Bedeutung ein. In der stark umrandeten senkrechten Spalte ergibt sich das Lösungswort.

1. Mitternacht
2. Bauer
3. prächtig
4. Flugzeug
5. Angebot
6. landen
7. Anschlußzug
8. bretonisch
9. Reise
10. Verspätung
11. Landwirt
12. Flughafen
13. tauschen

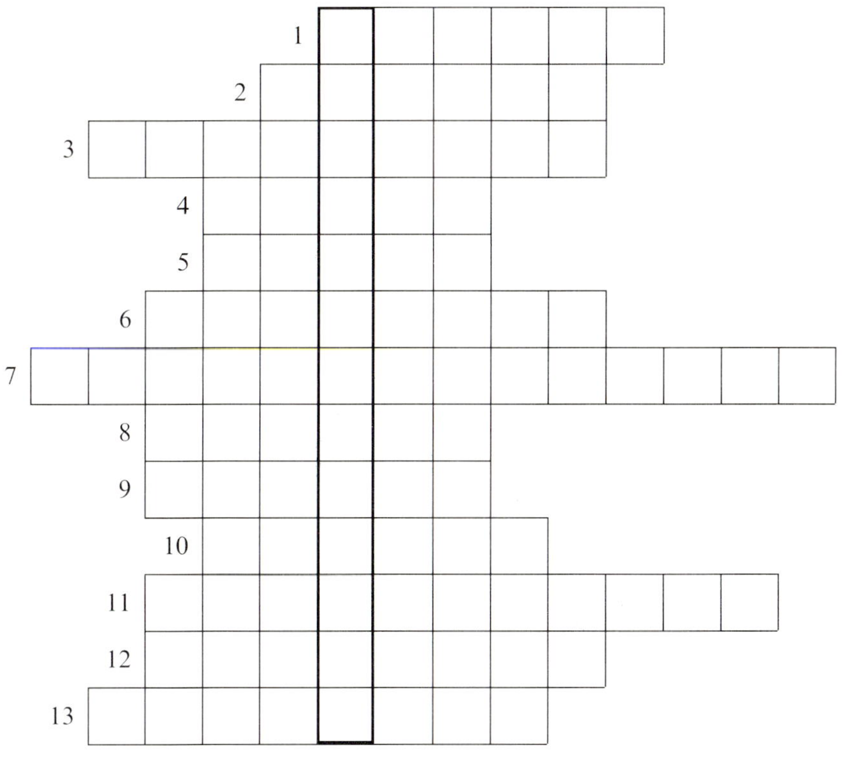

15A

15A Text

A l'auto-école

Caroline Annot s'est décidée à passer son permis de conduire. Un mardi matin, elle prend sa première leçon de conduite. Le moniteur lui ouvre la portière gauche et elle se met au volant.

– Vous n'avez jamais conduit, Mademoiselle?

– Non. L'été dernier, mon père a essayé de m'apprendre à conduire sur un petit chemin de campagne. Mais comme il n'est pas patient, il s'est fâché tout de suite de ma maladresse. Nous avons abandonné l'essai avant même de commencer à rouler.

– Mais vous montez tout de même à bicyclette et connaissez le code de la route?

– Ça oui ...

– Vous connaissez la fonction des trois pédales?
– Non, j'ai oublié les explications de mon père.
– Regardez. A gauche, vous avez l'embrayage, au milieu le frein et à droite l'accélérateur.
– Bien.
– Ensuite: Ce grand levier-ci, c'est le changement de vitesse. Et ce petit levier-là sert à actionner les clignotants. Maintenant les boutons, de droite à gauche: l'essuie-glace et le lave-glace, les phares et l'aérateur.

Le moniteur explique ensuite à Caroline comment on met le moteur en marche en se servant de la clé de contact.

– Maintenant, appuyez sur l'embrayage, passez la première vitesse, lâchez doucement l'embrayage et appuyez en même temps légèrement sur l'accélérateur.

La voiture commence à rouler. Au premier carrefour, le moniteur freine brusquement.

– Attention! N'avez-vous pas vu les piétons?
– Non, je ne les ai pas vus. J'ai regardé ce panneau-là et je me suis dit que ...
– D'accord, mais n'oubliez jamais de regarder la route devant vous.

Caroline fait de son mieux pour suivre les instructions du moniteur. Mais au bout de quelques minutes, il doit intervenir de nouveau.

– Avez-vous oublié les instructions que je vous ai données tout à l'heure?
– Pourquoi? J'ai bien regardé la route devant moi.
– Oui, mais regardez aussi les voitures qui circulent devant vous. Vous n'avez pas vu que les feux stop de cette Peugeot se sont allumés?
– Si, bien sûr. Mais je me suis demandé si ...
– Ne vous demandez rien, freinez!

Le moniteur soupire et dit à Caroline de redémarrer. Elle essaie, mais la voiture fait quelques bonds en avant et s'arrête.

– Quelle vitesse avez-vous passée?
– Attendez ..., c'est la troisième.
– N'est-ce pas? Alors, passez la première et ça ira sûrement mieux!
– D'accord. – Excusez-moi. Je suis très maladroite.
– Mais non, c'est tout à fait normal. La première leçon est toujours la plus difficile. Dans une semaine, nous pourrons rouler ensemble sur les Champs-Elysées.

l'auto-école (f)	*die Fahrschule*
se décider (à)	*sich entschließen (zu)*
passer	*machen, ablegen*
un mardi matin	*an einem Dienstag morgen*
la leçon	*die Lektion*
la leçon de conduite	*die Fahrstunde*
le moniteur	*der Fahrlehrer*
la portière	*die Fahrzeugtür*
le volant	*das Lenkrad, Steuer (-rad)*
se mettre au volant	*sich ans Lenkrad setzen*
conduire	*(ein Fahrzeug) lenken, fahren*
l'été (m)	*der Sommer*
l'été dernier	*im vergangenen Sommer*
apprendre	*1. lernen, 2. beibringen*
un chemin de campagne	*ein Feldweg*
patient, -e	*geduldig*
se fâcher	*sich ärgern, böse werden*
tout de suite	*sofort*
la maladresse	*die Ungeschicklichkeit*
abandonner	*aufgeben*
avant même (de)	*noch bevor*
la bicyclette	*das Fahrrad*
monter à bicyclette	*Fahrrad fahren*
tout de même	*(doch) wenigstens*
le code de la route	*die Straßenverkehrsordnung*
la fonction	*die Funktion*
la pédale	*das Pedal*
l'embrayage (m)	*die Kupplung*
le milieu	*die Mitte*
au milieu	*in der Mitte*
le frein	*die Bremse*
l'accélérateur (m)	*das Gas(pedal)*
le levier	*der Hebel*
-ci	*hier*
le changement de vitesse	*die Gangschaltung*
la vitesse	*1. die Geschwindigkeit, 2. der Gang*

-là	*da*
actionner	*betätigen*
le clignotant	*der Blinker*
le bouton	*der Knopf*
de droite à gauche	*von rechts nach links*
l'essuie-glace (m)	*der Scheibenwischer*
le lave-glace (m)	*die Scheibenwaschanlage*
le phare	*der Scheinwerfer*
l'aérateur (m)	*die Lüftung*
mettre en marche	*in Gang setzen*
le moteur	*der Motor*
se servir de qc	*etw. benützen*
la clé (clef)	*der Schlüssel*
la clé de contact	*der Zündschlüssel*
appuyer sur qch	*auf etw. drücken, treten auf (ein Pedal)*
passer une vitesse	*einen Gang einlegen*
lâcher	*loslassen*
en même temps	*gleichzeitig*
légèrement	*leicht*
freiner	*bremsen*
le piéton	*der Fußgänger*
faire de son mieux	*sein Bestes tun*
suivre	*(be)folgen*
l'instruction (f)	*die Anweisung*
intervenir	*eingreifen*
tout à l'heure	*vorhin*
pourquoi	*warum*
circuler	*verkehren, fahren*
le feu stop	*das Bremslicht*
la Peugeot	*der Peugeot*
si	*1. doch, 2. ob*
s'allumer	*aufleuchten*
soupirer	*stöhnen*
redémarrer	*wieder anfahren*
le bond	*der Satz, der Sprung*
en avant	*nach vorne*
quel, -le	*welcher, -e, -es*
passer la première	*den ersten Gang einlegen*
ça ira	*es wird gehen*
excuser	*entschuldigen*
maladroit, -e	*ungeschickt*
tout à fait	*vollkommen*
difficile	*schwierig*

15B Grammatik

1. Das Fragewort *quel*

quel	levier ...?	**Quel** ist Frageadjektiv, also mit vier Formen, je nach Geschlecht und Zahl des dazugehörigen Substantivs.
quelle	vitesse ...?	
quels	boutons ...?	
quelles	voitures ...?	

2. Veränderlichkeit des Partizips Perfekt

Mit *être* konjugiert

La portière est ouvert**e**.	*Die Tür ist offen.*	Partizip veränderlich wie Adjektiv. Beziehungswort ist das Subjekt. (Siehe auch Kap. 6B.)
Mlle Annot est arrivé**e**.	*Mlle A. ist angekommen.*	
Les voitures sont arrêté**es**.	*Die Autos stehen (= sind angehalten).*	

Mit *avoir* konjugiert

a) **Ohne** *vorangehendes direktes Objekt*

Mlle A. a arrêté la voiture.	*Mlle A. hat den Wagen angehalten.*	Partizip unveränderlich. (Siehe auch Kap. 6B.)
Elle a oublié de regarder la route.	*Sie hat vergessen, auf die Straße zu schauen.*	
Nous n'avons jamais conduit.	*Wir sind noch nie Auto gefahren.*	

b) **Mit** *vorangehendem direktem Objekt*

Les piétons? Je *les* ai vu**s**.	*Die Fußgänger? Ich habe sie gesehen.*	Direktes Objekt (= ohne Präp.) vor dem Partizip ist Bezugswort. Es kann sein: – Personalpronomen – das Relativpronomen *que* – Fragewort + Substantiv
Les instructions *que* je vous ai donné**es**	*Die Anweisungen, die ich Ihnen gegeben habe ...*	
Quelle vitesse avez-vous passé**e**?	*Welchen Gang haben Sie eingelegt?*	
Combien de piétons avez-vous vu**s**?	*Wie viele Fußgänger haben Sie gesehen?*	

Reflexive Verben

ausnahmslos mit **être** konjugiert; das Partizip wird jedoch behandelt wie bei den mit *avoir* verbundenen Verben, d. h.:

a) **se (s')** = *Akkusativ*		Ist **se** Akkusativ = direktes Objekt (wen oder was?), so ist es Bezugswort für das Partizip. Z. B.:
Elle **s'**est décidé**e** à ...	*Sie hat sich entschlossen, zu ...*	*décider* **qn** = jdn veranlassen → **se** *décider*
Les feux stop **se** sont allumé**s**.	*Die Bremslichter haben aufgeleuchtet.*	*allumer* **qch** = etw. anzünden → **s'***allumer*
Les voitures **se** sont arrêté**es**.	*Die Autos sind stehengeblieben.*	*arrêter* **qn** = jdn anhalten → **s'***arrêter*
b) **se (s')** = *Dativ*		Ist **se** Dativ = indirektes Objekt (wem?), so ist das Partizip unveränderlich. Z. B.:
Elle s'est demandé si ...	*Sie hat sich gefragt, ob ...*	*demander* **à qn** = jdn fragen → **se** *demander*
Elle s'est dit que ...	*Sie hat sich gesagt, daß ...*	*dire qch* **à qn** = jdm sagen → **se** *dire*

3. Präsens und Partizip Perfekt der unregelmäßigen Verben *mettre* (setzen, legen, stellen) und *conduire* (lenken)

	mettre	**conduire**
je	**mets**	**conduis**
tu	**mets**	**conduis**
il/elle/on	**met**	**conduit**
nous	**mettons**	**conduisons**
vous	**mettez**	**conduisez**
ils/elles	**mettent**	**conduisent**
Part. Perf.	**mis, -e** [mi/miz]	**conduit, -e** [kõdɥi/kõdɥit]

15C Landeskunde und Sprachgebrauch

1. *décider **de** faire qch* = beschließen etw. zu tun
*se décider **à** faire qch* = sich entschließen etw. zu tun
*décider qn **à** faire qch* = jdn veranlassen etw. zu tun

2. *avant même de commencer* = noch bevor wir begannen (beginnen, beginnen werden), vor dem Beginn
Diese Infinitivkonstruktion ist im Deutschen nicht möglich. Sie muß je nach dem Zusammenhang verschieden übersetzt werden.

3. *le feu* = 1. das Feuer, 2. die Leuchte
Zu beachten: Plural mit x (das nicht hörbar ist).

4. *la Peugeot* = der Peugeot
PKW-Bezeichnungen sind im Französischen weiblich (von: *la voiture*).

5. Beachten Sie den Unterschied: *Il dit à Caroline de redémarrer.* = Er sagt zu C., sie solle wieder anfahren.

6. Die *Champs-Elysées* sind die bekannteste Prachtstraße in Paris, mit Geschäften, Restaurants, Kinos usw.

15D Übungen

1. Erklären Sie Caroline Annot die Funktion der wichtigsten Bedienungselemente.
   - Alors, mettez-vous au ....
   - Voici les pédales: à gauche, c'est ...., au milieu .... et à droite ....
   - Le grand levier, c'est ....
   - Le petit levier sert à actionner ....
   - Les boutons servent à actionner ...., ..., ..., ...
   - La clé de contact sert à ....

2. Beantworten Sie (mündlich und schriftlich) die Fragen nach folgendem Muster:
   Avez-vous vu les piétons? – Oui, je les ai vus.

   a) Avez-vous arrêté la voiture? b) Avez-vous oublié votre permis de conduire? c) Avez-vous ouvert la portière? d) Avez-vous passé la première vitesse? e) Avez-vous tapé la lettre? f) Avez-vous pris le vin? g) Avez-vous conduit la voiture? h) Avez-vous appelé la serveuse? i) Avez-vous reçu la réponse? k) Avez-vous trouvé vos affaires?

3. Gleiche Übung nach folgendem Muster:
   Est-ce que tu as arrêté la voiture? – Oui, je l'ai arrêtée.

   a) Est-ce que tu as actionné les clignotants? b) Est-ce que tu as fini le travail? c) Est-ce que tu as vu les revues? d) Est-ce que tu as pris la lettre? e) Est-ce que tu as regardé la vitrine? f) Est-ce que tu as entendu le moniteur? g) Est-ce que tu as ouvert les fenêtres? h) Est-ce que tu as commandé les apéritifs? i) Est-ce que tu as mis la voiture en marche? k) Est-ce que tu as lâché les boutons?

4. Beantworten Sie die Fragen nach folgendem Muster:
   Caroline Annot se met au volant? – Elle s'est déjà mise au volant.

   a) Eve ouvre la fenêtre? b) Eve et Yves entrent dans l'hôtel? c) Jacques prend une cigarette? d) Les Denier arrivent à Paris? e) Les phares s'allument? f) Monsieur Bériot paie? g) Caroline Annot regarde le panneau? h) Caroline et son ami se rencontrent en ville? i) Marguerite et Christine mangent de bon appétit? k) Vos amis vont à Paris?

5. Beantworten Sie die Fragen nach folgendem Muster:
   Je passe la première vitesse? – Oui, passez la première vitesse.

   a) Je conduis la voiture? b) Je redémarre? c) J'appuie sur l'accélérateur? d) Je demande au moniteur? e) J'attends Mademoiselle Annot? f) Je mets le moteur en marche? g) Je fais le lit? h) Je prends cent francs? i) Je tourne à gauche? k) J'ouvre la fenêtre?

6. Gleiche Übung nach dem Muster:
Mademoiselle Annot, ouvrez la fenêtre. – J'ai déjà ouvert la fenêtre.

a) Mlle Annot, mettez-vous au volant. b) Mlle Annot, arrêtez la voiture. c) Mlle Annot, appuyez sur le frein. d) Mlle Annot, entrez dans la chambre. e) Mlle Annot, tournez à gauche. f) Mlle Annot, regardez le panneau. g) Mlle Annot, prenez une cigarette. h) Mlle Annot, passez la première vitesse. i) Mlle Annot, traversez le carrefour. k) Mlle Annot, freinez.

7. Übersetzungsübung
Mademoiselle Annot setzt sich ans Steuer ihres Wagens (von ihrem Wagen). Sie setzt den Motor in Gang und drückt das linke Pedal. Dann legt sie den dritten Gang ein und läßt das linke Pedal langsam los. Der Wagen macht einige Sätze und bleibt stehen. Mademoiselle Annot fragt sich, warum der Wagen stehenbleibt. Schließlich bemerkt sie, daß sie den dritten Gang eingelegt hat. Sie legt den ersten ein. Sie seufzt und macht einen zweiten Versuch. Nun beginnt der Wagen zu fahren (rollen). Mademoiselle Annot ist sehr froh.

8. **C'est un jeu d'enfant pour vous:** *(Das ist ein Kinderspiel für Sie)*

Gesucht werden 12 französische Wörter nachstehender Bedeutung, deren Anfangsbuchstaben, fortlaufend von 1–12 gelesen, das Lösungswort ergeben:

1. Lüftung ______________________
2. Kreuzung ______________________
3. Blinker ______________________
4. Scheibenwischer ______________________
5. Hebel ______________________
6. Kupplung ______________________
7. fahren ______________________
8. aufgeben ______________________
9. überqueren ______________________
10. ausgezeichnet ______________________
11. Werk ______________________
12. Straße ______________________

16A Text

L'interrogatoire

Juge d'instruction – Quel est votre nom?
Détenu – Je m'appelle Yves Doriez.

J – Quelle est votre profession?
D – Je suis mécanicien.
J – Quel âge avez-vous?
D – J'ai 32 ans.
J – Eh bien, vous avez volé une Renault.
D – Oui.
J – Où avez-vous volé cette voiture?
D – Rue Louis-Blanc dans le quartier de la Défense.
J – Quand l'avez-vous volée?

D – Le 29 janvier, vers 10 heures du matin.
J – Comment avez-vous volé la voiture?
D – J'ai crocheté la portière gauche.
J – Avec quoi?
D – Avec un tournevis spécial.
J – Qui est-ce qui vous l'a donné?
D – Je l'ai bricolé moi-même.
J – Où est-ce que vous avez appris à ouvrir les portières avec un tournevis?
D – C'est Marcel qui m'a appris.
J – Qui?
D – Marcel, mon frère.
J – Qu'est-ce qu'il fait, votre frère? Est-ce qu'il vole aussi des voitures?
D – Non, il ne peut pas. Il est en prison.
J – Aha ... Mais revenons à nos moutons! Vous vous êtes donc mis au volant de la voiture. Qu'est-ce qui est arrivé alors?
D – J'ai passé la première pour démarrer, mais à ce moment-là, je l'ai vu arriver.
J – Qui avez-vous vu arriver?
D – L'agent de police.
J – Et il vous a arrêté.
D – Oui.
j – Pourquoi est-ce qu'il vous a arrêté?
D – On m'a vu.
J – Qui vous a vu?
D – Je ne sais pas.
J – Une dernière question pour terminer: Pourquoi avez-vous commis ce délit?
D – Je ne sais pas.
J – Vous ne savez pas? Moi, je vais vous dire pourquoi vous ne le savez pas. Vous travaillez pour un gang. Pour qui travaillez-vous?
D – Je ne le dirai pas.
J – Ecoutez: Je suis au courant de beaucoup de choses que vous ne savez pas encore. Je répète ma question: Pour qui est-ce que vous travaillez?
D – –
J – Vous avez l'air pensif. A quoi ou à qui pensez-vous?

D – A rien.
J – Comme vous voulez. Est-ce que vous avez quelque chose à ajouter?
D – Non.
J – Alors, l'interrogatoire est terminé.

l'interrogatoire (m)	*das Verhör*
le juge	*der Richter*
le juge d'instruction	*der Untersuchungsrichter*
le détenu	*der Häftling*
le nom	*der Name*
la profession	*der Beruf*
le mécanicien	*der Mechaniker*
l'âge (m)	*das Alter*
j'ai 32 ans	*ich bin 32 Jahre alt*
eh bien	*nun, also*
voler	*stehlen*
la Renault	*der Renault*
janvier (m)	*Januar*
crocheter	*aufbrechen*
quoi ...?	*was ...?*
le tournevis [turnəvis]	*der Schraubenzieher*
spécial, -e	*Spezial-*
qui est-ce qui ...?	*wer ...?*
bricoler	*basteln*
qui ...?	*wer ...?*
le frère	*der Bruder*
qu'est-ce que ...?	*was ...?*
la prison	*das Gefängnis*
en prison	*im Gefängnis*
le mouton	*das Schaf*
revenons à nos moutons	*zurück zur Sache!*
qu'est-ce qui ...?	*was ...?*
arriver	*geschehen, passieren*
alors	*dann*
démarrer	*losfahren*
à ce moment-là	*in diesem Augenblick*
vu	*gesehen*
qui ...?	*wen ...?*
pour terminer	*zum Schluß*
commettre (*konjugiert wie* mettre)	*begehen*
le délit	*die Straftat*
le gang [gɑ̃g]	*die Verbrecherbande*
être au courant de qch	*Bescheid wissen über etw.*
avoir l'air *(+ Adj.)*	(Adj. +) *aussehen*
pensif, -ve	*nachdenklich*
penser à qch (à qn)	*an etw. (jdn) denken*
ajouter	*hinzufügen*

16B Grammatik

Fragewörter

einfache Form	umschriebene Form	Frage	
Frage nach Personen			
Qui vous a vu?	**Qui est-ce qui** vous a vu?	Wer?	(Nominativ)
Qui avez-vous vu?	**Qui est-ce que** vous avez vu?	Wen?	(Akkusativ)
A qui pensez-vous?	**A qui est-ce que** vous pensez?	An wen?	(mit Präposition)
De qui parlez-vous?	**De qui est-ce que** vous parlez?	Von wem?	(mit Präposition)
Pour qui travaillez-vous?	**Pour qui est-ce que** vous travaillez?	Für wen?	(mit Präposition)

Frage nach Sachen

– – –	**Qu'est-ce qui** est arrivé?	(Wer oder) was? (Nom.)
Que fait-il?	**Qu'est-ce qu'**il fait?	(Wen oder) was? (Akk.)
A quoi pensez-vous?	**A quoi est-ce que** vous pensez?	Woran? (mit Präposition)
De quoi parlez-vous?	**De quoi est-ce que** vous parlez?	Wovon? (mit Präposition)
Avec quoi l'avez-vous fait?	**Avec quoi est-ce que** vous l'avez fait?	Womit? (mit Präposition)

Andere Fragewörter

Où avez-vous volé la voiture?	**Où est-ce que** vous avez volé la voiture?	Wo?
Quand l'avez-vous volée?	**Quand est-ce que** vous l'avez volée?	Wann?
Comment l'avez-vous volée?	**Comment est-ce que** vous l'avez volée?	Wie?
Pourquoi l'avez-vous volée?	**Pourquoi est-ce que** vous l'avez volée?	Warum?

Adjektivisches Fragewort *quel* (= welcher, -e, -es)

französ. Wendung	deutsche Entsprechung	Bemerkung
Quel est votre nom? **Quel** âge avez-vous? **Quelle** heure est-il? **Quelle** est sa taille?	Wie heißen Sie? Wie alt sind Sie? Wie spät ist es? Wie groß ist er (sie, es)?	**Quel** kommt in einigen Wendungen vor, die im Deutschen mit „wie" wiedergegeben werden. Bitte gut einprägen!

Zu beachten:

In der einfachen Frage nach der Person ist der Nominativ (wer?) vom Akkusativ (wen?) nur durch die Wortfolge unterschieden.

Que wird vor Vokalen apostrophiert, **qui** nicht. (Vergl. **que** und **qui** als Relativpronomen, Kap. 11B.)

In der umschriebenen Form entfällt jeweils die Inversion. Die Frage wird durch *est-ce que* wiedergegeben.

In der Frage nach Sachen gibt es im Nominativ (wer oder was?) nur die umschriebene Form.

Auch in der Frage mit Inversion steht das Objekt-Personalpronomen *vor* dem Verb bzw. Hilfsverb.

Où zusammen mit *être* erlaubt nur die einfache Form (mit Inversion). Z. B.: *Où est Marguerite?*

16C Landeskunde und Sprachgebrauch

1. *le 29 janvier* = am 29. Januar

Zu beachten: Zur Angabe des Datums steht im Französischen keine Präposition, nur der Artikel. Außerdem werden nicht die Ordnungszahlen, sondern die Grundzahlen verwendet. Einzige Ausnahme: *le 1er (le premier)*; also: *le 1er mai, le vingt-six avril.*

2. *à 10 heures du matin* = um 10 Uhr morgens

à 6 heures du soir = um 6 Uhr abends

à 3 heures de l'après-midi = um 3 Uhr nachmittags

3. *C'est Marcel qui m'a appris.* = Marcel hat *es* mir beigebracht.

In der Umgangssprache fällt in gewissen Wendungen oft ein Pronomen aus.

4. *Rue Louis-Blanc* = *in der* Rue Louis-Blanc:

Vor Straßennamen stehen im Französischen im allgemeinen keine Präpositionen. Dies gilt auch, wenn ein Verb davor steht:

Il habite rue Louis-Blanc. = Er wohnt *in der* Rue Louis-Blanc.

J'ai garé la voiture rue Louis-Blanc. = Ich habe den Wagen in der Rue Louis-Blanc geparkt.

Personennamen (Vor- und Zuname) werden in Straßennamen mit Bindestrich geschrieben.

5. *Les mois* = die Monate

janvier	[ʒɑ̃vje]	Januar
février	[fevrije]	Februar
mars	[mɑrs]	März
avril	[ɑvril]	April
mai	[mɛ]	Mai
juin	[ʒɥɛ̃]	Juni
juillet	[ʒɥijɛ]	Juli
août	[u(t)]	August
septembre	[sɛptɑ̃br]	September
octobre	[ɔktɔbr]	Oktober
novembre	[nɔvɑ̃br]	November
décembre	[desɑ̃br]	Dezember

6. *le gang* = die Verbrecherbande: Englische Wörter werden in Frankreich an sich nicht gern verwendet. Es gibt nur eine relativ kleine Anzahl von üblichen und „genehmigten" englischen Wörtern (z. B. *le week-end* = das Wochenende). *Le gang* gehört auch dazu. Die *Académie française* wacht streng über die Reinheit der französischen Sprache, und es gibt sogar ein Gesetz, nach dem Publizisten, die nicht zugelassene Fremdwörter verwenden, mit einer Geldstrafe belegt werden können.

7. *La Défense:* Hypermodernes Büro- und Geschäftszentrum und auch Wohnviertel am westlichen Stadtrand von Paris. Es wurde nach einem Denkmal für die Verteidigung *(= la défense)* von Paris 1871 benannt. Wegen der vielen Hochhäuser, in denen große Computer- und Erdölfirmen ihre Verwaltungen haben, heißt das Viertel im Volksmund auch *«Le Manhattan de Paris»*.

16D Übungen

1. Bilden Sie Fragen nach dem Muster:
   On vous demande. – Qui est-ce qui nous demande?

   a) On vous voit. b) On vous appelle. c) On vous arrête. d) On vous attend. e) On vous téléphone. f) On vous cherche. g) On vous invite.

2. Gleiche Übung nach folgendem Muster:
   Cela ne va pas. – Qu'est-ce qui ne va pas?

   a) Cela les inquiète. b) C'est compliqué. c) C'est vrai. d) C'est urgent. e) Cela lui coûtera beaucoup d'argent. f) C'est difficile. g) C'est inutile.

3. Bilden Sie zuerst schriftlich, dann mündlich Fragen mit *est-ce que* nach folgenden Mustern:

Le juge interrompt *le détenu*. – Qui est-ce qu'il interrompt?
Le détenu a volé *une voiture*. – Qu'est-ce qu'il a volé?
(Gefragt wird also immer nach der *kursiv* gedruckten Satzaussage.)

a) Le juge demande *au détenu* pour qui il travaille. b) L'agent de police arrête *Yves Doriez*. c) Le détenu a bricolé *un tournevis spécial*. d) Le détenu a travaillé *pour son frère*. e) Le détenu a ouvert la portière *avec un tournevis spécial*. f) Le détenu pense *à son frère*. g) L'agent de police a vu *Yves Doriez*. h) Yves Doriez a commis *un délit*. i) L'agent de police a arrêté *le cambrioleur*. k) Yves Doriez a raconté *une histoire*. l) Le juge termine *l'interrogatoire*. m) Le juge sait *beaucoup de choses*. n) Le détenu connaît *l'agent de police*.

4. Bilden Sie Fragen mit «est-ce que» nach folgenden Mustern:

Il a volé une voiture *parce qu'il travaille pour un gang*. – Pourquoi est-ce qu'il a volé une voiture?
Elle est rentrée *à 10 heures*. – Quand est-ce qu'elle est rentrée?

a) Monsieur Bériot est allé *à Paris*. b) Le détenu a commis le délit *rue Louis-Blanc*. c) Jean Bériot est venu *parce que nous l'avons invité*. d) Jean Doriez a ouvert la voiture *avec un tournevis spécial*. e) Jacques va venir *à 10 heures*. f) Marguerite habite *à Paris*. g) Mon frère rentrera *demain*.

5. Verwandeln Sie die einfache Form in die umschriebene Form nach dem Muster:

Qui est venu? – Qui est-ce qui est venu?

a) Qu'avez-vous dit? b) Pour qui a-t-il volé la voiture? c) Qui avez-vous rencontré? d) A quoi pense-t-il? e) Que vois-tu? f) De qui parlez-vous? g) De quoi parle-t-il? h) Avec quoi a-t-il crocheté la portière? i) Qui as-tu vu? k) Qui est malade?

6. Umgekehrte Übung nach folgendem Muster:

Qui est-ce que vous voyez? – Qui voyez-vous?

a) De qui est-ce que tu as reçu une lettre? b) Qu'est-ce que vous avez trouvé? c) De quoi est-ce qu'elle parle? d) Qu'est-ce que tu as crocheté? e) Pour qui est-ce qu'il a acheté les cigarettes? f) Avec quoi est-ce qu'il a crocheté la portière? g) Qu'est-ce qu'il veut? h) De qui est-ce qu'elle a reçu un coup de téléphone? i) A qui est-ce qu'elle pense? k) Qu'est-ce que vous dites?

7. Bilden Sie Fragen mit Inversion nach folgenden Mustern:

Mon ami parle *de la voiture*. – De quoi parle-t-il?
Jacques a rencontré *son ami*. – Qui a-t-il rencontré?

a) Eve téléphone *à sa mère*. b) Monsieur Denier regarde *une revue automobile*. c) Monsieur Durand achète *une voiture*. d) Cette femme a fait cela *pour ses enfants.* e) Jacques a rencontré ses amis *à Strasbourg.* f) Marguerite allume *une cigarette.* g) Ils ont fait cela *pour Philippe.* h) Elle a crocheté la portière *avec un tournevis spécial.* i) Jean parle *de ses vacances.* k) Il reviendra *bientôt.* l) Il est venu *à 11 heures.* m) Les agents de police ont arrêté *Jean Doriez.* n) Avec un tournevis spécial, on peut ouvrir *toutes les portières.* o) Elles sont arrivées *à 11 heures.* p) Elle a vu cette femme *au restaurant.*

8. Übersetzungsübungen

A: Übersetzen Sie mit Inversion:

a) Wovon spricht er? b) Was sagt sie? c) Für wen hat er den Wagen gestohlen? d) Womit haben Sie die Autotür geöffnet? e) Wo hast du Jean gesehen? f) Welches Buch wollen Sie kaufen? g) Woran denken Sie? h) Welchen Wagen fahren Sie? i) Wem haben Sie diese Geschichte erzählt? k) Was sagt er?

B: Übersetzen Sie mit der umschriebenen Form:

a) Wer hat das getan? b) Wem hat Jean Doriez den Wagen gestohlen? c) Wovon redet Frau Müller? d) Wann kommt ihr (futur proche)? e) Wie heißen Sie? f) Wann schlafen Sie? g) Woran denkt der Polizist? h) Warum hat der Dieb den Wagen gestohlen? i) Wer verhaftet den Dieb? k) Wen sehen Sie?

9. **Test de vocabulaire**

Horizontalement

2. gekonnt
4. von
8. Verhör
9. also, deshalb
11. wer?
12. gehabt
14. endlich
16. Gefängnis
17. Lenkrad
19. Geschmack
21. wir
22. nach
24. begehen
25. zehn
26. wie?
27. Wasser

Verticalement

1. stehlen
2. warum?
3. Auto
4. Straftat
5. basteln
6. Richter
7. Weg
10. dies, das
13. dann
15. nein
18. genug
19. groß
20. zuviel
21. Name
22. Polizist
23. Straße

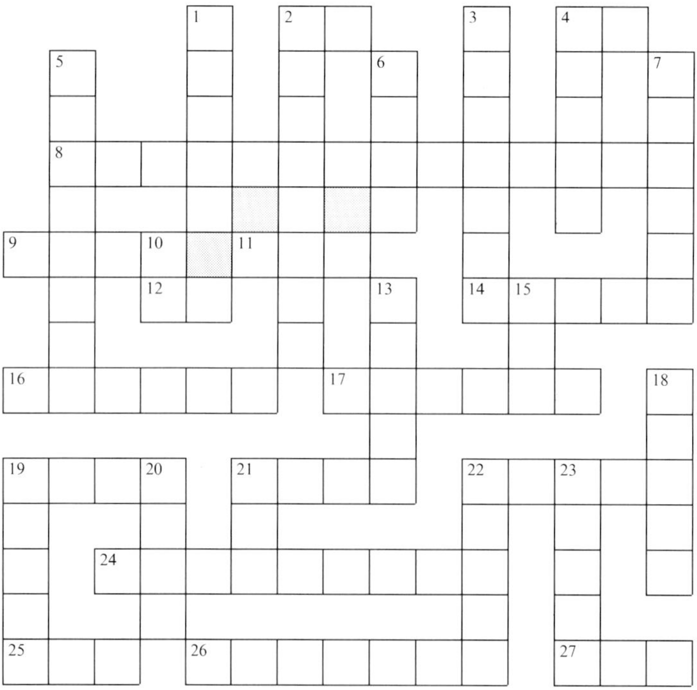

TELEVISION PROGRAM

tf1

5.00 Musique. **5.15** Histoires naturelles. **6.00** Mésaventures. **6.30** Club mini Zig Zag. **7.20** Club mini. **8.10** Télé-shopping. **8.40** Club Dorothée vacances. **9.30** Le Jacky show maximusic. **9.55** Club Dorothée vacances. **10.20** Télévitrine. **10.45** Ça me dit... et vous ? **11.45** La roue de la fortune. **12.20** Le juste prix. **12.50** À vrai dire. **12.55** Trafic infos. **13.00** Journal. **13.15** Reportages. Une maman en plus. **Lire article.** **13.55** Millionnaire. **14.15** Ciné gags. **14.20** La Une est à vous. **14.25** Agence tous risques. **15.15** La Une est à vous d'amis. **18.00** Les roucasseries. **18.30** Vidéo gag. **19.00** Beverly Hills. **20.00** Journal. **20.35** PMU.

france2

5.00 La chance aux chansons. **5.55** Cousteau. **6.50** Dessin animé.

SAMEDI • 13H25

Géopolis

AU PAYS DE L'OR NOIR

2 France

france3

7.30 L'heure du golf. Magazine. **8.00** Espace entreprises. **9.00** Terres francophones. **9.30** Magazine olympique. **10.00** Rencontres à XV. **10.30** Top défense. **11.00** Le jardin des bêtes. **12.00** 12/13. **13.00** Samedi chez vous. **14.00** Les Mystères de l'Ouest. **14.50** Samedi chez vous. **15.55** Matlock. **16.45** Samedi chez vous. **17.40** Montagne. Elbrouz blues. **Lire article.** **18.25** Questions pour un champion. **18.50** Un livre, un jour. «Gens d'Alsace et de Lorraine», d'Erckmann-Chatrian (Omnibus - Presses de la Cité). **19.00** 19/20. **19.10** Éditions régionales. **19.30** 19/20 (suite). **20.05** Yacapa. **20.30** Le journal des sports..

canal+

5.25 Surprises. **5.35** Crime au musée des horreurs, ***film d'A. Crabtree (1958).*** **7.00** ▷CBS. **7.25** Catch. **8.20** Souris souris. **8.25** Surprises. **8.40** Vidéo Kid - The Wizard, ***film de T. Holland (1989). 95 min. En 16/9.*** **10.15** Le journal du cinéma. **10.20** Hot Spot, ***film de Dennis Hopper (1990).*** **12.30** ▷Flash infos. **12.35** ▷24 heures. **Lire article.** **13.30** ▷L'œil du cyclone. **14.00** Meurtre dans les hautes sphères, ***téléfilm.*** **15.30** L'Arbre et les Fourmis. **16.35** Il danse pour ses cormorans. **17.00** Foot américain. Pittsburgh / Cleveland. **18.30** ▷Décode pas Bunny. **18.55** ▷Chipie. **19.05** ▷Les Simpson. **19.30** ▷Flash infos. **19.35** ▷Le plein de super : Alain Souchon.

17A Text

Les Brun et la télévision

Madame Brun a préparé le petit déjeuner. Elle est encore seule à table, en robe de chambre et un peu décoiffée. Elle commence à rouspéter: Antoine, viens donc. Tu dois partir dans un quart d'heure. Les enfants, dépêchez-vous!
Peu après, son mari et ses enfants arrivent un à un. Tous sont de mauvaise humeur.

Paulette: Ah! que je suis fatiguée!

Mme Brun:	C'est la maudite télé. C'était une soirée perdue. On aurait mieux fait d'aller se coucher.
M. Brun:	Tu as raison. Si toutes les émissions étaient aussi mauvaises que le film d'hier soir, je vendrais le poste avec plaisir.
Mme Brun:	La télévision par câble et par satellite a augmenté le nombre des émissions, mais leur qualité a diminué. A mon avis, quatre-vingts pour cent des émissions sont mauvaises.
M. Brun:	Au moins! C'est une honte. Si on réalisait moins d'émissions, mais de meilleure qualité, on tirerait un certain profit de la télé; mais comme ça, on perd son temps devant le petit écran.
Paulette:	Si vous vendiez la télé, vous ne seriez pas heureux non plus. Vous auriez toujours l'impression de manquer quelque chose d'important.
Mme Brun:	Tu crois? – Moi, je serais d'accord pour essayer de vivre sans télé, disons d'abord pendant une semaine.
Paulette:	Une semaine sans télé? Tu plaisantes. Si vous exigiez ça de moi, je passerais la moitié du temps chez Fred.
M. Brun:	Moi aussi, je suis contre. Je ne veux pas renoncer au journal télévisé. Mais j'aimerais sélectionner un peu les émissions. Il est insensé de regarder tout. D'accord?
Mme Brun:	D'accord.
Robert:	Mais moi, je veux voir «Le bateau merveilleux».
Eric:	Et moi, je veux voir le concert de rock ce soir.
Paulette:	Ça ne va pas parce que je dois regarder «La vie des abeilles» sur la troisième chaîne. On parlera de ce film demain en classe.

Monsieur Brun, rouge de colère: Ecoutez, ne croyez pas que nous allons nous laisser tyranniser par vous. Ce soir, on ne regardera pas la télé. Un point, c'est tout!

la télé(vision)	*das Fernsehen*	un à un	*einer nach dem anderen*
le petit déjeuner	*das Frühstück*	l'humeur (f)	*die Laune*
la robe de chambre	*der Morgenrock*	mauvais, -e	*schlecht (Adj.)*
décoiffé, -e	*unfrisiert*	être de mauvaise humeur	*schlechter Laune sein*
rouspéter	*schimpfen*		
se dépêcher	*sich beeilen*		

fatigué, -e	*müde*	le petit écran	*der Fernsehschirm, der Bildschirm*
que je suis fatigué, -e!	*wie müde ich bin!*	vendre	*verkaufen*
maudit, -e	*verflucht*	vous seriez	*ihr wärt*
on aurait mieux fait de	*man hätte besser daran getan ... zu*	heureux, -se	*glücklich, froh*
se coucher	*sich niederlegen, zu Bett gehen*	non plus	*auch nicht*
aller se coucher	*zu Bett gehen*	vous auriez	*ihr hättet*
perdu, -e	*verloren*	l'impression (f)	*der Eindruck*
avoir raison	*recht haben*	tu crois?	*glaubst du?*
si	*wenn, falls*	je serais	*ich wäre*
l'émission (f)	*die Sendung*	être d'accord pour	*einverstanden sein ... zu*
toutes les émissions	*alle Sendungen*	vivre	*leben*
aussi ... que	*(eben)so ... wie*	plaisanter	*scherzen*
le film	*der Film*	exiger	*verlangen*
je vendrais	*ich würde verkaufen*	la moitié	*die Hälfte*
le poste	*der Fernseher, das Fernsehgerät*	contre	*dagegen*
le plaisir	*die Freude, das Vergnügen*	renoncer à	*verzichten auf*
avec plaisir	*gerne*	le journal télévisé	*etwa: die Tagesschau*
la télévision par câble	*das Kabelfernsehen*	sélectionner	*auswählen, aussuchen*
la télévision par satellite	*das Satellitenfernsehen*	insensé, -e	*unsinnig*
la qualité	*die Qualität*	le bateau	*das Schiff*
diminuer	*abnehmen, sinken, sich verringern*	merveilleux, -se	*wunderbar*
à mon avis	*meiner Ansicht nach*	le rock	*die Rockmusik*
le pour cent	*das Prozent*	parce que	*weil*
au moins	*mindestens*	l'abeille (f)	*die Biene*
la honte [la|õt]	*die Schande*	la chaîne	*der Kanal (beim Fernsehen), das Programm*
réaliser	*verwirklichen*	en classe	*im Unterricht*
tirer	*ziehen*	la colère	*der Zorn*
le profit	*der Nutzen, der Gewinn, der Profit*	croyez	*glaubt*
perdre	*verlieren*	tyranniser	*tyrannisieren*
		un point, c'est tout!	*und damit basta!* (wörtl.: *ein Punkt, das ist alles!*)

17B Grammatik

1. Konditional

	aimer	**servir**	**vendre**	**recevoir**
j(e)	aimer**ais**	servir**ais**	vendr**ais**	recevr**ais**
tu	aimer**ais**	servir**ais**	vendr**ais**	recevr**ais**
il/elle/on	aimer**ait**	servir**ait**	vendr**ait**	recevr**ait**
nous	aimer**ions**	servir**ions**	vendr**ions**	recevr**ions**
vous	aimer**iez**	servir**iez**	vendr**iez**	recevr**iez**
ils/elles	aimer**aient**	servir**aient**	vendr**aient**	recevr**aient**

Wie das Futur wird auch der Konditional durch Anhängen einer Endung gebildet. Die Endungen sind die gleichen wie die des Imperfekts (Kap. 14B). Sie sind für alle Verben – auch die unregelmäßigen – gleich. Für die Bildung des Konditionalstammes gilt das beim Futur Gesagte (Kap. 11B, Futur, Bemerkungen b–d).

avoir		**être**	
j' **aurais**	nous **aurions**	je **serais**	nous **serions**
tu **aurais**	vous **auriez**	tu **serais**	vous **seriez**
il **aurait**	ils **auraient**	il **serait**	ils **seraient**

Konditionalsatz mit **si** = „wenn“

Si on *réalisait* moins d'émissions, on **tirerait** profit de la télé. **Si** vous *exigiez* ça de moi, je **passerais** la moitié du temps chez Fred.	Das Verb des **si**-Satzes steht nie im Konditional (und nie im Futur). Statt Konditional: Imperfekt (statt Futur : Präsens)

2. Präsens und Partizip Perfekt des unregelmäßigen Verbs *croire* (glauben)

je	**crois**	nous	**croyons**
tu	**crois**	vous	**croyez**
il/elle/on	**croit**	ils/elles	**croient**
Part. Perf. **cru, e**			

3. Das unbestimmte Pronomen *tout*

tout le profit **toute la** famille	*der ganze Profit* *die ganze Familie*	Statt best. Art. auch Demonstrativ- oder Possessivpronomen
tous les amis **toutes les** femmes	*alle Freunde* *alle Frauen*	z. B.: *toutes ces femmes, tout notre profit*
Tous [tus] sont venus. **Toutes** sont venues.	*Alle sind gekommen.* *Alle sind gekommen.*	(Männer) (Frauen)
Vous avez **tout**? [tu]	*Habt ihr alles?*	
Je suis **tout** surpris.	*Ich bin ganz überrascht.*	tout = Adverb

17C Landeskunde und Sprachgebrauch

1. *Je serais d'accord pour essayer de vivre sans télé.*

Deutsch meist persönlich formuliert: Ich wäre damit einverstanden, wenn *wir* versuchten, ohne Fernsehen zu leben.

2. *Vous ne seriez pas heureux non plus.*

Die Verstärkung *non plus* (= auch nicht) steht meist am Ende des Satzes.

3. *écran* bedeutete zunächst *die Filmleinwand* im Kino. Diese Bedeutung hat das Wort natürlich auch heute noch. In Analogie zum Kino wurde das Wort dann auch für den Bildschirm als *«petit écran»* übernommen.

4. *poste* kann je nach Zusammenhang verschiedene Empfangsgeräte bedeuten:
le poste de radio = das Radio
le poste de télé(vision) = der Fernseher

5. *qch a augmenté* = etw. hat *sich* erhöht
qch a diminué = etw. hat *sich* verringert

17D Übungen

1. a. Lesen Sie zunächst aufmerksam nachstehende Statistik:

86 pour cent des enfants français passent plus de temps devant le petit écran qu'à l'école. Non seulement ils regardent la télévision plus de 1450 heures par an, mais ils sont de tous les Européens les enfants qui se couchent le plus tard. Résultat: ils sont fatigués le matin et manquent de concentration à l'école.

b. Kommentieren Sie den Text nach folgenden Angaben:

- Den französischen Kindern fehlt es an Konzentration in der Schule, denn sie sind zu müde.
- Sie sind müde, denn sie verbringen jeden Abend viel Zeit vor dem Fernseher.
- Wenn sie weniger Sendungen ansehen würden, wären sie nicht müde.
- Aber sie verbringen mehr Zeit vor dem Fernseher als die deutschen Kinder.
- Die französischen Kinder würden besser daran tun, früher zu Bett zu gehen.

2. Setzen Sie vor folgende Sätze *Si vous l'exigiez* (= Wenn ihr es verlangen würdet) und die Sätze selbst in den Konditional.

   a) Il vend sa voiture. b) Nous regardons cette émission. c) Elle est d'accord pour vivre sans télé. d) Ils arrêtent la production. e) Je pars dans un quart d'heure. f) Elles vendent leur poste. g) Il renonce au journal télévisé. h) On réalise moins d'émissions. i) Je freine la voiture. k) Nous passons la soirée chez Fred.

3. Setzen Sie folgende Sätze in den Konditional nach folgendem Muster:

   Si vous exigez ça de moi, je passerai la soirée chez Fred. → Si vous exigiez ça de moi, je passerais la soirée chez Fred.

   a) Si tu pars à deux heures, tu arriveras en même temps que ton ami. b) Si tu vends la télé, il se fâchera. c) Si vous volez la voiture, on vous arrêtera. d) Si je passe par Saint-Raphaël, mon ami sera très content de me voir. e) Si nous tournons à droite, nous traverserons la ligne de chemin de fer. f) Si vous actionnez ce grand levier-là, la voiture commencera à rouler. g) Si Monsieur Brun vend la télé, Paulette sera de mauvaise humeur. h) Si Eric vend la voiture, Paulette rouspétera. i) Si Monsieur Brun finit l'analyse de marché ce soir, je taperai la réponse demain. k) Si on regarde la télé toute la soirée, ce sera pour rien.

4. Bilden Sie Sätze nach folgendem Muster:

   Tu vends ta maison? – Non. – Tu devrais vendre ta maison.

   a) Il achète une voiture? b) Vous préparez le déjeuner? c) Madame Brun tourne à droite? d) Votre mari regarde la télé? e) Tu sors à trois heures? f) Monsieur et Madame Brun finissent leur café? g) Paulette passe par Saint-Raphaël? h) La secrétaire téléphone à Monsieur Brun? i) Vous regardez «Le bateau merveilleux»? k) Il renonce au journal télévisé?

5. Bilden Sie Sätze nach folgendem Muster:

   Vous n'êtes pas contents? – Jacques ... – Jacques n'est pas content non plus.

   a) Il n'a pas raison? – Paulette ... b) Tu ne regardes pas la télé? – Moi, je ... c) Madame Brun n'aime pas ce film? – Son mari ... d) Eric et Robert ne vendent pas leur poste de télé? – Monsieur Brun ... e) Vous ne tournez pas à gauche? – Nous, nous ... f) Maman n'est pas prête? – Papa ... g) Tu n'es pas fatigué? – Moi, je ... h) Les Brun ne rentrent pas? – Les Bériot ... i) Marguerite n'est pas secrétaire? – Paulette ... k) Tu ne regardes pas «La vie des abeilles»? – Yves ...

6. Übersetzungsübung

   a) Die ganze Familie schaut ein Rockkonzert an. Alle sind zufrieden. b) Alle unsere Freunde haben (das) Fernsehen. Ich schaue alle Sendungen an. c) Haben Sie alles gesehen? – Ja, alles. d) Der Film (von) gestern abend war schlecht. Ich wäre besser zu Bett gegangen. e) Wenn wir mehr Sendungen ansähen, würden wir einen gewissen Nutzen daraus (= en) ziehen. f) Unserer Ansicht nach sind alle Sendungen schlecht. g) Robert, Sie lassen sich von Ihren Kindern tyrannisieren. Ich ließe mich nicht tyrannisieren. h) Kinder, kommt doch endlich! Das Frühstück ist fertig (bereit). i) Herr Brun ist schlechter Laune. Seine Frau und seine Kinder auch. k) Ich wäre einverstanden damit, das Fernsehgerät zu verkaufen.

7. **Mots croisés**

Horizontalement

1. elf
3. schlecht (Adverb)
5. Fernsehen
7. Film
9. ohne
11. Abend
12. wenn, falls
14. und
15. Teil der Verneinung
16. unsinnig

Verticalement

1. (sie) haben
2. Sommer
3. weniger
4. schimpfen
6. Sendung
8. Hälfte
10. Alter
13. Jahre
14. in

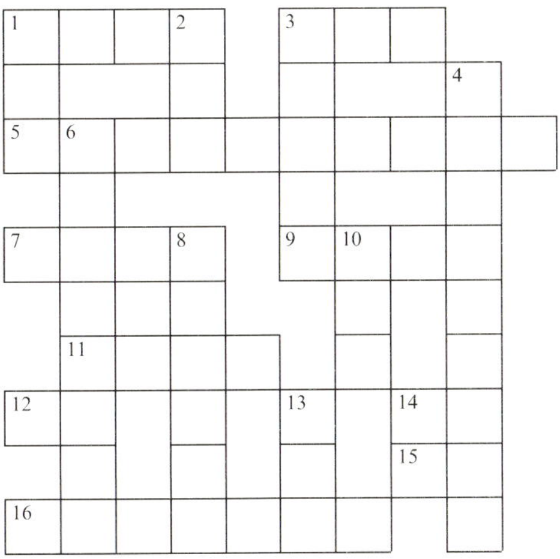

18A

18A Text

Chez l'agent immobilier

– Vous cherchez un trois pièces? – Alors, notre offre la plus avantageuse concerne des appartements à Bellefontaine, au nord de Paris. Regardez ces photos-là. Il y a deux types d'appartements. Premier exemple: rez-de-chaussée avec entrée, salle de séjour, cuisine, w.-c., débarras; premier étage: deux chambres et salle de bains plus un petit jardin. Cet appartement comprend 106 m², plus 25 m² de jardin. Le prix est de 1.750.000 francs. Deuxième exemple: rez-de-chaussée avec entrée, débarras, placard, garage et jardin. Deux chambres, salle de bains, w.-c. au premier étage; deuxième étage avec cuisine, douche, w.-c., salle de séjour prolongée par une vaste loggia. Cet appartement a 125 m², plus 25 m² de jardin. Il coûte 1.950.000 francs. Regardez les photos: celle-ci représente le premier appartement et celle-là le deuxième.

– Est-ce que les prix sont définitifs?

– Oui, ces prix sont fermes et définitifs.

– Et plus près de Paris, vous n'avez rien?

– Si, bien sûr. Regardez ce plan-là. Pas celui de gauche, mais celui du milieu: salle de séjour, 2 chambres, cuisine, salle de bains, w.-c., 85 m². Les pièces d'habitation sont pourvues d'une moquette et de papier peint. C'est un appartement au 4ᵉ étage d'un immeuble de 12 étages, dans la banlieue parisienne, à 10 minutes de la gare du Nord. Prix: 1.900.000 francs. Autre offre très avantageuse: au sud de Paris, près de Choisy-le-Roi, des deux, trois et quatre pièces de grand standing dans un village-satellite ultramoderne avec centre commercial, banque, service médical, etc. Vous pouvez visiter sur place notre appartement-témoin tous les jours de 14 heures à 19 heures. Prenez cette brochure. Elle contient tous les renseignements sur ce projet.

– Ce sont ces plans-là?

– Non, ça ce sont les quatre pièces. Regardez ceux qui se trouvent à la page douze de la brochure.

– Ah oui, très bien. Nous visiterons demain l'appartement-témoin. Cela nous intéresse. – Dites, Monsieur, la maison sur cette photo, au-dessus de votre bureau, vous la vendez aussi?

– Bien sûr. Mais elle coûte plus de cinq millions de francs, à cause du jardin. Il a 3.000 m².

– Ah, c'est trop cher pour nous. – Alors, on reviendra demain ou après-demain. Au revoir.

– Au revoir, Madame, au revoir, Monsieur. Et merci de votre visite.

l'agent (m) immobilier	*der Immobilienhändler*
la pièce	*das Zimmer*
un (appartement) trois pièces	*eine Dreizimmerwohnung*
avantageux, -se	*vorteilhaft*
concerner	*betreffen*
le nord	*der Norden*
la photo	*das Foto*
le type	*der Typ*
un exemple	*ein Beispiel*
le rez-de-chaussée	*das Erdgeschoß*
l'entrée (f)	*der Eingang*
la salle de séjour	*das Wohnzimmer*
la cuisine	*die Küche*
le w.-c. [vese]	*das WC*
le débarras	*der Abstellraum*
l'étage (m)	*das Stockwerk*
la chambre	*das Zimmer* (mit Bett, also: Schlafzimmer, Kinderzimmer, usw.)
la salle de bains	*das Bad(ezimmer)*
plus [plys]	*dazu, außerdem*
le jardin	*der Garten*
comprendre	*umfassen*
m² (= mètre carré)	*m² (= Quadratmeter)*
le placard	*der Einbauschrank*
le garage	*die Garage*

la douche	*die Dusche*
prolonger	*verlängern*
vaste	*weit, geräumig*
la loggia	*die Loggia*
celle	*die(se)* (hier: *dieses*)
définitif, -ve	*endgültig*
ferme	*fest*
le plan	*der Plan*
celui de gauche	*der* (oder *den*) *links*
celui du milieu	*der* (oder *den*) *in der Mitte*
la pièce d'habitation	*der Wohnraum*
pourvu, -e (de)	*ausgestattet (mit)*
la moquette	*der Teppichboden*
le papier peint	*die Tapete*
l'appartement (m)	*die Wohnung*
l'immeuble (m)	*das Gebäude, das (große) Wohnhaus*
la banlieue	*die (nähere) Umgebung*
la gare du Nord	*der Nordbahnhof*
le sud	*der Süden*
le standing	*der Komfort, der Luxus*
le village-satellite	*die Trabantenstadt*
ultramoderne	*supermodern*
le centre commercial	*das Einkaufszentrum*
la banque	*die Bank*
le service médical	*der Ärztedienst*
etc.	*usw.*
sur place	*an Ort und Stelle*
l'appartement-témoin (m)	*die Musterwohnung*
la brochure	*die Broschüre*
contenir (*konjugiert wie* tenir)	*enthalten*
le renseignement	*die Information*
le projet	*das Projekt*
ceux	*die(jenigen)*
la page	*die Seite (eines Buches)*
intéresser	*interessieren*
au-dessus de	*über*
plus de	*mehr als, über*
le million	*die Million*
la visite	*der Besuch*

18B Grammatik

1. Das substantivische Demonstrativpronomen

Form

Regardez ce plan.	– **Celui-ci?**	– Non, **celui-là.**
Regardez cette maison.	– **Celle-ci?**	– Non, **celle-là.**
Regardez ces plans.	– **Ceux-ci?**	– Non, **ceux-là.**
Regardez ces maisons.	– **Celles-ci?**	– Non, **celles-là.**

Gebrauch

Die substantivischen Demonstrativpronomen stehen im Französischen nie ohne Ergänzung. Eine solche kann sein:

celui-ci	*dieser hier*	**-ci** (hier) oder **-là** (da, dort)
celle-là	*diese da*	
ceux de gauche	*die links (Mehrzahl)*	eine präpositionale Ergänzung
celle de droite	*die rechts (Einzahl)*	
celui qui se trouve ...	*der, der sich ... befindet*	ein Relativsatz
celles qui se trouvent ...	*die, die sich ... befinden*	

2. Zahlen über 100

100	cent [sɑ̃]	5.000	cinq mille
101	cent un [sɑ̃ ɛ̃]	7.370	sept mille trois cent soixante-dix
150	cent cinquante	10.000	dix mille
199	cent quatre-vingt-dix-neuf	324.000	trois cent vingt-quatre mille
200	deux cents	1.000.000	un million [miljɔ̃]
225	deux cent vingt-cinq	2.000.000	deux millions
1.000	mille [mil]	5.374.288	cinq millions trois cent soixante-quatorze mille deux cent quatre-vingt-huit
1.001	mille un		
1.300	mille trois cents (ou: treize cents)		

Cent im Plural: – **mit s**, wenn keine weitere Zahl folgt;
– **ohne s**, wenn eine weitere Zahl folgt. (Siehe Kap. 12B)

Bindestrich nur zwischen Einern und Zehnern.

Mille hat nie ein **s**.

Million ist kein Zahlwort, sondern ein Substantiv. Als solches erhält es im Plural immer ein **s**. Außerdem steht vor nachfolgendem Substantiv *de*: *deux millions de francs*.

3. plus

[ply] = mehr	Je **ne** me rappelle **plus**. *Ich erinnere mich nicht mehr.*	Verneinung
In der Bindung vor Vokal und stummem *h* mit stimmhaftem *s*: plus âgé [plyzaʒe]	Cela coûte **plus de** 2 millions. *Das kostet mehr als 2 Millionen.* Yves est **plus âgé que** Jean. *Yves ist älter als Jean.*	Steigerung: – im Vergleich mit *que* – in der Bedeutung von „über" mit *de* als Anschluß
[plys] = plus	105 m² **plus** 25 m² de jardin *105 m² plus 25 m² Garten*	

18C Landeskunde und Sprachgebrauch

1. *Notre offre la plus avantageuse* = unser günstigstes Angebot.

Beim Superlativ muß, wenn das Adjektiv nach dem Substantiv steht, vor *plus* der Artikel gesetzt werden.

2. *premier étage* [prəmjɛreta:ʒ]
Vor Vokal Aussprache wie bei der weiblichen Form.

3. *Chambre* ist in der Regel jedes Zimmer, in dem auch geschlafen wird. Das kann ein Schlafzimmer, ein Kinderzimmer, ein Gästezimmer usw. sein. *Pièce* ist sozusagen der Oberbegriff für alle diese Zimmer. Deshalb sagt man: *un appartement trois pièces* = eine Dreizimmerwohnung, wobei *appartement* weggelassen werden kann *(un trois pièces)*.

4. *Au revoir, Madame; au revoir, Monsieur:* In einigermaßen höflichem Französisch wird *Madame, Monsieur, Mademoiselle, Mesdames, Messieurs, Mesdemoiselles* bei Begrüßung, Verabschiedung, Zustimmung, Ablehnung usw. immer dazugesagt: *Bonjour, Madame* = guten Tag, Frau Dupont. *Oui, Monsieur* = ja, Herr Müller. *Au revoir, Mademoiselle* = auf Wiedersehen, Fräulein Müller. *Bonjour, Messieurs* = guten Tag, meine Herren, usw. Wenn man den Namen nicht kennt, dann fällt im Deutschen die Anrede ja auch oft einfach weg: *Au revoir, Madame* = auf Wiedersehen.

18D Übungen

1. a. Beschreiben Sie zunächst die Wohnung auf nachstehendem Plan:

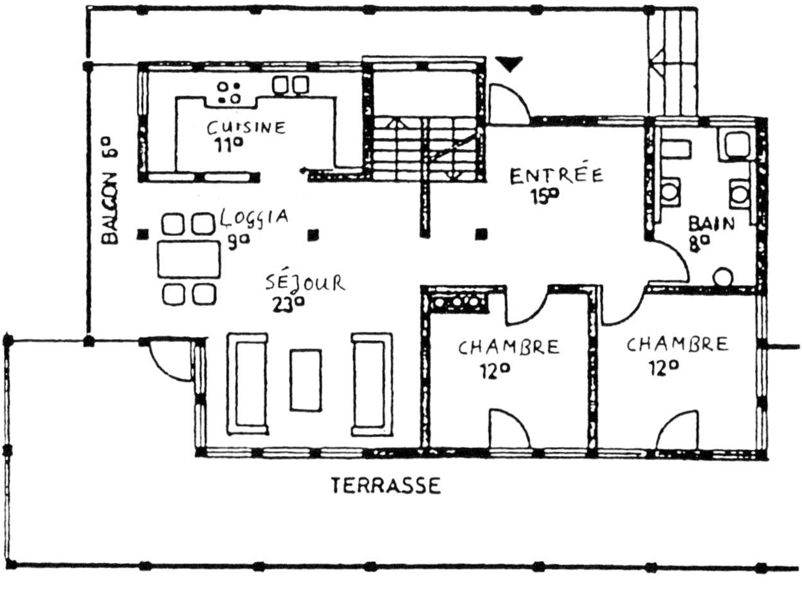

b. Geben Sie zusätzlich folgende Informationen:
- Preis: 2 Millionen Francs.
- Wohnräume mit Teppichboden und Tapeten.
- Lage im 3. Stock eines zehnstöckigen Wohnhauses, fünfzehn Minuten vom Bahnhof.
- Besichtigung der Musterwohnung: täglich von 15 bis 17 Uhr.

2. Bilden Sie Antworten nach dem Muster:

Est-ce que c'est votre maison? – Non, c'est celle de mon frère.

a) Est-ce que c'est votre jardin? b) Est-ce que ce sont vos photos? c) Est-ce que c'est votre voiture? d) Est-ce que c'est votre appartement? e) Est-ce que ce sont vos plans? f) Est-ce que ce sont vos immeubles? g) Est-ce que ce sont vos brochures? h) Est-ce que c'est votre garage? i) Est-ce que c'est votre valise? k) Est-ce que c'est votre journal?

3. Gleiche Übung nach folgendem Muster:

C'est ta valise? – Non, c'est celle de ma femme.

a) C'est ta brosse à dents? b) Ce sont tes stylos à bille? c) C'est ton portefeuille? d) C'est ton ordinateur? e) Ce sont tes cigarettes? f) C'est ton argent? g) Ce sont tes affaires? h) C'est ta lettre? i) C'est ton verre? k) Ce sont tes livres?

4. Bilden Sie Sätze nach dem Muster:

Voyez-vous cette voiture-là? – Celle de droite? – Non, celle de gauche.

a) Comment trouves-tu ce tailleur? b) Je prends ce livre. c) Voyez-vous ce petit levier? d) Prends la valise, s'il te plaît. e) Regardez cet appartement. f) Prenez le tournevis là-bas. g) Regardez cette tour-là. h) Je vais acheter ce papier peint.

5. Lesen Sie laut folgende Zahlen:

A. 151, 367, 822, 619, 703, 328, 433, 999, 112, 387, 582, 219, 479, 951, 612, 666, 391, 571, 269, 456, 111, 222, 333, 444, 555, 669, 880

B. 3467, 1288, 9791, 6355, 4001, 1761, 6171, 8302, 2014, 4444, 7372, 3716, 5948, 9998, 7309, 4087, 1324, 4657, 9172, 5766, 3309

C. 3.265.305, 15.766.381, 1.628.571, 111.725.961, 19.318.005, 117.000.000, 312.499.867, 17.117.718, 2.506.357, 67.450.350

6. Übersetzungsübung

a) Dieses Haus kostet über 2 Millionen Francs. b) Kennen Sie unser günstigstes Angebot? c) Mein Vater ist älter als sein Bruder. d) Dieses Wohnzimmer hat 25 m^2 plus eine Loggia mit (von) 6 m^2. e) Unser Haus hat ein Wohnzimmer, zwei Schlafzimmer, eine Küche, zwei WCs, ein Bad und zwei Garagen. f) Unser Wohnzimmer befindet sich im zweiten Stock. g) Sehen Sie den Plan da an. – Den hier? – Nein, den da. h) Alle Wohnräume sind mit (einem) Teppichboden ausgestattet. i) Welche Fotos zeigen (stellen dar) die Wohnung mit Loggia? –

Die linken (= Die links). k) Was wünschen Sie? – Ich suche eine Dreizimmerwohnung in der Nähe von Paris.

7. Übersetzungsübung

Choisy-le-Roi ist eine kleine Stadt in der Nähe von Paris. Dort gibt es eine ultramoderne Trabantenstadt mit Schwimmbad, Sportplatz, Einkaufszentrum, Bank, Ärztedienst usw. Wir können Ihnen Wohnungen in dieser Trabantenstadt anbieten: Zwei-, Drei- und Vierzimmerwohnungen in Luxusausführung. Der günstigste (Wohnungs-)Typ umfaßt ein Wohnzimmer, zwei (Schlaf-)Zimmer, Küche, Bad mit WC, ein zweites WC und einen Balkon. Besuchen Sie unsere Musterwohnung in Choisy-le-Roi!

8. **Tout autour de l'appartement** *(Rund um die Wohnung)*

Waagrecht sind 15 französische Begriffe nachstehender Bedeutung einzutragen. In der stark umrandeten senkrechten Spalte ergibt sich das Lösungswort.

1. Wohnung
2. Stockwerk
3. Badezimmer
4. Küche
5. Diele
6. Tapete
7. (Schlaf)Zimmer
8. Wohngebäude
9. Teppichboden
10. Abstellraum
11. Loggia
12. Einbauschrank
13. Zimmer, Wohnraum
14. Erdgeschoß
15. Garten

MÉTÉOROLOGIE

Prévisions pour le dimanche 1er septembre

Temps lourd et orageux

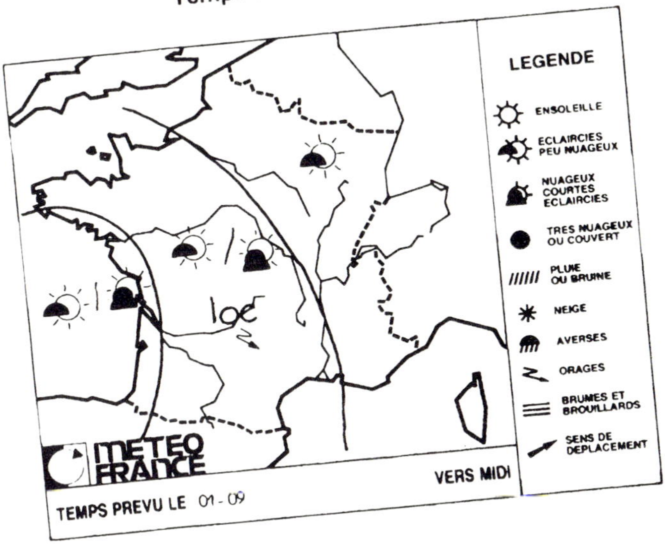

19A Text

Les prévisions météorologiques

Evolution probable du temps en France entre le 12 octobre à 0 heure et le 13 octobre à 24 heures:

Une zone de haute pression persistant à l'ouest de la péninsule Ibérique, un courant d'air doux se dirigera de l'océan Atlantique à l'Europe occidentale et centrale. La perturbation se trouvant depuis samedi sur les îles Britanniques traversera une grande partie de la France en apportant des pluies abondantes.

Mardi matin, le temps sera encore frais, avec des éclaircies et des brouillards assez persistants à l'Est. Les nuages deviendront plus abondants dans la journée, les éclaircies restant plus importantes dans le Midi, sur le pourtour de la Méditerranée, où les vents faibliront. Un temps plus doux s'établira dès le matin sur le nord de la France, le ciel restant cependant très nuageux à couvert. On notera des pluies localisées de la Bretagne à la frontière belge. Le soir, ces pluies s'étendront vers le Sud, tandis que le temps deviendra plus variable avec des averses de la Bretagne à la frontière belge. Les vents, de sud-ouest à ouest, se renforceront; ils deviendront assez forts à forts sur les côtes de la Manche et de la mer du Nord. A partir de jeudi, le temps s'améliorera sur l'ensemble du territoire.

les prévisions météorologiques (fpl)	*die Wettervorhersage, der Wetterbericht*
l'évolution (f)	*die Entwicklung*
probable	*wahrscheinlich*
0 (zéro)	*0 (null)*
la zone	*die Zone*
haut, -e	*hoch*
la pression	*der Druck*
persister	*lang anhalten, weiterbestehen*
l'ouest (m)	*der Westen*
la péninsule Ibérique	*die Iberische Halbinsel*
le courant d'air	*der Luftstrom*
doux, -ce	*mild, warm*
se diriger de ... à	*sich bewegen von ... nach*
l'océan Atlantique (m)	*der Atlantische Ozean*
l'Europe (f)	*Europa*
occidental, -e, -aux	*westlich, West-*
central, -e, -aux	*Mittel-, Zentral-*
la perturbation	*die Störung*
les îles Britanniques	*die Britischen Inseln*
la pluie	*der Regen, Regenschauer*
abonder	*reichlich vorhanden sein*
abondant, -e	*reichlich, stark*
l'éclaircie (f)	*die Aufheiterung*
le brouillard	*der Nebel*
persistant, -e	*lang anhaltend*
l'est (m) [lɛst]	*der Osten*
le nuage	*die Wolke*
devenir (*konjugiert wie* venir)	*werden (Entwicklung)*
la journée	*der Tag(esablauf)*
le Midi	*Südfrankreich*
le pourtour	*der Umfang, der Rand*
la Méditerranée	*das Mittelmeer*
le vent	*der Wind*
faiblir	*schwächer werden, nachlassen*
(s')établir	*(sich) einrichten*
dès	*(schon) von ... ab*
le ciel	*der Himmel*
cependant	*jedoch*
nuageux, -se	*bewölkt, bedeckt*
couvrir	*(be)decken*
couvert, -e	*bedeckt*
noter	*bemerken, notieren*
localisé, -e	*örtlich*
la Bretagne	*die Bretagne*
la frontière	*die Grenze*
belge	*belgisch*
tandis que	*während*
variable	*wechselhaft, veränderlich*
l'averse (f)	*der Regenschauer*
le sud-ouest [sydwɛst]	*der Südwesten*
(se) renforcer	*sich verstärken*
fort, -e	*stark*
la côte	*die Küste*
la Manche	*der Ärmelkanal*
la mer du Nord	*die Nordsee*
à partir de	*von ... ab*
s'améliorer	*besser werden*
l'ensemble (m)	*die Gesamtheit*
le territoire	*das Staatsgebiet*
sur l'ensemble du territoire	*in ganz Frankreich*
la légende	*die Zeichenerklärung, Legende*
ensoleillé, -e	*sonnig*
court, -e	*kurz*
la brume	*der Dunst*
la neige	*der Schnee*
un orage	*ein Gewitter*

19B Grammatik

Partizip Präsens *(participe présent)* und Gérondif

Form des Partizips Präsens

Ableitungsform: 1. Pers. Plur. Präsens	Partizip Präsens
rester : nous restons	**restant**
finir : nous finissons	**finissant**
prendre : nous prenons	**prenant**
recevoir : nous recevons	**recevant**

Der Stamm des Partizips Präsens entspricht (wie der Imperfekt-Stamm, siehe 14B) meist dem Stamm der 1. Person Plural Präsens (Indikativ). Die Endung ist immer **-ant**.

Es gibt nur 3 Ausnahmen:

avoir → **ayant**
être → **étant**
savoir → **sachant**

Gebrauch des Partizips Präsens

1. Partizip Präsens als Verb = *unveränderlich*

französisch	deutsch	Verwendung
a) Une zone de haute pression **persistant** à l'ouest de ...	*Da* im Westen ... eine Hochdruckzone weiterbesteht ...	zur Angabe des Grundes
b) La perturbation **se trouvant** (= qui se trouve) sur les îles Britanniques ...	Die Störung, *die* sich über den Britischen Inseln befindet ...	anstelle eines Relativsatzes
c) Un temps plus doux s'établira, le ciel **restant** nuageux.	Das Wetter wird wärmer, *wobei* der Himmel (jedoch) bedeckt bleibt.	zum Ausdruck der Gleichzeitigkeit

2. Partizip Präsens als Adjektiv = *veränderlich*

französisch	deutsch	Verwendung
des pluies **abondantes** des brouillards **persistants** des éclaircies **importantes**	starke Regenfälle lang andauernder Nebel längere Aufheiterungen	als reines Adjektiv

3. Gérondif = **en** + **Partizip Präsens** = *unveränderlich*

La perturbation traversera la France **en apportant** des pluies.	Die Störung wird Frankreich überqueren *und dabei* Regenfälle mitbringen.	betonte Gleichzeitigkeit

Das Partizip Präsens als Verb ist praktisch von allen Verben ableitbar.

Das Partizip Präsens als Adjektiv existiert nur von einer begrenzten Anzahl von Verben. Diese Formen werden im Wörterbuch als Adjektive aufgeführt.

Z. B.: *intéressant, -e* = interessant; *abondant, -e* = reichlich, stark;
important, -e = wichtig

Das Partizip Präsens als Verb wird besonders in der Sprache der Verwaltung, in Berichten usw. verwendet. Im gesprochenen Französisch ist diese Form seltener.

Zur Großschreibung geographischer Begriffe

1. Substantiv mit großem Anfangsbuchstaben

l'**E**urope centrale l'**E**urope occidentale	Mitteleuropa Westeuropa	Der Eigenname wird durch das Substantiv wiedergegeben.

2. Adjektiv mit großem Anfangsbuchstaben

les îles **B**ritanniques la péninsule **I**bérique l'océan **A**tlantique	die Britischen Inseln die Iberische Halbinsel der Atlantische Ozean	Der Eigenname wird durch das Adjektiv wiedergegeben, das eine Gegend bezeichnet.

3. Länderadjektive mit kleinem Anfangsbuchstaben

la frontière **b**elge mon amie **f**rançaise	die belgische Grenze meine französische Freundin	Das Adjektiv bezeichnet keine Gegend.

4. Himmelsrichtungen

la mer du **N**ord la France de l'**E**st le vent du **n**ord au **n**ord des Alpes au **s**ud de la Bretagne	die Nordsee Ostfrankreich der Nordwind im Norden der Alpen im Süden der Bretagne	**Groß**, wenn eine Gegend bezeichnet wird und keine Ergänzung folgt. **Klein**, wenn die Himmelsrichtung bezeichnet wird oder eine Gegend angesprochen wird und eine Ergänzung folgt.

jour – journée

jour	journée
cinq jours *fünf Tage* Une semaine a 7 jours. *Eine Woche hat 7 Tage.*	dans la journée *im Lauf des Tages* Il a passé une journée agréable au bord de la mer. *Er hat einen angenehmen Tag am Meer verbracht.*
neutrale Zeitangabe	Betonung des Zeitraums, des Zeitablaufs

vergl. an/année: 14B
soir/soirée: 8C

Bonne soirée !

Bonne année !

19C Landeskunde und Sprachgebrauch

1. Das Klima Frankreichs ist im Westen maritim, mit reichlichen Niederschlägen das ganze Jahr über, vor allem im Nordwesten (Bretagne und Normandie). Im Süden ist das Klima mediterran, das heißt mild im Winter und im Sommer warm bis heiß mit wenig Niederschlägen (viele Waldbrände!). Gegen Ostfrankreich zu wird das Klima kontinental mit größeren Temperaturschwankungen und ausgeprägteren Jahreszeiten.

2. *La Manche* (mit großem Anfangsbuchstaben) ist der Ärmelkanal, *la manche* (klein geschrieben) ist der Ärmel.

3. *Le midi* (klein geschrieben) ist der Mittag, *le Midi* ist der Süden (mit großem Anfangsbuchstaben, wenn eine Gegend bezeichnet wird und keine Ergänzung folgt; klein geschrieben, wenn nur die Himmelsrichtung bezeichnet wird oder eine Gegend angesprochen wird und eine Ergänzung folgt [siehe Himmelsrichtungen im Grammatikteil]). Die Erklärung für diese Verwendung des Wortes ist, daß mittags die Sonne im Süden steht. (Im Deutschen sagt man in poetischer Sprache ja auch: Die Sonne steht im Mittag.)

4. *(de)venir*: Zu beachten ist der unregelmäßige Futur- und Konditional-Stamm *(de)viendr-*

19D Übungen

1. Machen Sie aus folgenden Angaben die Wettervorhersage für den 15. und 16. Mai:
   - Andauernder Hochdruck im Westen Frankreichs über dem Atlantik.
   - Schönes Wetter in ganz Frankreich.
   - Am Abend Gewitter in den Alpen und in der Bretagne.
   - Nachts Ausbreitung der Regenfälle in den Süden.
   - 16. Mai morgens: zunächst Dunst und Nebel, besonders an den Küsten des Ärmelkanals und der Nordsee.
   - Später wieder Wetterbesserung in ganz Frankreich.

Ein bißchen Formenbildung muß sein:

2. Bilden Sie das Partizip Präsens von

   chercher, aller, pouvoir, tenir, sentir, prendre, attendre, être, dire, ouvrir, vouloir, venir, répéter, connaître, mettre, conduire, croire, donner, avoir, savoir

3. Bestimmen Sie die Funktion des Partizips Präsens in den folgenden Sätzen (Grund, relativ, Gleichzeitigkeit) und übersetzen Sie die Sätze ins Deutsche.

   a) Recevant chaque semaine une offre de stylos à bille publicitaires, Monsieur Levier répond enfin qu'on n'a pas besoin de publicité. b) Un lundi matin, une grève éclate dans une entreprise parisienne, les ouvriers restant cependant à leur poste de travail. c) Ignorant les intentions des ouvriers, les directeurs s'inquiètent. d) Le ciel restant nuageux, le temps sera assez frais. e) Les nuages se trouvant à l'ouest de la France traverseront la région parisienne cet après-midi.

4. Geben Sie jeweils an, ob das Partizip Präsens ein Adjektiv oder ein Verb ist, und verändern Sie – wenn nötig – die Wörter.

   a) Une zone de haute pression persistant ... sur l'Europe centrale, le temps doux persistera aussi. b) Une zone de haute pression persistant ... fait durer le beau temps en Europe. c) Les pluies abondant ... des deux derniers jours ont interrompu le travail. d) Les pluies abondant ... ces deux jours, il y a assez d'eau maintenant.

5. Wiederholungsübung zum Futur: Setzen Sie vor folgende Sätze «demain» und die Sätze selbst ins Futur.

   a) Un courant d'air doux se dirige de l'océan Atlantique aux Alpes. b) Les vents se renforcent. c) Mes parents viennent chez moi. d) L'avion traverse la péninsule Ibérique. e) Les vents deviennent très forts. f) Une zone de haute pression s'établit au sud de la France. g) Le temps reste toujours frais. h) Le temps devient variable et il y a des averses. i) Les pluies s'étendent vers le Midi. k) Une perturbation traverse l'Europe occidentale.

6. Übersetzungsübung

Die Hochdruckzone, die sich im Westen der Britischen Inseln befindet, wird morgen den Ärmelkanal überqueren und einen milderen Luftstrom nach Frankreich bringen. Gleichzeitig wird der Wind aus westlicher Richtung schwächer werden. Von den Alpen bis zum Mittelmeer wird es zu örtlichen Regenschauern kommen (mit *noter*), die gegen Abend nachlassen werden (= schwächer werden).

7. **Toujours pas trop difficile:** *(Immer noch nicht zu schwer)*

Waagrecht sind französische Begriffe nachstehender Bedeutung einzutragen. In der stark umrandeten senkrechten Spalte ergibt sich das Lösungswort.

1. Wetter
2. Aufheiterung
3. Himmel
4. bedeckt
5. Regen
6. Regenschauer
7. Nebel
8. Küste
9. Wind
10. frisch

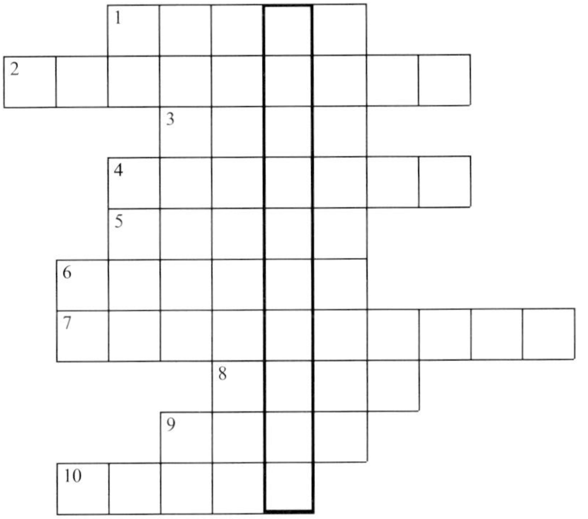

20A

20A Text

Ah, ces prix!

A la station d'autobus, Monsieur Vernier rencontre son voisin. Celui-ci est en train de lire le journal.

– Bonjour, Monsieur Caracol.

– Ah, Monsieur Vernier, bonjour!

– Je viens de lire que les tarifs postaux vont augmenter à partir du premier septembre. Qu'est-ce que vous en pensez?

– J'ai entendu la nouvelle hier soir à la radio. Je suis étonné qu'ils aient décidé cette augmentation avant les élections. Ça va coûter pas mal de voix au gouvernement.

– Naturellement. Et je doute que ce soit la dernière augmentation avant les élections.

– Mais qu'est-ce qui pourrait augmenter encore? L'eau coûte déjà plus cher, le courant a augmenté au printemps ...

– Je crains que les tarifs de la S.N.C.F. soient majorés bientôt. Et je suis sûr que cette augmentation dépassera 10%.

– Vous croyez? Mais il est peu probable que cette hausse intervienne avant la fin de l'année, n'est-ce pas? Parce que j'ai l'intention de faire un voyage en Allemagne au mois de novembre.

– Qui sait! Tout est possible à notre époque.

– Du reste, vous savez que la grève des cheminots ne sera pas terminée samedi comme prévu? Et le personnel d'Air France pense aussi faire la grève. Figurez-vous que les trains ne circulent pas et qu'en même temps les avions soient bloqués au sol. Ça serait la catastrophe.

– Oui, je sais. Le ministre des transports a déclaré que cette grève était la plus insensée depuis dix ans. Je crois qu'il a raison. Il faudrait que le gouvernement prenne les mesures nécessaires pour obliger les grévistes à reprendre le travail.

– Ce n'est pas si facile que ça. Le gouvernement ne peut pas interdire la poursuite de la grève. Ah! voilà mon bus. Il faut que je monte. Alors, au revoir.

– Au revoir et mes amitiés à madame.

Monsieur Vernier monte dans l'autobus tandis que Monsieur Caracol reste à la station en attendant l'arrivée du sien.

la station	*die Haltestelle*
l'autobus (m)	*der Stadtbus*
lire	*lesen*
je viens de lire	*ich habe eben gelesen*
le tarif	*der Tarif, der Preis*
postal, -e, -aux	*Post-*
Qu'est-ce que vous en pensez?	*Was halten Sie davon? Wie denken Sie darüber?*
la radio	*das Radio*
étonné, -e	*überrascht, erstaunt*
qu'ils aient ... (*von* avoir)	*daß sie ... haben*
avant	*vor*
les élections (fpl)	*die Wahlen*
pas mal (de)	*ziemlich viele*
le gouvernement	*die Regierung*
douter	*(be)zweifeln*

soit (*von* être)	*ist, sei*
pourrait (*von* pouvoir)	*könnte*
coûter cher	*teuer sein, teuer kommen*
le courant	*der (elektrische) Strom*
au printemps	*im Frühling*
craindre	*(be)fürchten*
la S.N.C.F. (= Société Nationale des Chemins de Fer français)	*die (französische) Eisenbahn(gesellschaft)*
majorer	*erhöhen*
dépasser	*übersteigen*
intervenir	*eintreten*
en Allemagne	*in Deutschland, nach Deutschland*

possible	*möglich*	prendre	*ergreifen*
l'époque (f)	*die Zeit, die Epoche*	la mesure	*die Maßnahme*
du reste	*übrigens*	nécessaire	*notwendig*
le cheminot	*der Eisenbahner*	obliger	*zwingen*
faire la grève	*streiken*	Ce n'est pas si facile que ça.	*So leicht (geht) das (auch wieder) nicht.*
se figurer	*sich vorstellen*	interdire	*verbieten, untersagen*
le train	*der Zug*	la poursuite	*die Fortsetzung*
bloquer	*festhalten, blockieren*	le bus [bys]	*der Bus*
le sol	*der Boden*	monter (dans)	*einsteigen (in)*
la catastrophe	*die Katastrophe*	l'amitié (f)	*die Freundschaft*
le ministre des transports	*der Verkehrsminister*	mes amitiés à madame	*Grüße an Ihre Frau*
il faudrait (*von* il faut)	*man müßte, es wäre nötig*	l'arrivée (f)	*die Ankunft*
		le sien	*der seine*

20B Grammatik

1. Der *subjonctif* (Konjunktiv)

Formen

Il faut que j' attend**e** Il faut que tu attend**es** Il faut qu' il attend**e** Il faut que nous attend**ions** Il faut que vous attend**iez** Il faut qu' ils attend**ent**		**Endungen:** stammbetonte Formen: wie die Verben auf -er im Präsens Indikativ endungsbetonte Formen: wie das Imperfekt
venir: ils viennent → que je **vienne** que tu **viennes** qu' il **vienne** qu' ils **viennent** nous venions → que nous **venions** vous veniez que vous **veniez**		**Stamm:** stammbetonte Formen: wie 3. Person Plural Präsens Indikativ endungsbetonte Formen: Stamm und Endung entsprechen meist dem Imperfekt.
avoir que j' **aie** que tu **aies** qu' il **ait** que nous **ayons** que vous **ayez** qu' ils **aient**	**être** que je **sois** que tu **sois** qu' il **soit** que nous **soyons** que vous **soyez** qu' ils **soient**	Diese Formen werden auch für den Imperativ verwendet, z. B.: *sois content(e)* = sei zufrieden! *n'ayez pas peur* = habt keine Angst!

Der *subjonctif* wird fast nur in Nebensätzen gebraucht.

2. Gebrauch von Indikativ und *subjonctif*

Indikativ: Modus für Aussagen, die als Tatsache betrachtet werden

Je *suis sûr* que l'augmentation **dépassera** 10%.	*Ich bin sicher, daß die Erhöhung 10% übersteigen wird.*	Es spielt keine Rolle, ob die Aussage wirklich eine Tatsache ist; sie wird jedenfalls als solche betrachtet.
Vous *savez* que la grève **sera** terminée samedi?	*Wissen Sie, daß der Streik am Samstag beendet sein wird?*	
Le ministre *a déclaré* que cette grève **était** insensée.	*Der Minister hat erklärt, daß dieser Streik unsinnig sei.*	
Je *crois* qu'il **a** raison.	*Ich glaube, daß er recht hat.*	

Subjonctif: Modus der persönlichen Auffassung

Je *suis étonné* qu'ils **aient** décidé cela.	*Ich bin erstaunt, daß sie das beschlossen haben.*	Gehalt der Aussage: 1. Gefühlsregung
Je *crains* que les tarifs **soient** majorés.	*Ich fürchte, daß die Tarife erhöht werden.*	
Je *doute* que ce **soit** la dernière augmentation.	*Ich bezweifle, daß das die letzte Erhöhung ist.*	2. Zweifel, Unsicherheit
Il *est peu probable* que la hausse **intervienne** avant les élections.	*Es ist wenig wahrscheinlich, daß die Erhöhung vor den Wahlen eintritt.*	
Il *faut* que je **monte**.	*Ich muß einsteigen.*	3. Zwang, Befehl, Wunsch, Erlaubnis, Verbot
Il *faudrait* que le gouvernement **prenne** les mesures nécessaires.	*Die Regierung müßte die notwendigen Maßnahmen ergreifen.*	
La direction *interdit* que la production **soit** arrêtée.	*Die Unternehmensleitung verbietet, daß die Produktion eingstellt wird.*	

Im Indikativ haben Präsens und Futur verschiedene Formen. Der *subjonctif* wird dagegen sowohl für einen Präsensvorgang als auch für einen Futurvorgang verwendet.

Merke: Wenn in der indirekten Rede im Deutschen der Konjunktiv verwendet wird, steht im Französischen **kein** *subjonctif*. Beispiel: Er sagt, er *sei* krank. = *Il dit qu'il* ***est*** *malade.*

3. Präsens und Partizip Perfekt des unregelmäßigen Verbs *craindre* (fürchten)

je **crains**	nous **craignons**
tu **crains**	vous **craignez**
il **craint**	ils **craignent**
Part. Perf.	**craint, e**

Hinweis: Alle anderen Formen (Futur usw.) sind regelmäßig ableitbar.

20C Landeskunde und Sprachgebrauch

1. *La S.N.C.F.* = *la Société nationale des Chemins de Fer français* = die staatliche französische Eisenbahngesellschaft

2. *Il faut lire le journal.* = Man muß die Zeitung lesen.
Il faut que je monte. = Ich muß einsteigen.
Zu beachten ist auch das unregelmäßige Futur und Konditional: *il faudra, il faudrait*

3. Auch *pouvoir* hat in Futur und Konditional einen unregelmäßigen Stamm: *pourr-* z. B.: *je pourrai, nous pourrions*

4. *Les prix* ont *augmenté.* = Die Preise sind gestiegen.
Le gouvernement a augmenté les tarifs. = Die Regierung hat die Tarife erhöht.

5. *coûter cher* = teuer sein
Cher ist dabei adverbial gebraucht und deshalb unveränderlich!

6. In dem Satzmuster: *«Ce n'est pas si facile que ça.»* können alle möglichen Adjektive eingesetzt werden, z. B. *difficile, grand, petit, loin, près.*

20D Übungen

1. Sagen Sie Herrn Caracol, Sie fürchten, daß
   - die Postgebühren steigen werden.
   - diese Erhöhung die Regierung viele (Wähler)Stimmen kosten wird.
   - der Strom(preis) steigen wird.
   - auch die Bahnpreise bald angehoben werden.
   - diese Erhöhung vor Jahresende eintreten wird.
   - der Eisenbahnerstreik nicht vor Samstag beendet sein wird.
   - das Personal von Air France auch daran denkt, zu streiken.
   - die Flugzeuge am Boden festgehalten werden.

2. Sagen Sie Herrn Vernier, Sie zweifeln daran, daß
   - die Erhöhung der Postgebühren vor den Wahlen beschlossen wird.
   - die Erhöhung der Bahnpreise 10% übersteigen wird.
   - das Personal von Air France nächste Woche nicht arbeiten wird.
   - die Eisenbahner am Samstag die Arbeit wieder aufnehmen werden.
   - die Regierung die notwendigen Maßnahmen ergreifen wird.
   - die Erhöhung der Wasserpreise vor Jahresende beschlossen wird.

3. Lösen Sie die Klammern auf (Präsens Indikativ oder *subjonctif*) und begründen Sie, warum Sie Indikativ oder *subjonctif* setzen.

   a) Nous savons que Jacques (être) malade. b) Christine dit qu'elle (être) malade. c) Monsieur Vernier est fâché que tu ne (être) pas venu. d) Il est possible que mon frère (venir) demain soir. e) J'ai vu que Madame Caracol (avoir) quitté la maison. f) Mon frère est surpris que vous ne (être) pas venus. g) Nous avons appris que Christine et Annick (avoir) l'intention de nous rendre visite. h) Mon père craint que je ne (finir) jamais mon travail. i) Je veux que Jean (venir) immédiatement! k) Il est nécessaire que cette mesure (intervenir) avant la fin de l'année. l) Vous voyez qu'on vous (avoir) menti. m) J'ai peur que vous (conduire) trop vite. n) Je trouve que Robert (être) très patient. o) Madame Vernier pense que vous (devoir) reprendre le travail. p) Je sais que tu ne (pouvoir) pas venir.

4. A: Formen Sie folgende Sätze um nach dem Muster:
   Tu finis le travail? – Il faut que tu finisses le travail.

   a) Jean commence la leçon? b) Vous reprenez le travail? c) Tu regardes la revue automobile? d) Vous cherchez la valise? e) Monsieur Vernier visite le Louvre? f) Vous appelez Madame Levier? g) Tu dors longtemps? h) Ils ouvrent la fenêtre? i) Vous tapez la lettre à la machine? k) Vous êtes contents? l) Tu retournes au boulot? m) Vous restez en ville? n) Paul achète des cigarettes? o) Tu prends la valise? p) Il conduit la voiture? q) Nous regardons cette émission? r) Tu vends ton poste de télévision? s) Nous passons la soirée chez Fred? t) Vous crochetez la portière? u) Tu mets tes affaires dans la voiture?

   B: Formen Sie die Sätze aus Übung A um nach dem Muster:
   Tu finis le travail? – Tu dois finir le travail.

5. Formen Sie folgende Sätze um nach dem Muster:
   Vous vendrez la maison? – Il est peu probable que je vende la maison.

   a) Vous viendrez à Paris? b) Vous arrêterez Jean Doriez? c) Vous passerez les vacances au bord de la mer? d) Vous achèterez la viande? e) Vous téléphonerez à votre ami? f) Vous répondrez à cette lettre? g) Vous conduirez la voiture? h) Vous demanderez à votre jeune collègue? i) Vous renoncerez à cette émission? k) Vous regarderez le journal télévisé?

6. Formen Sie folgende Sätze um nach dem Muster:
   Il viendra? – Il est possible qu'il vienne.

   a) Monsieur Levier prendra cette mesure? b) Votre frère reprendra le travail? c) Elle entrera dans le supermarché? d) Ton ami appellera Francine? e) Il achètera la maison? f) Papa conduira la voiture? g) Maman attendra l'arrivée du bus? h) Elle tapera la lettre à la machine? i) Ils reprendront le travail? k) L'agent de police arrêtera la voiture?

7. Übersetzungsübung

a) Ich bezweifle, daß die Preiserhöhung vor den Wahlen eintritt. b) Der Verkehrsminister hat erklärt, daß die Regierung die notwendigen Maßnahmen ergreifen wird. c) Wir fürchten, daß dies nicht die letzte Tariferhöhung sein wird. d) Die Regierung könnte den Streik verbieten. Aber so leicht geht das auch wieder nicht. e) Ist dieses Kleid teuer? – Ja, es kostet etwa 5000 Francs. f) Die Preise sind um etwa 5% gestiegen. g) Ich muß leider die Preise erhöhen. h) Wir glauben, daß Herr Müller die Tariferhöhungen fürchtet. i) Wissen Sie, wann der Streik beendet sein wird? k) Wir bleiben in Paris. Was haltet ihr davon?

8. **Mots croisés un peu plus difficiles:** *(Ein etwas schwierigeres Kreuzworträtsel)*

Horizontalement

5. Regierung
8. man
9. Maßnahme
10. gemacht
11. falls, wenn
12. langsam
14. Zeit/Wetter
16. zu, in (Präpos.)
17. eins
18. und
19. Zug
20. in
22. notwendig

Verticalement

1. Nachbar
2. Abkürzung für franz. Eisenbahn
3. (er) lügt
4. Haltestelle
6. Wahlen
7. weniger
9. krank
13. früh
15. abgereist, weggefahren
17. eine
18. Sommer/gewesen
21. Verneinung (erster Teil)

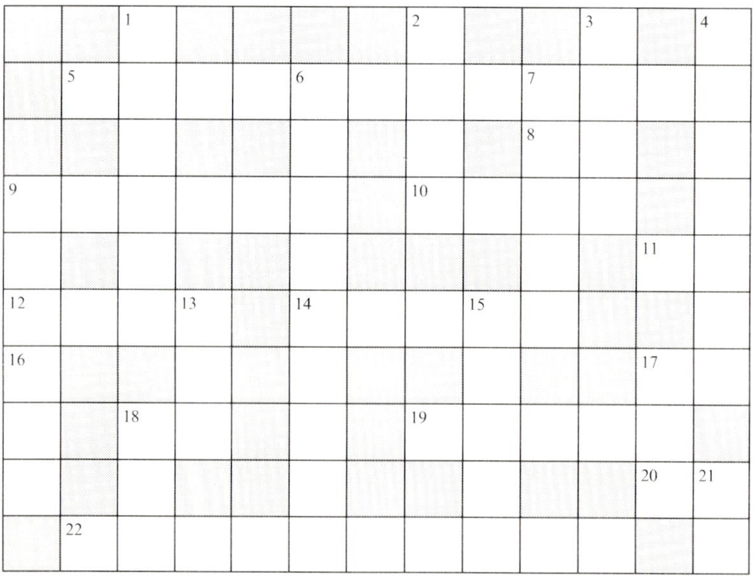

21A Text

Messieurs, . . .

Herbert Kühn
ANTIQUARIAT

Sonnenstraße 23
60529 Frankfurt a. Main

Hôtel Mistral
Aix-en-Provence

Francfort, le 3 avril 19. .

Messieurs,

Monsieur Gautier, l'un de nos correspondants en France, m'a donné votre adresse. Ayant l'intention de combiner un voyage d'affaires avec un séjour d'études, je cherche une chambre d'hôtel pour ma femme et moi, du 30 mai à la mi-juillet. Je suis disposé à louer une chambre à 2 lits dans votre hôtel, à condition que vous me fassiez un prix spécial tenant compte de la durée exceptionnelle de notre séjour.

Je vous prie de me faire une offre pour une chambre à 2 lits avec salle de bains et toilettes pour la période indiquée. Je tiens à ce que la chambre soit tranquille et nous permette, le cas échéant, de travailler. Elle devra de plus être équipée d'un téléviseur avec magnétoscope.

Si vos conditions me conviennent, je suis prêt à vous payer un acompte. Veuillez m'indiquer dans votre réponse le numéro de votre compte en banque ou de votre compte chèque postal ainsi que le montant de l'acompte désiré, afin que je puisse effectuer le virement.

Je vous serais très reconnaissant de bien vouloir m'envoyer en même temps, dans la mesure du possible, des dépliants sur la région et m'indiquer les possibilités de location de voitures, de telle sorte que je puisse organiser les détails de notre séjour en Provence.

Dans l'attente d'une prompte réponse de votre part, je vous prie d'agréer, Messieurs, mes salutations distinguées.

Herbert Kühn

21A

Aix-en-Provence

HOTEL « MISTRAL »

Aix-en-Provence, le 11 avril ..

Monsieur,

Nous avons bien reçu votre lettre du 3 avril et vous en remercions. Vous trouverez ci-joint toute la documentation qui pourrait vous être utile ainsi que notre prix courant. En général, nous accordons une remise de 20% sur tous nos prix pour les séjours d'au moins 8 semaines. Etant donné nos bonnes relations avec Monsieur Gautier et bien que vous ne restiez que 6 semaines, nous sommes disposés à vous accorder cette réduction. Nous vous réservons donc, à partir du 30 mai, une très belle chambre à 2 lits donnant sur la cour. Veuillez confirmer cette réservation d'ici le 1er mai au plus tard et virer un acompte de 5000 francs à notre compte nº 30.788 au Crédit Lyonnais d'Aix-en-Provence.

Nous vous prions d'agréer, Monsieur, nos meilleures salutations.

Paul Ducroix

P. J.

Francfort	*Frankfurt*
l'adresse (f)	*die Anschrift*
le correspondant	*der Geschäftsfreund*
combiner	*kombinieren, verbinden*
de ... à ...	*von ... bis ...*
la mi-juillet	*Mitte Juli*
être disposé, -e à	*bereit sein zu*
la chambre à 2 lits	*das Doppelzimmer, Zweibettzimmer*
à condition que	*vorausgesetzt (daß)*
que vous fassiez (*von* faire)	*daß Sie machen*
spécial, -e	*Sonder-, Spezial-*
tenir compte de qch	*etw. berücksichtigen*
la durée	*die Dauer*
exceptionnel, -le	*außergewöhnlich*
prier (de)	*bitten (zu)*
les toilettes (fpl)	*die Toilette, das WC*
la période	*die Zeit(dauer), der Zeitraum*
tenir à ce que	*Wert darauf legen, daß*
tranquille [trɑ̃kil]	*ruhig*
permettre	*ermöglichen, erlauben*
le cas échéant [ləkazeʃeɑ̃]	*gegebenenfalls*
équiper de	*ausstatten mit*
le téléviseur	*der Fernseher, das Fernsehgerät*
le magnétoscope	*der Videorekorder*
la condition	*die Bedingung*
convenir (*konjugiert wie* venir)	*zusagen, passen*
être prêt, -e à	*bereit sein zu*
l'acompte (m) [akõt]	*die Anzahlung*
veuillez (*von* vouloir)	*wollen Sie bitte*
le compte	*das Konto*
le compte en banque	*das Bankkonto*
le compte chèque postal	*das Postgirokonto*
le montant	*der Betrag*
afin que	*damit*
que je puisse (*von* pouvoir)	*daß ich kann*
le virement	*die Überweisung*
reconnaissant, -e	*dankbar*

je vous serais reconnaissant(e) de bien vouloir ...	*ich wäre Ihnen dankbar, wenn Sie ... würden*
envoyer	*schicken*
dans la mesure du possible	*möglichst (im Maße des Möglichen)*
le dépliant	*der Prospekt*
la possibilité	*die Möglichkeit*
la location	*das Mieten*
de telle sorte que	*so daß; derart, daß*
le détail	*das Detail, die Einzelheit*
la Provence	*die Provence*
l'attente (f)	*die Erwartung*
prompt, -e [prõ, prõ(p)t]	*rasch, umgehend*
de votre part	*von Ihnen (von Ihrer Seite)*
agréer	*entgegennehmen*
la salutation	*der Gruß*
distingué, -e	*hervorragend*
je vous prie d'agréer, Messieurs, mes salutations distinguées	*hochachtungsvoll*
nous avons bien reçu votre lettre du ...	*wir danken für Ihren Brief vom ...*
en	*dafür*
ci-joint	*anbei*
le prix courant	*die Preisliste (der laufende Preis)*
la remise	*der Preisnachlaß*
étant donné	*wegen, in Anbetracht*
les relations (fpl)	*die Beziehungen*
la réduction	*die Ermäßigung, der Preisnachlaß*
bien que	*obwohl*
donner sur	*hinausgehen auf*
la cour	*der Hof*
confirmer	*bestätigen*
d'ici le 1er mai	*bis 1. Mai*
au plus tard	*spätestens*
le Crédit Lyonnais	*der Crédit Lyonnais (große französische Bank)*
nous vous prions d'agréer, Monsieur, nos meilleures salutations	*hochachtungsvoll*
P. J. (= pièces jointes)	*Anlagen*

21B Grammatik

1. Verben mit unregelmäßigen *subjonctif*-Formen

	aller	faire	pouvoir	savoir	vouloir
que j(e)	**aille**	**fasse**	**puisse**	**sache**	**veuille**
que tu	**ailles**	**fasses**	**puisses**	**saches**	**veuilles**
qu' il	**aille**	**fasse**	**puisse**	**sache**	**veuille**
que nous	**allions**	**fassions**	**puissions**	**sachions**	**voulions**
que vous	**alliez**	**fassiez**	**puissiez**	**sachiez**	**vouliez**
qu' ils	**aillent**	**fassent**	**puissent**	**sachent**	**veuillent**

2. Der *subjonctif* nach anderen Konjunktionen als *que*

		Nach diesen Konjunktionen steht der *subjonctif*
Je suis disposé à louer une chambre, **à condition que** vous me *fassiez* un prix spécial.	*Ich bin bereit, ein Zimmer zu mieten, vorausgesetzt, daß Sie mir einen Sonderpreis einräumen (= machen).*	**à condition que** = vorausgesetzt (daß), unter der Bedingung, daß
Veuillez m'indiquer votre compte, **afin que (pour que)** je *puisse* effectuer le virement.	*Bitte geben Sie mir Ihr Konto an, damit ich die Überweisung vornehmen kann.*	**pour que**, **afin que** } = damit
Veuillez m'envoyer des dépliants, **de telle sorte que (de manière que)** je *puisse* organiser notre séjour.	*Bitte schicken Sie mir Prospekte, so daß ich unseren Aufenthalt organisieren kann.*	**de (telle) sorte que**, **de manière que**, **de façon que** } = so daß
Nous vous accordons cette remise, **bien que (quoique)** vous ne *restiez* que 6 semaines.	*Wir gewähren Ihnen diesen Nachlaß, obwohl Sie nur 6 Wochen bleiben.*	**bien que**, **quoique** } = obwohl
Nous resterons **jusqu'à ce que** le travail *soit* terminé.	*Wir bleiben, bis die Arbeit beendet ist.*	**jusqu'à ce que** = bis

21C Landeskunde und Sprachgebrauch

1. *Aix-en-Provence* ist die Hauptstadt der ehemaligen französischen Provinz *Provence*, die heute eine der beliebtesten Touristengegenden Frankreichs ist. Vorsicht bei der Schreibung: *La Provence* darf nicht mit *la province* = die Provinz (= von Paris aus gesehen der [für die Einwohner von Paris eher provinzielle] Teil Frankreichs ohne Paris) verwechselt werden.

2. Zum Namen des Hotels: *Frédéric Mistral* war der bekannteste Vertreter provenzalischer Literatur. Er hat 1904 den Nobelpreis erhalten. Mit kleinem Anfangsbuchstaben *(le mistral)* ist das Wort der Name für einen kalten Nordwind im Rhônetal.

3. Bitte nicht verwechseln: *un correspondant* ist ein Geschäftsfreund, während ein Korrespondent *un correspondancier* (eine Korrespondentin *une correspondancière*) ist.

4. Der Redewendung *tenir à ce que* (= Wert legen darauf, daß) folgt immer der *subjonctif*.

5. *Veuillez* am Satzanfang kommt nur noch in der Handelskorrespondenz und in der Sprache der Verwaltung vor und bedeutet dann „bitte" („wollen Sie bitte").

21D Übungen

1. Verfassen Sie einen Brief nach folgenden Angaben:
   - Absicht, nächsten Winter zwei Wochen Skiurlaub in Frankreich zu machen
   - Bitte um Unterlagen
   - Bitte um Angabe der Möglichkeiten, einen Wagen zu mieten, damit der Aufenthalt organisiert werden kann
   - Wenn die Bedingungen zusagen, werden 3 Zweibettzimmer mit Bad oder Dusche gemietet
   - Bitte um baldige Antwort

Und nun wieder ein bißchen Formenbildung:

2. A: Bilden Sie die 2. Person Singular des *subjonctif* folgender Verben:

   savoir, mettre, recevoir, aller, craindre, dire, pouvoir, sortir, ouvrir, prendre, faire, croire, vouloir, mentir

   B: Bilden Sie die 2. Person Plural des *subjonctif* folgender Verben:

   commencer, conduire, vouloir, connaître, savoir, permettre, devenir, aller, pouvoir, trouver, finir, dormir, faire, lever, attendre

3. Setzen Sie eine passende Konjunktion ein (ggf. gibt es mehrere Möglichkeiten).

   a) J'aimerais une chambre tranquille .... je puisse travailler. b) On ne nous a pas réservé notre chambre .... nous ayons viré un acompte. c) Nous vous envoyons ci-joint toute notre documentation .... vous puissiez organiser les détails de votre voyage. d) Nous vous réserverons une chambre à 2 lits .... vous viriez un acompte. e) Je chercherai .... je trouve le résultat.

4. Übersetzungsübung

   a) Sind Sie bereit, eine Anzahlung zu leisten (zahlen)? b) Bitte schicken Sie mir einen Prospekt Ihres Hotels, damit ich sehe, ob es mir zusagt. c) Besteht (gibt es) die Möglichkeit, einen Wagen zu mieten? d) Wir haben die Absicht, einige Tage in Aix-en-Provence zu verbringen. e) Du bleibst (Futur), bis deine Arbeit beendet ist! f) Ich möchte eine Geschäftsreise mit einem Studienaufenthalt verbinden. Ich suche deshalb ein Zweibettzimmer vom 25. September bis 30. Oktober. g) Meine Frau und ich, wir legen Wert darauf, daß das Zimmer auf die Straße hinausgeht. h) Bitte geben Sie uns Ihr Bankkonto und Ihr Postgirokonto an, damit wir die 2000 Francs überweisen können. i) Wenn Ihnen unsere Bedingungen zusagen, sind wir gerne bereit, Ihnen ein Angebot zu unterbreiten (machen). k) Unser Angebot berücksichtigt die Dauer Ihres Aufenthalts.

5. Übersetzen Sie.

   Sehr geehrte Herren,
   da ich die Absicht habe (die Absicht habend), [im Monat Mai][4] [eine Woche][2]

[in Paris][3] [zu verbringen][1], bitte ich Sie, mir vom 17. bis 24. Mai ein Zweibettzimmer zu reservieren. Ich bin bereit, eine Anzahlung von 2000 Francs zu leisten (bezahlen), sobald *(dès que)* ich Ihre Antwort erhalte (erhalten werde). Bitte bestätigen Sie die Reservierung bis spätestens 1. April und geben Sie gleichzeitig Ihr Bankkonto an, damit ich die Anzahlung überweisen kann.

Mit freundlichen Grüßen

6. **Testez de nouveau votre intelligence** *(Testen Sie wieder Ihre Intelligenz)*

Senkrecht sind siebenbuchstabige Wörter nachstehender Bedeutung einzusetzen. In der ersten waagrechten Reihe erfahren Sie dann, was der Hotelier von Herrn Kühn verlangt.

1. dringend (weibliche Form)
2. bewölkt
3. Erwartung
4. Zimmer
5. vergessen
6. erhöhen
7. Zeitdauer
8. Gelände
9. schicken

1	2	3	4	5	6	7	8	9

22A

22A Text

Une conversation téléphonique

Francine Touet entre dans une cabine téléphonique, décroche, introduit quelques pièces de monnaie dans l'appareil et compose le numéro 19.29.72.48

Quelques secondes, puis quelqu'un décroche à l'autre bout:

– Allô?

– C'est le bureau de Monsieur Mataras?

– Oui, Madame.

– Alors, passez-moi Monsieur Mataras, s'il vous plaît.

– Qui est à l'appareil?

– Madame Touet.

– Un instant, s'il vous plaît.

Quelques secondes plus tard:

– Allô, c'est toi, Francine?

– Oui, bonjour, Didier. Dis: Tu aimerais voir la vidéo de notre voyage au Québec? On la présentera à quelques amis. Ça t'intéresserait aussi de la voir?

– Bien sûr.

– Pourrais-tu apporter ton magnétoscope? Le nôtre est cassé.
– Volontiers. Ça sera quand?
– Samedi soir.
– Ah, c'est bête! Mon frère m'a invité à aller le voir à Dieppe. Je dois y aller ce week-end, car je le lui ai promis depuis des semaines. Mais vous aurez mon magnétoscope quand même. Je vous l'apporterai demain ou après-demain.
– Tu es très gentil. Alors, à demain ou après-demain.
– Attends! J'ai encore autre chose. Je vous dois toujours un cadeau que je vous avais promis à l'occasion de votre mariage. Est-ce que vous aimeriez des chaises en rotin pour votre balcon?
– On en a déjà, malheureusement.
– Et une cafetière électrique?
– Tu n'as pas de chance. On a en déjà une.
– Alors, je vous ferai cadeau de quelques CD. Vous aimez les disques de jazz moderne, n'est-ce pas? – Je vous en apporterai quelques-uns en même temps que le magnétoscope.
– Oh, ce serait formidable!
– Et rappelle à ton mari qu'il m'a promis de me montrer les diapositives de son voyage en Afrique centrale d'il y a deux ans. Il pourrait me les montrer prochainement en même temps que la vidéo de votre voyage au Québec.
– D'accord. Je le lui dirai. Je n'y manquerai pas.
– Allez, au revoir.
– Au revoir, et merci à l'avance pour le magnétoscope.

la conversation téléphonique	*das Telefongespräch*
la cabine téléphonique	*die Fernsprechzelle*
décrocher	*abheben*
introduire	*einführen, einwerfen*
la pièce de monnaie	*die Münze*
l'appareil (m)	*der Apparat*
composer	*wählen (= zusammensetzen)*
le bout	*das Ende*
allô?	*hallo?*
passez-moi …	*geben Sie mir …, verbinden Sie mich mit …*
la vidéo	*der Videofilm*
le Québec	*Quebec*
présenter	*zeigen*
le nôtre	*der unsere*
être cassé, -e	*kaputt sein*
bête	*dumm*
aller voir qn	*jdn besuchen*
y	*dorthin*
promettre (*konjugiert wie* mettre)	*versprechen*
gentil, -le	*nett*
autre chose	*etwas anderes*
devoir	*schulden*
le cadeau	*das Geschenk*
à l'occasion de	*anläßlich*

le mariage	*die Hochzeit*
la chaise en rotin	*der Korbstuhl*
le balcon	*der Balkon*
en	*(davon) welche*
la cafetière	*die Kaffeekanne, Kaffeemaschine*
électrique	*elektrisch*
la chance	*das Glück*
pas de chance	*kein Glück*
en	*(davon)* hier: unübersetzt
faire cadeau de qch à qn	*jdm etw. schenken*
le CD (*ou*: disque compact)	*die CD*
le disque	*die Schallplatte*
le jazz moderne [dʒaz]	*der „modern jazz"*
quelques-uns, -unes	*einige*
en même temps que	*zusammen mit*
formidable	*großartig*
montrer	*zeigen*
la diapositive	*das Dia(positiv)*
il y a	*vor (zeitl.)*
prochainement	*in nächster Zeit, demnächst*
je n'y manquerai pas	*ich werde es nicht versäumen*
allez	*also*
à l'avance	*im voraus*

22B Grammatik

1. Zwei Personalpronomen als Objekte

I		II		III		
me te se nous vous se	vor	le la les	vor	lui leur	vor	y, en

Kombinationen sind nur möglich in Pfeilrichtung, und zwar:
Gruppe I mit Gruppe II; Beisp.: *Il* **me le** *donne.*
Gruppe II mit Gruppe III; Beisp.: *Il* **le lui** *donne.*

Y bzw. **en** stehen in Kombinationen mit Objektpronomen immer an zweiter Stelle. Beispiel: *Il* **m'en** *donne une.*

Zur Stellung im Satz:

Wie ein einzelnes Pronomen, so stehen auch zwei Pronomen vor dem konjugierten Verb oder Hilfsverb:

Il le lui donne.
Il le lui a donné.
Il ne le lui donne pas.
Il ne le lui a pas donné.
Le lui donne-t-il?
Le lui a-t-il donné?
Ne le lui donne-t-il-pas?
Ne le lui a-t-il pas donné?
Est-ce qu'il le lui donne?
Est-ce qu'il le lui a donné?

In der Konstruktion: „Verb + Infinitiv" steht ein Pronomen oder eine Pronomenkombination (oder y bzw. en) vor dem Infinitiv.

z. B.:	*Il m'a invité à aller* **le** *voir.*	= Er hat mich eingeladen, ihn zu besuchen.
	Tu aimerais **les** *voir?*	= Möchtest du sie sehen?
	Je ne veux pas **la** *voir.*	= Ich will sie nicht sehen.

Ausnahmen:

Bei *voir*, *faire*, *laisser*, *entendre* } + Infinitiv

steht ein Pronomen oder eine Pronomenkombination vor dem konjugierten Verb.

z. B.:	*Il* **les** *entend venir.*	= Er hört sie kommen.
	Je **l'***ai vu décrocher.*	= Ich habe ihn abheben sehen (= ... gesehen, wie er den Hörer abgehoben hat).
	Ils ne **me** *laissent pas partir.*	= Sie lassen mich nicht gehen.
	Je **t'***ai fait attendre.*	= Ich habe dich warten lassen.

2. en

J'ai fait un voyage et j'**en** ai profité.	Ich habe *davon* profitiert.
Nous avons reçu votre lettre et vous **en** remercions.	Wir danken Ihnen *dafür.*
Tu aimerais une cafetière? – J'**en** ai déjà une.	Ich habe schon *eine.*
Tu aimerais des chaises en rotin? – J'**en** ai déjà (quelques-unes).	Ich habe schon *welche (einige).*

3. Futur- und Konditionalstamm unregelmäßiger Verben

croire	: je croirai	aller	: j' irai
connaître	: je connaîtrai	faire	: je ferai
conduire	: je conduirai	pouvoir	: je pourrai
dire	: je dirai	savoir	: je saurai
mettre	: je mettrai	tenir	: je tiendrai
prendre	: je prendrai	venir	: je viendrai
		voir	: je verrai
		vouloir	: je voudrai

regelmäßiger	**unregelmäßiger**
Futur- und Konditional-Stamm	Futur- und Konditional-Stamm Dieser Stamm ist für alle Personen und für Futur und Konditional gleich.

Québec, Place Royale

22C Landeskunde und Sprachgebrauch

1. Nach *c'est* steht immer das betonte Personalpronomen: *C'est moi, c'est toi,* etc.

2. Zur Übersetzung des zeitlichen „vor":
– „vor" + Zeitspanne: il y a
Je l'ai vu il y a cinq jours. = Ich habe ihn vor fünf Tagen gesehen.
– „vor" + Zeitpunkt: *avant: Je l'ai vu avant minuit.* = Ich habe ihn vor Mitternacht gesehen.

3. In der Verabschiedungsfloskel: *allez, au revoir* hat das *allez* nicht mehr genau die Bedeutung des Verbs *aller* = gehen. Es ist mehr zu einem Füllwort geworden.

4. Ein CD-Player heißt im Französischen *un lecteur CD (à laser),* wörtlich: ein CD-Leser mit Laser(abtastung). Der klassische Plattenspieler heißt *le tourne-disque.*

22D Übungen

1. Beantworten Sie die Fragen nach dem Muster:
   Est-ce qu'il t'a montré la cafetière? – Oui, il me l'a montrée.
   a) Est-ce qu'il t'a donné le journal? b) Est-ce qu'il t'a vu? c) Est-ce qu'il t'a promis l'appartement? d) Est-ce qu'il t'a envoyé la lettre? e) Est-ce qu'il t'a

présenté les diapositives? f) Est-ce qu'il t'a apporté le magnétoscope? g) Est-ce qu'il t'a donné les 10 francs? h) Est-ce qu'il t'a regardé? i) Est-ce qu'il t'a invité? k) Est-ce qu'il t'a cherchée?

2. Beantworten Sie die Fragen nach dem Muster:

   Est-ce que vous avez invité les Touet? – Non, je ne les ai pas invités.

   a) Est-ce que vous avez vu Paul Duriez? b) Est-ce que vous avez regardé la vidéo? c) Est-ce que vous avez entendu la nouvelle? d) Est-ce que vous avez apporté le magnétoscope? e) Est-ce que vous avez acheté la maison? f) Est-ce que vous avez trouvé votre permis de conduire? g) Est-ce que vous avez reçu cette lettre? h) Est-ce que vous avez fini le travail? i) Est-ce que vous avez vendu la maison? k) Est-ce que vous avez invité Jean Touet?

3. Beantworten Sie die Fragen aus Übung 1 mit «Non, ...» und die aus Übung 2 mit «Oui, ...»

4. Formen Sie folgende Sätze um nach dem Muster:

   Il a donné le journal à son frère. – Il le lui a donné.

   a) Jacques a montré les photos à son ami. b) Monsieur Touet a présenté les diapositives à sa femme. c) J'ai apporté mon magnétoscope à mes amis. d) Jean a promis les CD à ma femme. e) Ma femme a invité les Touet. f) Mon mari a raconté la nouvelle à Monsieur Duriez. g) J'ai rappelé les 100 francs à Paul et Yves. h) Nous avons donné les disques à nos voisins. i) Paul Touet a montré la photo à son ami. k) Nous avons promis le magnétoscope à nos voisins.

5. Bilden Sie aus den positiven Lösungen aus Übung 4 negative Sätze nach dem Muster:

   Il ne le lui a pas donné.

6. Ersetzen Sie das Objekt oder die Objekte durch das (bzw. die) Pronomen nach dem Muster:

   Demain, j'irai voir mes amis. – Demain, j'irai les voir.

   a) Je ne peux pas payer les 100 francs. b) Est-ce que tu entends parler Monsieur Touet? c) Nous avons vu venir votre ami. d) Est-ce que vous aimeriez voir les photos? e) Nous pouvons donner les photos à votre frère. f) Nous faisons réserver la chambre à 2 lits. g) Est-ce que vous laissez dormir les enfants? h) Est-ce que vous voulez apporter le magnétoscope? i) Je fais appeler le médecin. k) Je veux appeler le médecin.

7. Beantworten Sie die Fragen nach den Mustern:

   Vous aimeriez une cafetière électrique? – Malheureusement, on en a déjà une.
   Vous aimeriez des assiettes? – Malheureusement, on en a déjà.

a) Vous aimeriez des gants? b) Vous aimeriez des disques de jazz moderne? c) Vous voulez un téléviseur? d) Vous aimeriez un magnétoscope? e) Vous voulez des chaises en rotin? f) Vous voulez une voiture?

8. A: Bilden Sie die 1. Person Plural Konditional folgender Verben:

pouvoir, dire, finir, croire, venir, voir, mettre, ouvrir, donner, aller, prendre, perdre, faire, savoir, chercher, connaître, tenir, conduire

B: Bilden Sie die 3. Person Plural Futur folgender Verben:

connaître, ouvrir, offrir, aller, pouvoir, tenir, mettre, prendre, faire, croire, voir, vouloir, venir

9. Übersetzungsübung

a) Könnten Sie Ihren Videorekorder mitbringen? – Gern. b) Herr Mataras hebt ab: Hallo, Yves, bist du es? c) Mein Bruder hat mich eingeladen, ihn in Paris zu besuchen. d) Verbinden Sie mich bitte mit Herrn Mataras. e) Wir haben Diapositive gemacht und werden sie einigen Freunden zeigen. f) Ich schulde dir noch ein Geschenk. g) Herr Touet hat eine Reise nach Zentralafrika gemacht. h) Ihr habt kein Glück. Wir haben schon eine elektrische Kaffeemaschine. i) Möchtet ihr unsere Dias sehen? k) Wer ist am Apparat? – Herr Touet. – Einen Augenblick, bitte.

10. **Testez votre vocabulaire** *(Testen Sie Ihr Vokabular)*

Gesucht werden 9 französische Wörter nachstehender Bedeutung, die waagrecht einzutragen sind. In der stark umrandeten senkrechten Spalte können Sie dann ablesen, welches Hochzeitsgeschenk Didier ausgesucht hatte.

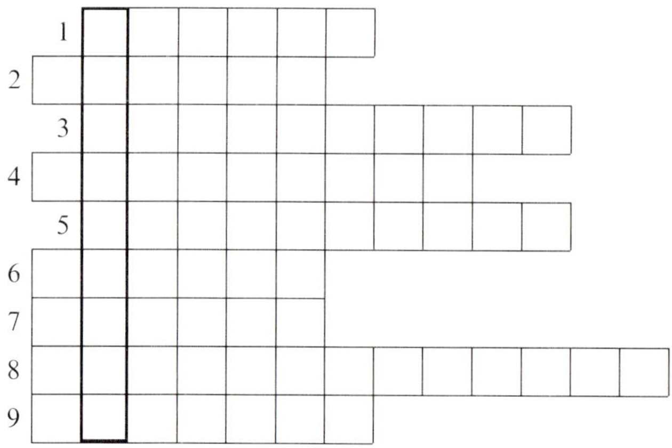

1. Glück
2. Geschenk
3. großartig
4. abheben
5. ruhig
6. Schallplatte
7. nett
8. in nächster Zeit
9. Sekunde

23A Text

Au restoroute

La jauge d'essence de la voiture des Grenelle est presque à zéro. Monsieur Grenelle, montrant du doigt un panneau au bord de l'autoroute, dit à sa femme:

– Restoroute Vallée du Rhône, deux kilomètres. Ouf! Nous l'avons échappé belle! Il est grand temps de faire le plein.

Les Grenelle sont maintenant à la station-service. Monsieur Grenelle descend et dit au pompiste:

– Le plein, s'il vous plaît.

Et, se tournant vers sa femme:

– Tu peux me passer mon porte-monnaie? Je l'ai mis dans ton sac.

Madame Grenelle tend le porte-monnaie à son mari, qui attend que le réservoir soit rempli. Puis elle se tourne vers les enfants assis au fond de la voiture:

– Vous voulez une glace?

Les enfants: Oui, maman.

Madame Grenelle va rejoindre son mari, qui est en train de payer:
– Chéri, les enfants voudraient une glace. Donne-leur un peu d'argent, veux-tu?

Monsieur Grenelle: Je voulais justement te proposer de prendre un café au restoroute. Les enfants pourront manger leur glace là-bas.
Comme il est encore trop tôt pour le déjeuner, tout le monde est d'accord.

Madame Grenelle: Bonne idée! Allons-y!

Monsieur Grenelle conduit la voiture au parking et tous descendent.

Madame Grenelle: Couvrez-vous, il fait froid. – Tiens, Marcel, prends ton pull.
Philippe: C'est le mien!
Marcel: Mais non, il est à moi, donne-le-moi!
Madame Grenelle: Fais voir. Philippe a raison. C'est le sien. Donne-le-lui.
Marcel: Et où est le mien?
Madame Grenelle: Là, attrape!

Enfin, Monsieur Grenelle ferme les portières, et toute la famille est prête. Ils entrent et s'installent à une table libre.

Le garçon: Bonjour, Messieurs Dames. Vous désirez?
Monsieur Grenelle à sa femme: Tu prends aussi un café crème?
Madame Grenelle: Oui.
Monsieur Grenelle au garçon: Deux cafés crème. Et pour les enfants, deux glaces.
Le garçon: A la vanille, au chocolat, à la fraise?
Les enfants: A la vanille!

Peu après, on entend au haut-parleur du restoroute: Le propriétaire de la Toyota numéro 2574 GV 75 est prié de se rendre à sa voiture.

Madame Grenelle: 2574? Mais c'est la nôtre!

Monsieur Grenelle se lève et se précipite dehors. Quelques minutes après, il revient en souriant.

Madame Grenelle: Qu'est-ce qu'il y avait?

Monsieur Grenelle avait laissé les phares allumés. Il les avait allumés dans le dernier tunnel.

Madame Grenelle: Ils ont été bien gentils de te prévenir!

Entre-temps, le garçon a apporté les cafés et les glaces. Les parents boivent leur café, les enfants dégustent leur glace, et tous se détendent avant de reprendre la route.

le restoroute	*das Rasthaus*
la jauge d'essence	*die Benzinanzeige*
montrer qch du doigt	*(mit dem Finger) auf etw. zeigen, deuten*
la vallée du Rhône	*das Rhônetal*
ouf!	*uff!*
nous l'avons échappé belle	*da sind wir nochmal davongekommen*
il est grand temps (de)	*es ist höchste Zeit (zu)*
faire le plein	*(voll)tanken*
la station-service	*die Tankstelle*
descendre	*aussteigen*
le pompiste	*der Tankwart*
le plein, s'il vous plaît	*vollmachen, bitte*
passer	*hergeben*
le porte-monnaie	*die Geldbörse*
tendre	*reichen*
le réservoir	*der Benzintank*
remplir	*füllen*
être assis, -e	*sitzen*
au fond de la voiture	*hinten im Wagen*
rejoindre qn	*sich zu jdm gesellen, zu jdm (hin)gehen, jdn treffen*
justement	*gerade*
tôt	*früh*
le parking [parkiŋ]	*der Parkplatz*
se couvrir	*sich (warm) anziehen*
il fait froid	*es ist kalt*
tiens	*hier, da (nimm)*
le pull(over)	*der Pulli, der Pullover*
le mien	*meiner*
être à qn	*jdm gehören*
faire voir	*herzeigen*
le sien	*seiner*
attraper	*fangen*
fermer	*schließen, zumachen*
libre	*frei*
bonjour, Messieurs Dames	*guten Tag* (Rest meist unübersetzt)
le café crème	*der Kaffee mit Sahne* (meist jedoch Milch)
la vanille [vanij]	*die Vanille*
le chocolat	*die Schokolade*
la fraise	*die Erdbeere*
le haut-parleur	*der Lautsprecher*
le propriétaire	*der Eigentümer*
la Toyota	*der Toyota*
le propriétaire est prié (de)	*der Eigentümer wird gebeten (zu)*
se précipiter	*sich stürzen*
dehors [dəɔr]	*(nach) draußen*
sourire	*lächeln*
qu'est-ce qu'il y avait?	*was war? was gab's?*
allumer	*anzünden, anschalten*
le tunnel	*der Tunnel*
prévenir qn	*jdn aufmerksam machen*
boire	*trinken*
déguster	*genießen*
se détendre	*sich entspannen*
avant de reprendre la route	*bevor sie sich wieder auf den Weg machen*

23B Grammatik

1. Bejahter Imperativ mit Objektpronomen

Akkusativ		Dativ		
regarde-**moi**	*mich*	Montre-**moi**	la photo.	
regarde-**toi**	usw.	Achète-**toi**	la maison.	
regarde-**le**		Montre-**lui**	la photo.	*ihm*
regarde-**la**		Montre-**lui**	la photo.	*ihr*
regarde-**nous**		Montre-**nous**	la photo.	
regardez-**vous**		Achetez-**vous**	la maison.	
regarde-**les**		Montre-**leur**	la photo.	

Auch **y** und **en** stehen im bejahten Imperativ nach dem Verb:

prenez-en = nehmt welche (= davon)!
allons-y = los!

Im Falle von zwei Objektpronomen beim bejahten Imperativ steht wie im Deutschen Akkusativ vor Dativ:
Donne-le-moi. Montre-les-lui.

Im **verneinten Imperativ** stehen die gleichen Pronomen wie im Aussagesatz und auch an der entsprechenden Stelle wie im Aussagesatz:
Ne me le donne pas. Ne les lui montre pas.

2. Das substantivische Possessivpronomen

un pull	une photo	des pulls	des photos
le mien	**la mienne**	**les miens**	**les miennes**
le tien	**la tienne**	**les tiens**	**les tiennes**
le sien	**la sienne**	**les siens**	**les siennes**
le nôtre	**la nôtre**	**les nôtres**	**les nôtres**
le vôtre	**la vôtre**	**les vôtres**	**les vôtres**
le leur	**la leur**	**les leurs**	**les leurs**

3. Präsens und Partizip Perfekt des unregelmäßigen Verbs *boire* (trinken)

je	**bois**	nous	**buvons**
tu	**bois**	vous	**buvez**
il	**boit**	ils	**boivent**
Part. Perf.	**bu, e**		

23C Landeskunde und Sprachgebrauch

1. Die Autobahnen sind in Frankreich durchwegs gebührenpflichtig *(à péage)*, weshalb die Ausfahrten auch seltener sind als in Deutschland, so daß man wegen des Nachtankens leichter in Bedrängnis gerät.

2. Die großen Autobahntankstellen sind in Frankreich zumeist noch mit Bedienung.

3. Die Anrede *Messieurs Dames* ist etwas familiär, aber sehr gebräuchlich, wenn man einen Laden , ein Restaurant o. ä. betritt. Im Deutschen gibt es im allgemeinen dafür keine Entsprechung, denn man sagt ja nur „Guten Tag, guten Morgen" usw.

4. *Le Rhône* = die Rhône: im Französischen männlich.

5. *attendre que* = darauf warten, daß ... verlangt immer den *subjonctif*: Monsieur Grenelle attend que le réservoir soit rempli.

6. *Il fait froid* = Es ist kalt. Ebenso: *Il fait chaud* = Es ist warm (heiß).

7. *un café crème, deux cafés crème.* Eigentlich: *café à la crème,* was erklärt, daß im Plural an *crème* kein s gesetzt wird: *deux cafés à la crème* = zwei Tassen Kaffee mit Sahne.

23D Übungen

1. Bilden Sie Imperative nach folgenden Mustern:
   C'est ma photo. Donnez-la-moi.
   C'est notre revue. Donnez-la-nous.

   a) C'est mon porte-monnaie. b) C'est notre glace. c) C'est notre journal. d) Ce sont mes cigarettes. e) Ce sont nos pulls. f) C'est notre valise. g) C'est ma robe. h) Ce sont mes photos. i) Ce sont nos gants. k) C'est notre portefeuille.

2. Bilden Sie die Imperative nach dem Muster:
   Le pull est à Marguerite. – Donne-le-lui.

   a) La photo est à ma femme. b) Les jupes sont à Annick. c) Le livre est à Jacques. d) Les diapositives sont à Didier. e) Le magnétoscope est à Monsieur Mataras. f) Le journal est à moi. g) Les valises sont à nous. h) Les cigarettes sont à Yves. i) Le porte-monnaie est à Madame Touet. k) Le pull est à moi.

3. Beantworten Sie die Fragen nach den Mustern:
   C'est ta valise? – Oui, c'est la mienne.
   C'est votre maison? – Oui, c'est la nôtre.

   a) C'est votre voiture? b) C'est ton magnétoscope? c) C'est ton permis de conduire? d) Ce sont tes cigarettes? e) C'est votre journal? f) C'est ta maison? g) C'est ton appartement? h) C'est votre appartement? i) C'est ta robe? k) C'est ton livre?

4. Beantworten Sie die Fragen von Übung 3 negativ nach den Mustern:
   Non, ce n'est pas la mienne. Non, ce n'est pas la nôtre.

5. Übersetzungsübung
   a) Herr Grenelle will bezahlen. Seine Frau reicht ihm die Geldbörse. b) Frau Grenelle deutet (zeigt mit dem Finger) auf ein Schild. c) Die Kinder möchten (ein) Eis. Bringen Sie ihnen Eis! – Vanille oder Schokolade? – Schokolade bitte. d) Herr Grenelle stürzt nach draußen. Er hat die Scheinwerfer eingeschaltet gelassen. e) Herr Grenelle fährt seinen Wagen zur Tankstelle und sagt: „Vollmachen, bitte." f) Es ist höchste Zeit, daß wir tanken. Die Benzinanzeige steht schon auf null. g) Kinder, zieht euch (warm) an, es ist kalt. h) Das ist mein Pulli. Gib ihn mir! i) Laß sehen! Marcel hat recht. Es (das) ist sein Pulli. Gib ihn ihm! k) Die Eltern trinken ihren Kaffee, bevor sie sich wieder auf den Weg machen.

6. Übersetzung
   Herr Grenelle fährt (geht) zur Tankstelle des Rasthauses «Vallée du Rhône». Er tankt voll und schlägt dann seiner Familie vor, einen Kaffee zu trinken oder ein Eis zu essen. Frau Grenelle und die Kinder freuen sich (sind zufrieden). Die ganze Familie geht ins Rasthaus hinein und (man) setzt sich an einen freien Tisch. Die Eltern bestellen einen Kaffee mit Sahne, die Kinder möchten (ein) Vanille-Eis. Plötzlich ruft man im Lautsprecher den Besitzer des Wagens Nummer 2574 GV 75 (aus). Das ist der Wagen der Grenelles. Herr Grenelle stürzt nach draußen, um zu sehen, was es gibt: Er hatte nur die Scheinwerfer eingeschaltet gelassen.

7. **Test d'intelligence**

   Silbenrästel

   at – au – ce – ce – é – es – on – per – pis – plir – pom – pres – pri – pro – que – re – re – ré – rem – ri – rou – sen – ser – ser – sou – sta – tai – te – te – ti – to – tra – vi – voir

   Aus diesen 34 Silben sind 10 französische Wörter nachstehender Bedeutung zu bilden, deren 2. Buchstaben, fortlaufend von 1–10 gelesen, das Lösungswort ergeben.

1. fast	3. Benzin	5. Tankwart	7. lächeln	9. fangen
2. füllen	4. Tankstelle	6. Besitzer	8. Autobahn	10. Benzintank

24A Text

Un accident de la route

Monsieur Valenot, un médecin, vient d'être témoin d'un accident de la route. Une heure après, il est au commissariat de police pour faire sa déclaration.

L'agent de police: Voulez-vous, s'il vous plaît, me faire un rapport sommaire de l'accident.

Monsieur Valenot: Voilà! Je me trouvais au carrefour où l'accident s'est produit; j'attendais au passage clouté, côté rue de Montélimar, pour traverser. Tout à coup, un jeune homme a commencé à traverser la rue en courant, ce qui était bien imprudent, car il y avait beaucoup de circulation.

– Le signal des piétons était toujours au rouge?

– Oui. Il était au rouge.

– Et le jeune homme dont vous parlez est bien celui qui a été écrasé?

– Oui. Il a habilement évité deux voitures et une moto qui arrivaient au carrefour à vitesse modérée, mais il n'a pas remarqué une troisième voiture, une Peugeot, qui roulait assez vite derrière les deux autres. Il a été heurté par l'aile avant de la voiture et projeté sur la chausseé.
– Quand est-ce que la Peugeot a freiné?
– C'est un détail dont je ne me souviens pas très bien. Attendez. Je crois avoir remarqué des traces de freinage assez longues, mais on devrait pouvoir le vérifier.
– Oui, mes collègues sont en train de la faire. – Et après?
– Je me suis immédiatement précipité vers la victime. Avec l'aide d'un passant, je l'ai allongée sur le trottoir pour lui donner les premiers secours. Ensuite, le passant qui m'a aidé à allonger le jeune homme sur le trottoir a averti la police et l'ambulance. La police est arrivée la première. J'ai demandé si l'ambulance était en route. L'agent à qui je me suis adressé m'a assuré qu'on l'attendait d'un instant à l'autre. Malheureusement, elle n'est arrivée que dix minutes plus tard.
– Et dans la confusion générale, la Peugeot a fait demi-tour et est partie à toute vitesse. Heureusement qu'on a relevé le numéro.
– C'est moi qui ai noté le numéro. J'ai vu le conducteur remonter dans sa voiture et je me suis douté de son intention.
– Bon. Je vais taper le procès-verbal de votre déclaration et vous allez le signer.
– D'accord.

l'accident (m)	*der Unfall*
l'accident de la route	*der Verkehrsunfall*
il vient d'être témoin	*er wurde eben Zeuge*
le commissariat	*das Kommissariat, Polizeirevier*
la police	*die Polizei*
la déclaration	*die Erklärung, Aussage*
faire un rapport	*einen Bericht geben*
sommaire	*kurz, summarisch*
se produire	*sich ereignen*
le passage	*der Übergang*
le passage clouté	*der Fußgängerübergang, Zebrastreifen*
le côté	*die Seite*
côté rue ...	*auf der Seite der ...-Straße*
un jeune homme	*ein junger Mann*
en courant	*im Laufschritt*
ce qui	*was* (Relativpronomen)
imprudent, -e	*unvorsichtig*
la circulation	*der Verkehr*
le signal	*das Signal*
être au rouge	*auf Rot stehen*
dont	*von dem*
écraser	*überfahren*
habilement	*geschickt*
éviter qch	*etw. vermeiden, einer Sache ausweichen*
la moto(cyclette)	*das Motorrad*
la vitesse	*die Geschwindigkeit*
modéré, -e	*mäßig*
vite	*schnell*
heurter	*stoßen, anfahren*
l'aile (f)	*der Kotflügel*
avant	*Vorder-*
projeter	*schleudern*
la chaussée	*die Fahrbahn*
dont	*an das*
se souvenir (de) (*konjugiert wie* venir)	*sich erinnern (an)*

remarquer	*bemerken*
la trace	*die Spur*
la trace de freinage	*die Bremsspur*
long, -ue	*lang*
vérifier	*überprüfen*
vers	*zu ... hin*
la victime	*das Opfer*
le passant	*der Passant*
allonger	*(hin)legen*
le trottoir	*der Bürgersteig*
donner	hier: *leisten*
le secours	*die Hilfe*
les premiers secours	*die Erste Hilfe*
aider qn à faire qch	*jdm dabei helfen, etw. zu tun*
avertir	*benachrichtigen, verständigen*
l'ambulance (f)	*der Krankenwagen*
arriver la première	*als erste eintreffen*
en route	*unterwegs*
à qui	*an den*
s'adresser à qn	*sich an jdn wenden*
assurer	*versichern*
d'un instant à l'autre	*jeden Augenblick*
la confusion	*die Verwirrung*
général, -e	*allgemein*
faire demi-tour	*wenden, umkehren*
à toute vitesse	*mit großer Geschwindigkeit*
heureusement	*glücklicherweise*
relever	*notieren*
le conducteur	*der Fahrer*
remonter	*wieder einsteigen*
se douter (de)	*(etw.) ahnen*
le procès-verbal	*das Protokoll*
signer	*unterzeichnen, unterschreiben*

24B Grammatik

Das Relativpronomen

dont: für Ergänzungen mit *de* (Personen und Sachen)

Je parle *de ce* jeune homme.	Le jeune homme **dont** je parle ...	*Der junge Mann,* von dem *ich spreche ...*
Je me souviens *d'*un détail.	Le détail **dont** je me souviens ...	*Die Einzelheit,* an die *ich mich erinnere ...*

qui nach Präpositionen: nur für Personen (für Sachen siehe Kap. 27B)

Je me suis adressé *à* un agent.	L'agent **à qui** je me suis adressé ...	*Der Polizist,* an den *ich mich gewandt habe ...*

ce qui/ce que = neutrale Relativpronomen (was)

ce qui = Subjekt (Nominativ)	Il a traversé la rue **ce qui** était imprudent.	*Er überquerte die Straße, was unvorsichtig war.*
ce que = Objekt (Akkusativ)	Il a traversé la rue **ce que** je trouvais imprudent.	*Er überquerte die Straße, was ich unvorsichtig fand.*

c'est ... qui/c'est ... que = zur Betonung

c'est ... qui = Subjekt (Nominativ) Achtung! Das Verb richtet sich nach der Person!	**C'est** moi **qui** *ai* averti la police.	Ich *habe die Polizei verständigt.*
c'est ... que = Objekt (Akkusativ)	**C'est** toi **que** je cherche.	Dich *suche ich.*

où = relatives Adverb

où = relatives Ortsadverb	Le carrefour **où** l'accident s'est produit ...	*Die Straßenkreuzung,* an der *sich der Unfall ereignete ...*
	La rue **où** je l'ai rencontré ...	*Die Straße,* in der *ich ihm begegnete ...*

Zu beachten: Nach **dont** ist die Wortfolge immer: Subjekt – Prädikat – Objekt; z. B.: *Le jeune homme dont je connais les parents ...* = Der junge Mann, dessen Eltern ich kenne ...

Wiederholen Sie die Relativpronomen *qui* und *que* in Kap. 11B.

24C Landeskunde und Sprachgebrauch

1. *venir de faire qch* drückt eine nahe Vergangenheit aus. Ins Deutsche meist mit „eben etw. getan haben" zu übersetzen. Z. B.:

Je viens d'arriver de Paris. = Ich komme eben aus Paris.

Jean vient de sortir. = Jean ist eben ausgegangen.

2. *Je crois avoir remarqué ...* = Ich glaube bemerkt zu haben ...

An *croire* wird der Infinitiv ohne Präposition angeschlossen.

3. *J'ai demandé si l'ambulance était en route.* = Ich habe gefragt, ob der Krankenwagen unterwegs sei: Dem Konjunktiv der indirekten Rede im Deutschen entspricht nicht der *subjonctif* im Französischen. Im Französischen steht in solchen Fällen der Indikativ. Abweichend vom Deutschen steht allerdings in einem Satz, der von einem Verb in der Vergangenheit abhängt, das Verb auch in der Vergangenheit *(était)*.

24D Übungen

1. Sie erklären im Krankenhaus einem Mitpatienten, was passierte. Sie erzählen, daß
   - starker Verkehr herrschte
   - Sie es eilig hatten und die Straße im Laufschritt überquerten
   - die Fußgängerampel auf Rot war
   - Sie zwei Autos ausweichen konnten, aber einen dritten Wagen, der hinter den beiden anderen fuhr, nicht bemerkten
   - Sie vom linken Kotflügel erfaßt und auf die Fahrbahn geschleudert wurden
   - ein Arzt Zeuge des Unfalls war und Ihnen Erste Hilfe leistete
   - der Krankenwagen erst zehn Minuten später eintraf.

2. Setzen Sie das richtige Relativpronomen ein.

   a) Le voyage ...... je parle a été très intéressant. b) Je n'aime pas les personnes ...... parlent trop. c) C'est sa femme ...... est arrivée la première. d) Je parle de l'accident de la route ...... s'est produit hier. e) C'est l'ambulance ...... j'ai avertie la première. f) Madame Valenot est une femme ...... aime parler politique. g) Le procès-verbal ...... l'agent de police a tapé va être signé. h) La voiture ...... j'ai vue était une Peugeot. i) La voiture ...... j'ai noté le numéro a fait demi-tour. k) Le jeune homme a fait demi-tour, ... m'a étonné. l) Je parle des conséquences ...... cet accident aura. m) Le jeune homme a fait demi-tour, ... je n'avais pas remarqué. n) C'est mon ami ...... a fait cette déclaration. o) La Peugeot ...... a écrasé le jeune homme est partie à toute vitesse. p) L'agent de police ...... est arrivé le premier a averti l'ambulance. q) La jeune femme avec ...... il est arrivé à Paris est son amie. r) La voiture ...... j'ai achetée a coûté soixante mille francs. s) L'avocat pour ...... il travaille s'appelle Jacques Duriez. t) L'accident ...... je me souviens s'est produit sur l'autoroute A7.

3. Bilden Sie Relativsätze, indem Sie mit den kursiv gedruckten Wörtern beginnen. Muster:

   Je parle d'un *jeune homme*. Il a été écrasé par une Peugeot. – Le jeune homme dont je parle a été écrasé par une Peugeot.

   a) J'ai allongé un *jeune homme* sur le trottoir. Il avait été écrasé par une Peugeot. b) J'ai relevé le numéro d'une *voiture*. C'était une Peugeot. c) Je viens de voir un *accident*. Il s'est produit rue de Montélimar. d) Un *jeune homme* a été écrasé. Il avait d'abord habilement évité deux voitures. e) Le jeune homme a évité *deux voitures*. Elles roulaient à vitesse modérée.

4. Verstärken Sie die kursiv gedruckten Wörter durch «c'est ... qui» oder «c'est ... que».

   a) *Une Peugeot* a écrasé un jeune homme. b) Je tape *le procès-verbal*. c) Je *vous* cherche. d) *Nous* avons averti la police. e) *L'ambulance* est arrivée la première. f) J'ai averti *la police*. g) *Un piéton* a été écrasé.

5. Übersetzungsübung

a) Ich glaube einen Unfall gesehen zu haben. b) Herr Valenot ist eben in Paris angekommen. c) Das kann man überprüfen. d) Der junge Mann hat die Straße auf dem Fußgängerübergang überquert. e) Die Fußgängerampel stand (war) auf Rot. f) Ich glaube ziemlich lange Bremsspuren bemerkt zu haben. g) Die Polizei kam als erste an. Dann kam der Krankenwagen. h) Ich habe den Fahrer in seinen Wagen einsteigen sehen. i) In der allgemeinen Aufregung ist der Peugeot mit großer Geschwindigkeit losgefahren. k) Der Polizist, an den er sich wandte, überquerte die Straße im Laufschritt.

6. Übersetzen Sie und achten Sie dabei auf den Wechsel zwischen Perfekt und Imperfekt (siehe Kap. 14B).

Gestern bin ich Zeuge eines Verkehrsunfalls geworden (= gewesen). Ein junger Mann überquerte die Straße im Laufschritt. Er wich einem Toyota, der mit mäßiger Geschwindigkeit fuhr, geschickt aus; aber ein Peugeot, der hinter dem Toyota fuhr, erfaßte ihn mit (par) dem vorderen Kotflügel und warf ihn auf die Fahrbahn. Mit Hilfe eines Passanten legte ich den jungen Mann auf den Bürgersteig. Nach zwei Minuten kam der Krankenwagen. Die Polizei kam später. Ich gab einen kurzen Bericht von dem Unfall. Der Polizist bat mich, das Protokoll zu unterschreiben.

7. **Mots croisés**

Horizontalement
1. Fahrbahnen
6. du (betont)
8. Unfall
9. oder
10. und
11. Polizei
12. Geschwindigkeit
14. Jahre
16. Bremse
17. dein (m.)
18. männlicher Vorname
20. ich (betont)
22. gewesen
23. in
24. plötzlich

Verticalement
1. Verkehr
2. à + le → . . .
3. Signal
4. in
5. falls, wenn
6. Spur
7. Seite
10. überfahren
11. Übergang
12. Opfer
13. Kinder
15. ohne
19. Sommer
21. man
22. gehabt

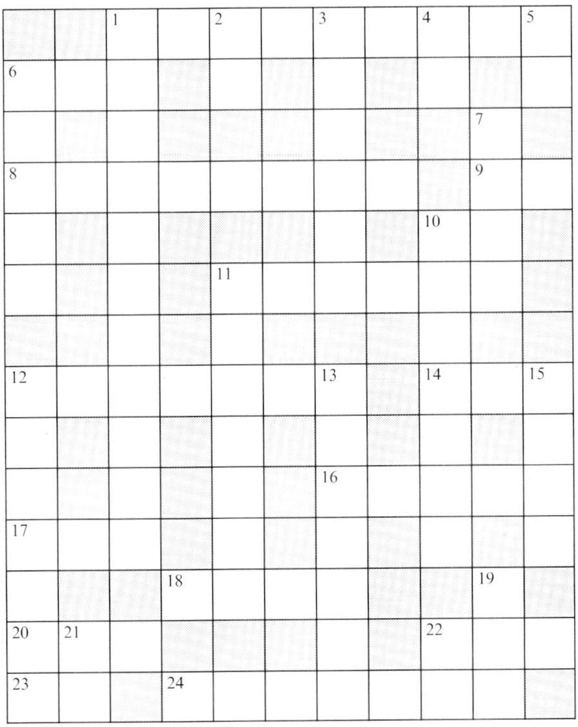

25A

25A Text

Monsieur Drunod achète une caravane

Monsieur et Madame Drunod ont l'intention d'acheter une caravane. C'est pourquoi ils se sont rendus à une exposition d'articles de camping. Au bout de trois heures, Madame Drunod fait la moue et dit à son mari:

– Ça fait trois heures que je ne dis rien. Maintenant, j'en ai assez. Il faut que tu te décides.

– Ecoute, chérie, il est difficile de faire un choix sans connaître tous les modèles. J'aimerais voir encore cette caravane là-bas. Elle semble être en matière plastique et elle n'est pas excessivement chère.

– Je te dis que j'en ai assez. Il fait froid et il pleut. Mais je te fais une proposition: Je rentre en métro, et toi, tu peux continuer à regarder tout ce que tu veux. Choisis tout seul. Je te fais confiance.

Une dispute éclate, mais Madame Drunod ne change pas d'avis et son mari continue donc seul la visite. Il se dirige vers la caravane en matière plastique et l'examine de près. Un vendeur s'approche:

– Si vous désirez des renseignements, je suis à votre disposition.

– Merci. Elle est en matière plastique, cette caravane?

– Oui, en CPV. Elle est donc très légère et extrêmement résistante aux intempéries. Cette même caravane a été exposée l'année dernière sur ce terrain de mars à décembre. Vous vous rappellerez peut-être qu'il a fait très mauvais, surtout en automne. Une fois, il y a même eu une véritable inondation et quelques caravanes ont littéralement flotté sur l'eau. Pourtant, vous ne verrez aucune trace de ces intempéries. La surface possède le même éclat qu'auparavant. Nous accordons d'ailleurs une garantie de sept ans sur ce modèle, mais non sur l'équipement intérieur, bien sûr.
– Ce modèle m'intéresse. Quel est le délai de livraison?
– Vous pouvez aller la chercher à nos magasins à Saint-Ouen?
– Oui.
– Dans ce cas, il n'y a aucun délai de livraison. Si vous l'achetez aujourd'hui, vous pouvez aller la prendre dès la semaine prochaine à Saint-Ouen.
– J'accepte. Signons le contrat de vente.
– Si vous voulez bien me suivre dans mon bureau pour la signature du contrat.

la caravane	*der Wohnwagen*
c'est pourquoi	*deshalb*
l'exposition (f)	*die Ausstellung*
les articles (mpl) de camping	*die Campingartikel*
faire la moue	*schmollen*
ça fait	*das macht;* hier: *seit*
assez	*genug*
le choix	*die Wahl*
faire un choix	*eine Wahl treffen*
le modèle	*das Modell*
sembler	*scheinen*
la matière plastique	*der Kunststoff*
excessivement	*übermäßig*
il pleut	*es regnet*
la proposition	*der Vorschlag*
rentrer	*nach Hause fahren*
en	*mit*
le métro	*die U-Bahn*
choisir	*(aus)wählen*
la confiance	*das Vertrauen*
faire confiance à qn	*jdm vertrauen*
la dispute	*der Wortwechsel*
changer d'avis	*seine Meinung ändern*
examiner	*untersuchen, prüfen*
de près	*genau*
CPV	*PVC*
extrêmement	*außerordentlich*
résistant, -e (à)	*widerstandsfähig (gegen)*
les intempéries (fpl)	*die Witterungsunbilden*
même	*gleich*
exposer	*ausstellen*
le terrain	*das Gelände*
se rappeler qch	*sich an etw. erinnern*
il fait mauvais	*es ist schlechtes Wetter*
en automne [ɑ̃notɔn]	*im Herbst*
il y a eu	*es gab, es hat gegeben*
même	*sogar*
véritable	*echt*
l'inondation (f)	*die Überschwemmung*
littéralement	*geradezu, buchstäblich*
flotter	*schwimmen, treiben*
pourtant	*dennoch*
la surface	*die Oberfläche*
posséder	*besitzen, haben*
l'éclat (m)	*der Glanz*
auparavant	*früher*
d'ailleurs	*übrigens*
la garantie	*die Garantie*
l'équipement (m)	*die Ausstattung*
intérieur, -e	*Innen-*
le délai de livraison	*die Lieferfrist*

aller chercher qch	*etw. abholen*	si vous voulez bien ...	*wollen Sie bitte ...*
(aller) prendre qch	*etw. abholen*	suivre qn	*jdm folgen*
le magasin	*das Lager*	la signature	*die Unterschrift, Unterzeichnung*
le cas	*der Fall*		
le contrat de vente	*der Kaufvertrag*		

25B Grammatik

1. Gebrauch von *avoir* und *être*

Abweichend vom Deutschen mit *avoir* verbunden:

J'**ai été** malade. Nous **avons été** étonnés.	– das Verb *être*
Quelques caravanes **ont flotté** sur l'eau. J'**ai marché** trois heures. Nous **avons** beaucoup **nagé** cet été. Il **a couru** à toute vitesse. Il **a sauté** de la chaise.	– Verben der Bewegungs**art**, wie: *flotter* = schwimmen, treiben *marcher* = marschieren, gehen *nager* = schwimmen *courir* = laufen *sauter* = springen

Abweichend vom Deutschen mit *être* verbunden:

Ils **se sont rendus** à une exposition. La caravane **s'est trouvée** sur ce terrain.	– alle reflexiven Verben

2. Unpersönliche Verben

Il faut que tu te décides. **Il fait froid.** **Il pleut.** **Il faisait** très **mauvais.** **Il est temps** de partir. **Il neige** depuis 2 heures.	Nur unpersönlich vorkommende Verben (Naturerscheinungen, Zeitangaben sowie *il y a* und *il faut*): *il fait froid/chaud* = es ist kalt/warm (heiß) *il pleut* = es regnet *il neige* = es schneit *il fait beau/mauvais* = es ist schönes/schlechtes Wetter *il est trois heures* = es ist drei Uhr *il est temps* = es ist Zeit *il y a* = es gibt *il faut* = man muß
Il est difficile de faire un choix. **Il est facile** de conduire une voiture.	Unpersönlich ist auch die Konstruktion *il est* + Adjektiv.

Zu beachten: Unpersönliche Konstruktionen sind im Französischen viel seltener als im Deutschen und auf feste Wendungen beschränkt. Sätze wie z. B.:

Es wird erwartet, daß ... Es läutet.	übersetzt man mit **on**:	*On attend que ...* *On sonne.*

3. Besonderheiten zu einigen Verben auf -er

endungsbetont	stammbetont	davon abgeleitet
rappeler	je rappelle	je rappellerai
nous rappelons	tu rappelles	je rappellerais
vous rappelez	il rappelle	nous rappellerons
je rappelais usw.	ils rappellent	nous rappellerions
rappelant		

Verben mit stummem e in der letzten Stammsilbe verwandeln das stumme **e** [ə] in den stammbetonten und davon abgeleiteten Formen in offenes **e** [ɛ]. Die Schreibung trägt dieser Lautwandlung Rechnung entweder durch Verdoppelung des **l** *(je rappelle)* bzw. des **t** *(je jette)* oder durch Setzung eines *accent grave (è) (je lève, nous mènerons, etc.)*.

Bei den Verben *espérer, répéter, posséder, régner* werden Futur und Konditional wie die endungsbetonten Formen (mit *accent aigu* = ´) geschrieben (z. B.: *nous espérons – j'espérerai*), jedoch wie die stammbetonten Formen gesprochen [ɛ].

4. Konjugation des unregelmäßigen Verbs *suivre qn* (*jdm* folgen)

je	**suis**	Perf.:	**j'ai suivi**
tu	**suis**	Imperf.:	**je suivais**
il	**suit**	Futur:	**je suivrai**
nous	**suivons**	subjonctif:	**que je suive**
vous	**suivez**		
ils	**suivent**		

5. Die Jahreszeiten/*les saisons*

au printemps = *im Frühjahr*
en été = *im Sommer*
en automne [otɔn] = *im Herbst*
en hiver = *im Winter*

25C Landeskunde und Sprachgebrauch

1. *Saint-Ouen* ist eine Stadtgemeinde 8 km nördlich von Paris. Heute praktisch ein Vorort der Hauptstadt.

2. *J'en ai assez* = jetzt reicht's mir: Das *en* ist im französischen Ausdruck obligatorisch.

3. Beachten Sie zu *prendre*: Die Verwendungsmöglichkeiten sind zahlreicher und vielfältiger als im Deutschen für „nehmen":

aller prendre la caravane = den Wohnwagen abholen
prendre un café = (einen) Kaffee trinken
prendre une décision = einen Entschluß fassen
prendre des mesures = Maßnahmen ergreifen usw.

4. *sembler* schließt den Infinitiv direkt an (im Deutschen mit „zu").

25D Übungen

1. Preisen Sie als Verkäufer einen Wohnwagen, Modell XY, an. Das Modell
   - ist interessant, weil sehr preisgünstig
   - ist aus Kunststoff, aus PVC
   - hat eine elegante Innenausstattung mit Fernseher und Videorekorder
   - ist sehr leicht und extrem witterungsbeständig
   - hat 7 Jahre Garantie
   - hat keine Lieferzeit, ist abholbar ab nächster Woche
   - ist mit einem Teppichboden ausgestattet
   - umfaßt drei Betten und eine kleine Küche
   - kostet nur 60.000 Francs

2. Setzen Sie die Sätze erst mündlich, dann schriftlich ins Perfekt.

   Muster: Monsieur Caracol est malade. – Monsieur Caracol a été malade.

   a) Nous nous rendons à une exposition. b) Mademoiselle Drunod nage deux heures. c) Nos voisins sont étonnés de nous voir. d) Jean a faim. e) Marguerite saute cinq mètres. f) Mon frère est à Marseille. g) Je me rappelle sa proposition. h) Yves entend une voix. i) Ce voyage d'affaires est agréable. k) Mademoiselle Drunod entre dans l'hôtel. l) Madame Duriez s'arrête. m) Il jette un coup d'œil sur le procès-verbal. n) Il suit le vendeur pour signer le contrat. o) Monsieur Caracol arrive à Lyon. p) La caravane flotte sur l'eau. q) Monsieur Drunod finit l'analyse de marché. r) Madame Vernier reçoit une lettre. s) Ils achètent la caravane. t) Mon ami se rend à la gare. u) Nous marchons plus de deux heures.

Nochmals ein bißchen Formenbildung:

3. Bilden Sie von folgenden Verben schriftlich die im Muster angegebenen Formen.

   Muster: rappeler – je rappelle – nous rappelons – je rappellerais – nous rappellerions

   répéter, vouloir, acheter, voir, espérer, jeter, savoir, lever, aller, mener, faire, mettre, posséder, venir, prendre, connaître, suivre.

4. Antworten Sie nach folgendem Muster:

   Monsieur Drunod va bientôt finir l'analyse de marché? – Il a déjà fini l'analyse de marché.

   a) Monsieur Duriez va bientôt se rendre à la gare? b) Elle va bientôt changer d'avis? c) Yves va bientôt rentrer? d) La maison va bientôt être vendue? e) Madame Caracol va bientôt venir? f) Marguerite et Christine vont bientôt se rencontrer? g) Jacques va bientôt revenir?

5. Übersetzungsübung

   a) Es regnet seit einigen Stunden und es ist sehr kalt. b) Es ist nicht leicht, eine Wahl zu treffen, ohne alle Modelle zu kennen. c) Im vergangenen Jahr war oft schlechtes Wetter, besonders im Sommer. d) Dieser Wohnwagen scheint ziemlich teuer zu sein, aber er ist aus Kunststoff, was sehr angenehm ist. e) Herr und Frau Drunod begeben sich auf eine Camping-Ausstellung. Sie haben die Absicht, einen Wohnwagen zu kaufen. f) Es schneit seit einer Stunde. Nun habe ich genug. g) Im Herbst gab es eine Überschwemmung. Alle Wohnwagen schwammen auf dem Wasser. h) Im Herbst und im Frühjahr fahre ich gerne nach Südfrankreich. Im Sommer ist es zu heiß. i) Frau Drunod schmollt. Sie will mit der U-Bahn nach Hause fahren. k) Herr Drunod schaut einen Wohnwagen aus Kunststoff an.

6. Übersetzungsübung
- Wünschen Sie Auskünfte über *(sur)* diesen Wohnwagen?
- Ja, bitte. Ist er aus Kunststoff?
- Ja, aus PVC. Er ist sehr leicht und wetterfest (= widerstandsfähig gegen die Unbilden der Witterung). Deshalb gewähren wir eine Garantie von fünf Jahren. Es (das) ist wirklich ein sehr interessantes Modell, nicht wahr?
- Ja, ich interessiere mich sehr für dieses Modell. Haben Sie Prospekte? Ich will sie meiner Frau zeigen.
- Natürlich. Wenn Sie mir bitte in unser Büro folgen wollen.
- Ja, danke.

7. **Test de vocabulaire**

Waagrecht sind 14 französische Begriffe nachstehender Bedeutung einzutragen. Das gesuchte Lösungswort ergibt sich in der stark umrandeten senkrechten Spalte.

1. schwierig
2. Ausstellung
3. Überschwemmung
4. Herbst
5. vorher, früher
6. Wohnwagen
7. U-Bahn
8. Unfall
9. scheinen
10. Lieferung
11. übermäßig (Adv.)
12. Vertrauen
13. Unterschrift
14. Verkäufer

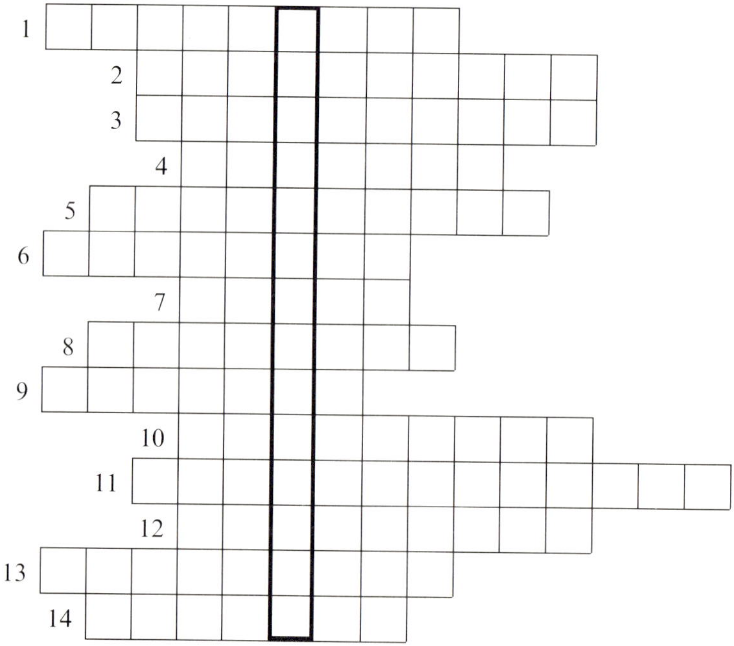

26A Text

Nicolas et Claire se marient

– Est-ce qu'on t'a déjà dit que Nicolas et Claire vont se marier?

– Pas possible! Ça fait trois ans qu'ils vivent ensemble. Ça ne changera pas grand-chose à leur vie.

– Je ne sais pas. Jusqu'ici, Nicolas ne vivait que pour le sport. Tu sais qu'il fait du karaté et de la boxe, sans parler du tennis en été et du ski en hiver.

Maintenant, il faudra qu'il reste plus souvent à la maison, puisque Claire m'a dit qu'elle compte avoir bientôt un enfant.
– J'espère bien qu'elle ne regrettera pas d'avoir épousé un fanatique du sport.
– Nicolas lui a promis d'abandonner la boxe et de ne plus faire que du karaté. Et il renoncera à participer aux championnats. Et Claire, elle, accepte de rester seule à la maison une fois par semaine. C'est déjà une bonne base.
– Il sera de toute façon difficile de le retenir à la maison. Nicolas n'est pas vraiment le mari idéal.
– Il est assez mûr pour savoir qu'il contracte un engagement. Et lui aussi veut avoir des enfants qui voudront, un jour, un chien et un chat . . .

Il va devoir penser à sa situation et il faudra bien qu'il gagne plus pour pouvoir nourrir sa famille. Une chose est sûre: ils s'aiment beaucoup, ce qui porte à croire qu'ils continueront à bien s'entendre.
– Je l'espère bien, mais j'ai souvent remarqué que les couples qui s'entendaient à merveille au début commençaient à se disputer dès qu'ils étaient mariés.

se marier	*heiraten*	retenir	*(zurück)halten*
pas grand-chose	*nicht viel*	idéal, -e	*ideal*
jusqu'ici	*bisher*	mûr, -e	*reif*
le karaté	*Karate*	contracter un engagement	*eine Verpflichtung eingehen*
la boxe	*Boxen*	la situation	*die Stellung, die (wirtschaftliche) Lage*
sans parler de le tennis	*ganz zu schweigen von Tennis*		
puisque	*denn, da (ja)*		
compter faire	*zu tun gedenken*	gagner	*verdienen*
regretter	*bedauern*	nourrir	*ernähren*
épouser qn	*jdn heiraten*	porter à	*Anlaß geben zu*
le fanatique	*der Fanatiker*	s'entendre	*sich verstehen*
ne ... plus que	*nur mehr, nur noch*	le couple	*das Paar*
participer à qch	*an etw. teilnehmen*	à merveille	*wunderbar*
le championnat	*der Wettkampf*	se disputer	*(sich) streiten*
la base	*die Basis, die Grundlage*	dès que	*sobald*
		marié, -e	*verheiratet*

26B Grammatik

Infinitiv-Anschluß

Im Deutschen lautet die Frage im allgemeinen, ob zwischen dem konjugierten (gebeugten) Verb und dem Infinitiv (der Nennform) das Wörtchen „zu" steht oder nicht:

Ich möchte gewinnen. – Ich hoffe *zu* gewinnen.

Im Französischen muß man sich meist zwischen 3 Möglichkeiten entscheiden:

– Anschluß *ohne* Präposition (Verhältniswort)
– mit *de*
– mit *à*.

Je voudrais venir.	Ich möchte kommen.
J'essaierai **de** venir.	Ich werde versuchen zu kommen.
Il m'a invité **à** venir.	Er hat mich eingeladen zu kommen.

Es folgt eine Aufstellung der wichtigsten Verben dieser drei Gruppen. Erschrecken Sie nicht über die Fülle! Viele von ihnen kennen Sie schon. Die anderen bitte gut lernen.

1. Wichtige Verben *ohne* Präposition:

affirmer faire/avoir fait	behaupten zu tun/getan zu haben
aimer faire	gern tun
croire faire/avoir fait	glauben zu tun/getan zu haben
déclarer faire/avoir fait	erklären zu tun/getan zu haben

entendre faire	1. hören, daß jmd etw. tut 2. tun wollen
faire faire	machen lassen (veranlassen)
espérer faire	hoffen zu tun
jurer avoir fait	schwören getan zu haben
laisser faire	machen lassen (zulassen, erlauben)
oser faire	wagen zu tun
penser faire/avoir fait	gedenken zu tun/denken getan zu haben
préférer faire	lieber tun, vorziehen zu tun
prétendre faire/avoir fait	1. behaupten 2. vorgeben zu tun/getan zu haben
se rappeler avoir fait	sich erinnern getan zu haben
savoir faire	wissen, verstehen zu tun
sembler faire/avoir fait	scheinen zu tun/getan zu haben
vouloir faire	tun wollen

2. Wichtige Verben mit **de**:

accepter de faire	akzeptieren zu tun
il s'agit de	es geht darum zu
craindre de	fürchten zu
essayer de	versuchen zu
éviter de	vermeiden zu
s'excuser de	sich entschuldigen zu
finir, cesser de	aufhören zu
menacer de	drohen zu
oublier de	vergessen zu
permettre de	erlauben zu
prier de	bitten zu
promettre de	versprechen zu
proposer de	vorschlagen zu
refuser de	sich weigern, ablehnen zu
regretter de	es bedauern zu
remercier de	danken, daß ... tut
risquer de	1. Gefahr laufen, 2. es wagen zu
se souvenir de	sich erinnern zu
il est facile/difficile de	es ist leicht/schwierig zu
il est interdit, défendu de	es ist verboten zu
il est juste de	es ist richtig zu
il est (im)possible de	es ist (un)möglich zu

3. Wichtige Verben mit **à**:

s'attendre à faire	darauf gefaßt sein zu tun
apprendre à	lernen zu
elle arrive à	es gelingt ihr zu
se borner à	sich darauf beschränken zu
commencer à	beginnen zu
consentir à	einwilligen zu
contribuer à	beitragen zu
encourager à	ermutigen zu
s'habituer à	sich daran gewöhnen zu
hésiter à	zögern zu
inviter à	1. einladen, 2. auffordern zu
se mettre à	sich daranmachen zu
elle parvient à	es gelingt ihr zu
(se) préparer à	(sich) darauf vorbereiten zu
renoncer à	darauf verzichten zu
elle réussit à	es gelingt ihr zu
servir à	dazu dienen zu
tenir à	Wert darauf legen zu

26C Landeskunde und Sprachgebrauch

1. Bitte nicht verwechseln:
se marier = heiraten (ohne Ergänzung)
épouser qn = jdn heiraten

2. Vorsicht: *le* chat = die Katze (als Gattungsname, wenn es gleichgültig ist, ob es sich um einen Kater oder eine Kätzin handelt).

26D Übungen

1. Beenden Sie die Satzanfänge jeweils mit ... vous l'expliquer (... es Ihnen erklären) nach den Mustern:

   Elle essaie – de vous l'expliquer.
   Elle aimerait – vous l'expliquer.
   Elle se bornera – à vous l'expliquer.

   a) Elle veut ... b) Elle promet ... c) Elle refuse ... d) Elle ne se bornera pas ... e) Elle commence ... f) Elle n'hésitera pas ... g) Elle a oublié ... h) Elle n'ose pas ... i) Elle va consentir ... k) Elle a tenu ...

2. Gleiche Übung mit ... rester à la maison (... zu Hause zu bleiben).

   a) Il te prie ... b) Il n'ose pas ... c) Il préfère ... d) Il tient ... e) Il vous invite ... f) Il accepte ... g) Il ne voudrait pas ... h) Il s'est habitué ... i) Il ne pense pas ... k) Il renonce ...

3. Gleiche Übung mit ... te le dire (... es dir zu sagen).

   a) J'ai oublié ... b) Il est impossible ... c) René n'a pas osé ... d) Claire et Nicolas ont évité ... e) Madame Drunod a consenti ... f) Il est inutile ... g) Mon mari m'a prié ... h) Monsieur Drunod hésite ... i) Hier, j'ai déjà voulu ... k) Claire a refusé ...

4. Gleiche Übung mit ... être arrivé(e, s) très tôt (... sehr früh gekommen zu sein).

   a) Ils regrettent ... b) Sylvie se rappelle ... c) René jure ... d) Les Drunod croient ... e) Monsieur Levier affirme ... f) Francine se souvient ... g) Gaston pense ... h) Monsieur Chaval prétend ... i) La secrétaire déclare ... k) Philippe semble ...

5. Setzen Sie – wo nötig – *de* oder *à* ein.

   a) Nicolas s'habituera ... rester plus souvent à la maison. b) Claire espère ... avoir bientôt un enfant. c) Est-ce que Nicolas lui a promis ... abandonner la boxe? d) Il est inutile ... discuter de ce problème. e) J'espère qu'ils continueront ... bien s'entendre. f) René, lui aussi, aimerait ... se marier. g) Claire ne regrettera pas ... avoir épousé Nicolas. h) Nicolas veut ... essayer ... gagner plus. i) Claire accepte ... rester seule à la maison. k) Nicolas renoncera ... sortir tous les soirs.

6. Übersetzungsübung

   a) Bisher lebte Nicolas nur für das Boxen. b) Claire wird nicht zögern, einmal pro Woche allein zu Hause zu bleiben. c) Nicolas beginnt nun, an seine (wirtschaftliche) Lage zu denken. Er will mehr verdienen. d) Wird er lernen, öfter zu Hause zu bleiben? e) Seit drei Jahren leben Claire und Nicolas zusammen. f) Ich habe oft bemerkt, daß sich (die) Sportfanatiker wunderbar verstehen. g) Ich hoffe, daß sich Claire und Nicolas weiterhin gut verstehen werden.

7. **Parlons sports** *(Reden wir über Sport)*

   Gesucht werden 11 französische Begriffe aus dem Bereich des Sports. Die in Klammern angegebenen Buchstaben ergeben aneinandergereiht das Lösungswort, einen weiteren Begriff aus dem Sport:

   1. laufen (1. Buchstabe)
   2. Hochsprung (7.)
   3. Karate (2.)
   4. gehen (1.)
   5. Fußballmannschaft (5.)
   6. Wintersport (8.)
   7. Boxsport (2.)
   8. Schwimmsport (8.)
   9. Schwimmbad (6.)
   10. schwimmen (2.)
   11. springen (4.)

27A Text

Le TGV Atlantique

Le TGV Atlantique est le train le plus rapide du monde. Vous avez certainement lu dans les journaux que le nouveau TGV, avec lequel la S.N.C.F. a relié la capitale à la côte Atlantique, a battu tous les records.

Depuis 1981 déjà, le TGV traverse chaque jour le Sud-Est de la France à une vitesse de 270 km/h. Bénéficiant de cette expérience, le TGV Atlantique est encore plus performant. Pouvant transporter 485 passagers, soit 30% de plus que le TGV Sud-Est, il atteint une vitesse de croisière de 300 km/h.

Comment a-t-on pu réaliser une telle performance? La voie ferrée – comparée à la circulation routière – a un avantage considérable: le roulement acier sur acier. En effet, la surface de contact des rails sur laquelle se déplacent les roues est extrêmement réduite et les roues des wagons de chemin de fer ne se déforment pas comme les pneus de voitures. La perte d'énergie est donc très faible. C'est ce qui permet à une locomotive développant une puissance de 5.000 chevaux de tirer un train de plus de 700 mètres de long avec un poids total de 1.500 tonnes (l'équivalent de 42 camions avec remorque). De plus, le progrès réalisé au cours des dernières décennies dans le domaine des matériaux a permis de résoudre les problèmes que posent le bruit et les vibrations à des vitesses si élevées.

Le TGV atteint ses performances optimales sur des voies spéciales. Il est cependant apte à rouler sur les lignes classiques, ce qui signifie que – pour la pénétration au cœur des villes, où l'espace est rare et coûteux – les travaux d'infrastructure nécessaires sont limités au minimum.

l'Atlantique (m)	*der Atlantik*
rapide	*schnell*
le monde	*die Welt*
les journaux (mpl)	*die Zeitungen*
lequel	*der, welcher*
relier	*verbinden*
la capitale	*die Hauptstadt*
battre	*schlagen;* hier: *brechen*
le record	*der Rekord*
une expérience	*eine Erfahrung*
performant, -e	*leistungsfähig*
transporter	*befördern*
le passager	*der Reisende*
soit	*das ist/sind/heißt*
atteindre	*erreichen*
la vitesse de croisière	*die Reisegeschwindigkeit*
réaliser	*realisieren;* hier: *erzielen*
tel, -le	*solch*
la voie (ferrée)	*das Gleis;* figurativ: *die Schiene*
comparer à	*vergleichen mit*
routier, -ière	*Straßen-*
un avantage	*ein Vorteil*
considérable	*erheblich*
le roulement	*das Rollen*
l'acier (m)	*der Stahl*
le rail [raj]	*die Schiene*
laquelle	*die, welche*
se déplacer	*sich bewegen, sich verschieben*
la roue	*das Rad*
réduit, -e	*gering*
le wagon [vagõ]	*der Eisenbahnwaggon*

se déformer	*sich verformen*
le pneu	*der Reifen*
la perte	*der Verlust*
l'énergie (f)	*die Energie*
faible	*schwach, gering*
la locomotive	*die Lokomotive*
la puissance	*die Leistung*
les chevaux (mpl)	*die Pferde;* hier: *PS*
le poids	*das Gewicht*
total, -e	*Gesamt-*
l'équivalent (m)	*die Entsprechung*
le camion	*der Lkw*
la remorque	*der Anhänger*
le progrès	*der Fortschritt*
la décennie	*das Jahrzehnt*
le domaine	*der Bereich*
le matériau	*der Werkstoff*
résoudre	*lösen*
la vibration	*die Vibration*
élevé, -e	*hoch*
optimal, -e	*optimal*
la voie	*der Weg;* hier: *das Gleis*
apte à	*in der Lage zu*
la ligne	*die Linie, die Strecke*
classique	*herkömmlich*
signifier	*bedeuten*
la pénétration	*das Eindringen*
le cœur	*das Herz*
l'espace (m)	*der Raum*
rare	*knapp, selten*
coûteux, -se	*kostspielig*
les travaux (mpl)	*die Arbeiten*
l'infrastructure (f)	*die Infrastruktur*
limiter à	*beschränken auf*
le minimum [minimɔm]	*das Minimum, das Mindestmaß*

27B Grammatik

1. Besonderheiten zum Plural der Substantive

-al/aux	journal	– journaux	Zeitung, -en
	cheval	– chevaux	Pferd, -e
-au/aux	matériau	– matériaux	Werkstoff, -e
	noyau	– noyaux	Kern, -e
	tuyau	– tuyaux	Rohr, -e
-eau/eaux	manteau	– manteaux	Mantel, Mäntel
	tableau	– tableaux	Bild, -er
-eu/eux	jeu	– jeux	Spiel, -e
	neveu	– neveux	Neffe, -n
aber:	pneu	– pneus	Reifen, –
-ou/oux	genou	– genoux	Knie, –
	caillou	– cailloux	(Kiesel)Stein, -e
aber:	clou	– clous	Nagel, Nägel
	fou	– fous	Narr, -en
	trou	– trous	Loch, Löcher

2. Relativpronomen lequel

1. Formen

	männlich Singular	weiblich Singular	männlich Plural	weiblich Plural
ohne Präpos.	**lequel**	**laquelle**	**lesquels**	**lesquelles**
mit *de*	**duquel**	**de laquelle**	**desquels**	**desquelles**
mit *à*	**auquel**	**à laquelle**	**auxquels**	**auxquelles**
mit anderen Präpositionen	**pour lequel** **dans lequel**	**pour laquelle** **dans laquelle**	**pour lesquels** **dans lesquels**	**pour lesquelles** **dans lesquelles**

Lequel ist ein Relativpronomen, das sich in Geschlecht und Zahl nach dem Bezugswort richtet.

2. Gebrauch

Lequel bzw. die entsprechende Form wird verwendet nach Präpositionen und mit Bezug auf Sachen und Abstrakta (selten auf Personen):

Le TGV *avec lequel* la S.N.C.F. a relié la capitale à la côte Atlantique ...
Der TGV, *mit dem* die S.N.C.F. die Hauptstadt mit der Atlantikküste verbunden hat ...
La surface *sur laquelle* les roues se déplacent ...
Die Oberfläche, *auf der* sich die Räder bewegen ...

27C Landeskunde und Sprachgebrauch

1. Die erste längere „TGV"-Strecke verlief von Paris nach Lyon. Der Hochgeschwindigkeitszug verkürzte dabei die Fahrzeit auf der 426 km langen Strecke von ursprünglich 3 Stunden und 45 Minuten auf 2 Stunden.

2. *S.N.C.F. = Société nationale des Chemins de Fer français*. In dieser staatlichen französischen Eisenbahngesellschaft hat der Staat 51% des Kapitals inne.

3. Zu *5.000 chevaux*: An sich heißt das nur: 5000 Pferde. PS (Pferdestärken) heißt eigentlich *chevaux-vapeur*, was wörtlich wiederum „Dampfpferde" bedeutet. Bei der Angabe der Motorleistung von Autos spricht man auch in Frankreich immer mehr von *kilowatt*.

4. Wenn Abmessungsangaben mit einem Adjektiv gebildet werden, erhalten sie ein unübersetzbares *de*: *700 mètres de long* = 700 Meter lang. Ebenso: *3 m de large* = 3 m breit.

27D Übungen

1. Sie sind Franzose/Französin und erläutern einem/einer Deutschen die Leistungen und Vorzüge des TGV.

2. Bilden Sie die Pluralform folgender Substantive.

   a) clou b) caillou c) cheval d) genou e) trou f) journal g) jeu h) fou i) pneu k) manteau l) matériau m) bureau n) tuyau o) tableau

3. Bilden Sie Relativsätze, indem Sie mit dem kursivgedruckten Satzteil beginnen, nach folgendem Muster:

   Yves est venu par *le train*. Ce train était un TGV. → Le train par lequel Yves est venu était un TGV.

   a) Le TGV peut rouler sur *les lignes classiques*. Ces lignes vont jusqu'au centre des villes. b) Le cambrioleur est entré par *la porte*. Cette porte était ouverte. c) Monsieur Drunod va garer sa caravane sur *le terrain de sport*. Ce terrain de sport se trouve à Saint-Ouen. d) La S.N.C.F. a relié la capitale à la côte Atlantique avec *le nouveau TGV*. Ce TGV roule à 300 km/h. e) Le TGV atteint ses performances optimales sur *des voies spéciales*. Ces voies sont très coûteuses. f) La victime de l'accident a été allongée dans *l'ambulance*. Cette ambulance est arrivée dix minutes plus tard que la police. g) Les roues se déplacent sur *la surface de contact des rails*. Cette surface est très réduite. h) Monsieur Drunod veut aller en vacances avec *la caravane en CPV*. Cette caravane n'est pas très chère. i) Pour signer le contrat, Monsieur Drunod est allé *au bureau de l'exposition*. Ce bureau se trouve près de l'entrée.

4. Übersetzen Sie.

   a) Der Zug, mit *(par)* dem ich (an)gekommen bin, war ein „TGV". b) Wo ist die Zeitung, in der ich das gelesen habe? c) Die Tankstelle, an der die Grenelles angehalten haben, befindet sich im Rhônetal. d) Das Zimmer, in dem ich arbeite, ist mit einem Fernsehgerät ausgestattet. e) Die Preise, auf die wir einen Nachlaß gewähren, beziehen sich auf Doppelzimmer mit Toilette. f) Der Sport, für den Nicolas vor allem lebt, ist Karate.

5. Übersetzen Sie.

   Die Strecke (Linie) Paris–Atlantikküste ist mit neuen Gleisen ausgestattet worden. Auf diesen neuen Schienen fährt (rollt) ein sehr schneller Zug: der TGV Atlantique, der mit *(à)* einer Reisegeschwindigkeit von 300 km/h fährt. Diese Leistung wurde möglich dank den großen Fortschritten (realisiert) im Bereich der Werkstoffe. Diese Fortschritte haben es ermöglicht, das Problem der Vibrationen zu lösen. Der TGV kann auch auf den herkömmlichen Schienen fahren, was bedeutet, daß die neuen Infrastrukturen auf das Mindestmaß beschränkt werden konnten.

6. **Comment voyager en France:** *(Wie man in Frankreich reisen kann)*

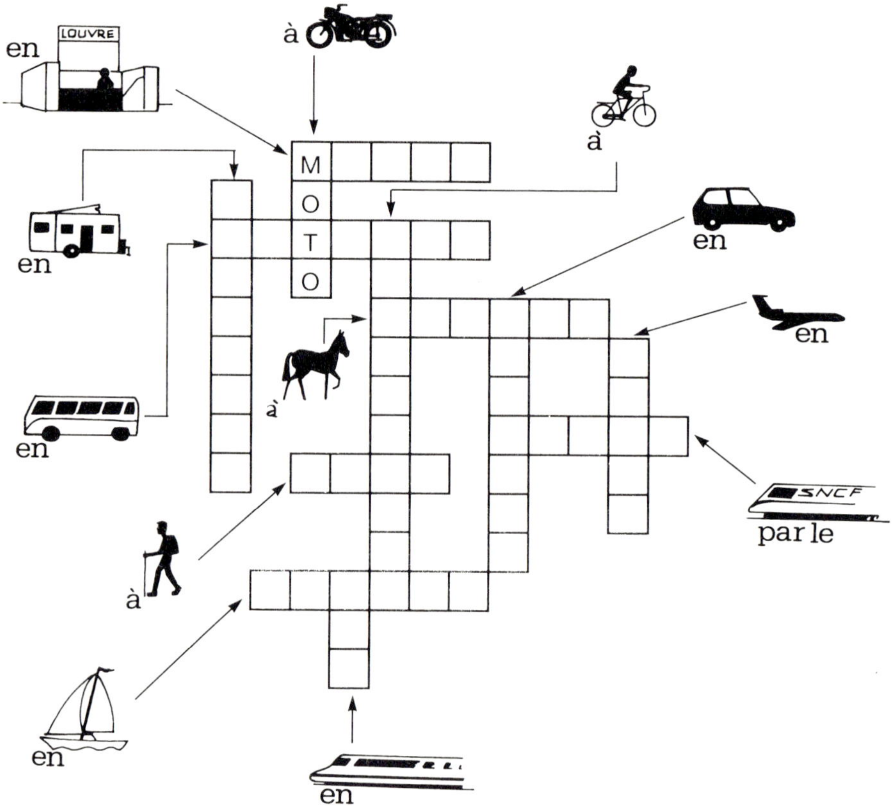

28A

28A Text

Haut les mains!

Normalement, je n'ai pas du mal à m'endormir. Mais cette nuit-là, je ne pouvais pas dormir et je ne sais même pas pourquoi. Il faisait froid, la ville était relativement tranquille. Vers minuit, je me suis levé pour me promener un peu. La grande rue où j'habite depuis quelques mois était presque déserte. Je la longeais sur quelques centaines de mètres, puis je tournais à gauche dans une ruelle que je ne connaissais pas encore. Elle était très sombre. Un certain malaise s'est emparé de moi, ce qui a blessé ma vanité et, malgré moi, je continuais mon chemin. A un tournant presque sans lumière, un homme se tenait près de l'entrée d'une vieille maison très laide. Il m'a fait signe de m'approcher. Il tenait à la main une petite enveloppe qu'il m'a tendue en murmurant: «Du kif, tu en veux?» Je n'avais jamais fumé de haschich. J'ai peur de la drogue. Le nombre sans cesse croissant de drogués m'inquiète. Et je suis sportif, je ne fume que rarement et je ne bois presque pas d'alcool. Inutile de me ruiner la santé en me droguant. Mais une curiosité inexplicable me poussait à m'approcher. Quelques secondes plus tard, j'ai compris que j'étais tombé dans un piège: deux autres individus ont surgi soudain à mes côtés. L'un d'eux tenait un couteau dont la pointe visait mon ventre. «Bouge pas! Haut les mains!» a dit le plus grand des deux avec un accent du Midi très prononcé. J'ai levé les mains et je constatais avec étonnement que je n'avais plus peur. Ce n'était pas en vain que j'étais troisième au championnat national de judo! Lorsque le plus petit des deux s'est penché vers moi pour fouiller mes poches, je lui ai donné un coup sur la nuque, j'ai saisi en même temps sa main droite et je lui ai tordu le bras, de sorte que son corps s'est trouvé entre le mien et le couteau. Il a hurlé de douleur. J'ai profité du mouvement vers l'avant qu'il a fait instinctivement et que j'ai accentué pour le lancer contre son copain. Celui-ci a fait un pas en arrière, a trébuché sur le seuil de la porte d'entrée et est tombé sur le dos: l'autre gangster lui est tombé dessus en lançant des injures. Le troisième individu, celui de l'enveloppe, s'est écrié: «C'est un flic; je file!» Et il a disparu au coin de la ruelle. Avant que les deux autres ne puissent se relever, j'ai couru en direction de la grande rue et j'étais bien soulagé de l'atteindre au bout de quelques secondes. Je suis rentré et me suis couché de nouveau. Cette fois, je savais pourquoi je n'arrivais pas à m'endormir.

haut les mains!	*Hände hoch!*
avoir du mal à faire qc	*Schwierigkeiten haben etw. zu tun*
s'endormir	*einschlafen*
même pas	*nicht einmal*
relativement	*relativ, verhältnismäßig*
se lever	*aufstehen, sich erheben*
se promener	*spazierengehen*
désert, -e	*leer, verlassen*
une centaine	*etwa hundert*
la ruelle	*die Gasse, das Sträßchen*
sombre	*dunkel, finster, düster*
le malaise	*das Unbehagen*
s'emparer de qn	*sich jds bemächtigen*
blesser	*verletzen*
la vanité	*die Eitelkeit*
malgré moi	*gegen meinen Willen*
le tournant	*die Biegung*
la lumière	*das Licht*
se tenir	*sich halten, sich aufhalten*
vieux, vieille	*alt*
laid, -e	*häßlich*
le signe	*das Zeichen*
faire signe à qn	*jdm ein Zeichen geben, jdm winken*
une enveloppe	*ein Umschlag*
murmurer	*murmeln*
le kif	*Hasch mit Tabak, Marihuana*
le haschich [lə|aʃiʃ]	*das Haschisch*
avoir peur de	*Angst haben vor*
la drogue	*die Droge, das Rauschgift*
le nombre	*die Zahl, Anzahl*
croissant (*Infinitiv:* croître)	*zunehmend* (von: *wachsen*)
le drogué	*der Drogenabhängige, Drogensüchtige*
sportif, -ve	*sportlich*
rarement	*selten*
l'alcool (m) [lalkɔl]	*der Alkohol*
ruiner qn/qc	*jdn, etw. ruinieren*
se droguer	*Drogen nehmen*
la curiosité	*die Neugier*
inexplicable	*unerklärlich*

pousser qn à faire qc	*jdn dazu treiben etw. zu tun*	le mouvement	*die Bewegung*
comprendre	*verstehen, begreifen*	l'avant (m)	*die Vorderseite*
le piège	*die Falle*	vers l'avant	*nach vorn*
tomber dans un piège	*in eine Falle gehen*	instinctivement	*instinktiv*
surgir	*auftauchen*	accentuer qc	*etw. verstärken*
le couteau	*das Messer*	lancer	*werfen, schleudern*
la pointe	*die Spitze*	le copain	*der Kamerad*
viser qn	*auf jdn zielen, zeigen*	le pas	*der Schritt*
un accent	*ein Akzent*	en arrière	*nach hinten*
l'accent du Midi	*der südfranzösische Akzent*	trébucher	*stolpern*
prononcé	*stark, betont, ausgeprägt*	le seuil	*die Schwelle*
constater	*feststellen*	la porte	*die Tür*
l'étonnement (m)	*das Erstaunen*	le dos	*der Rücken*
le judo	*Judo*	le gangster [gɑ̃gstɛr]	*der Gangster*
se pencher vers	*sich hinneigen zu*	dessus	*darauf*
le coup	*der Schlag*	une injure	*ein Fluch*
la nuque	*der Nacken*	lancer des injures	*Flüche ausstoßen*
saisir	*packen, ergreifen*	le flic (fam.)	*der Bulle, Polizist*
tordre	*verdrehen*	filer	*abhauen*
le bras	*der Arm*	disparaître	*verschwinden*
le corps	*der Körper*	avant que ... (ne) + *Subj.*	*bevor*
hurler (de)	*heulen (vor)*	se relever	*wieder aufstehen, sich wieder erheben*
		soulagé, -e	*erleichtert*

28B Grammatik

Reflexive Verben

a) Zahlreiche Verben werden im Französischen (wie im Deutschen) reflexiv und nicht reflexiv verwendet, z. B.:

dépêcher	*beschleunigen*	se dépêcher	*sich beeilen*
incliner	*neigen*	s'incliner	*sich (ver)neigen*
servir	*(be)dienen*	se servir	*sich bedienen*
tenir	*halten*	se tenir	*sich (auf)halten*
terminer	*beenden*	se terminer	*zu Ende gehen*
trouver	*finden*	se trouver	*sich (be)finden*

b) Bei einer Reihe solcher Verben hat die französische reflexive Form im Deutschen eine nicht reflexive Übersetzung, z. B.:

appeler	*(an)rufen*	s'appeler	*heißen*
arrêter	*anhalten*	s'arrêter	*stehenbleiben*
coucher	*zu Bett bringen*	se coucher	*zu Bett gehen*
endormir	*einschläfern*	s'endormir	*einschlafen*

relever	*aufheben*	se relever	*(wieder) aufstehen*
promener	*spazierenführen*	se promener	*spazierengehen*
réveiller	*aufwecken*	se réveiller	*aufwachen*

c) Einige Verben werden im Französischen *nur* reflexiv gebraucht. (Achtung im Perfekt! Das Partizip ist veränderlich!):

Beispiel:
Elle **s'est souvenue** de moi.
Sie hat sich an mich erinnert.

s'écrier	*ausrufen*
s'emparer	*sich bemächtigen*
s'efforcer (de)	*sich bemühen (zu)*
se souvenir (de)	*sich erinnern (an)*

d) Einige Verben werden – abweichend vom Deutschen – *nicht* reflexiv gebraucht (Achtung! Im Perfekt mit *avoir* verbunden!):

augmenter	*sich erhöhen*
bouger	*sich bewegen*
diminuer	*sich verringern*

Beispiele:

Ne bouge pas!	*Beweg dich nicht!*
Le nombre augmente.	*Die Zahl erhöht sich.*

e) *changer* und *tourner*

changer qch	*etw. ändern, umwandeln, auch: Geld wechseln*
changer de qch	*etw. ändern, ersetzen, austauschen (z. B.: Meinung), auch: changer de train = umsteigen*
se changer	*sich umziehen*
qn change	*j-d verändert sich*
qch tourne	*etw. dreht sich*
qn tourne (à gauche/droite)	*j-d wendet sich nach links/rechts*
qn se tourne vers ...	*j-d wendet/dreht sich hin zu ...*

Achtung! Die nicht reflexiven Formen werden mit **avoir** konjugiert, die reflexiven Formen mit **être**:

Il a changé l'argent. = *Er hat das Geld gewechselt.*
Elle a changé de train à Lille. = *Sie ist in Lille umgestiegen.*
Elle s'est changée. = *Sie hat sich umgezogen.*
Elle a changé. = *Sie hat sich verändert.*
Le vent a tourné. = *Der Wind hat sich gedreht.*
Elle a tourné à gauche. = *Sie hat sich nach links gewandt.*
Elle s'est tournée vers lui. = *Sie hat sich ihm zugewandt.*

28C Landeskunde und Sprachgebrauch

1. *vieille* ist die weibliche Form von *vieux* (siehe L. 13). Dazu gibt es eine dritte Form: Vor männlichen Substantiven, die mit Vokal oder stummem *h* beginnen, steht *vieil* (gesprochen wie die weibliche Form): *un vieil ami* = ein alter Freund, *un vieil homme* = ein alter Mann.

2. *le hachisch* (auch: *haschisch* oder *haschich*) = Haschisch

le kif (auch: *kief*) ist eine Mischung aus Haschisch und Tabak.

Die beiden Wörter stammen aus dem Arabischen. Daher kommt die uneinheitliche Schreibweise.

3. *(Ne) bouge pas!* = Beweg' dich nicht!: Wie schon erwähnt, fällt in der Umgangssprache oft das ***ne*** der Verneinung weg. Dies gilt ganz besonders für Befehlsformen.

4. *L'accent du Midi:* der Akzent des Südens = der südfranzösische Akzent ist gekennzeichnet durch weniger Nasalierung und offenere Vokale. In Nordfrankreich (bes. in Paris) hat der Akzent den Geruch der Provinzialität an sich.

5. *avant que:* gehört zu den Konjunktionen, die immer den *subjonctif* nach sich haben. Außerdem wird nach dieser Konjunktion gern ein (an sich überflüssiges) *ne* eingefügt:

Avant que les individus ne *puissent se relever* ... = Bevor sich die Kerle erheben konnten ...

6. Für den deutschen Ausdruck „in der Hand" gibt es zwei Übersetzungsmöglichkeiten:

à la main = in der (offenen) Hand halten

dans la main = in der (geschlossenen) Hand oder in der Faust halten.

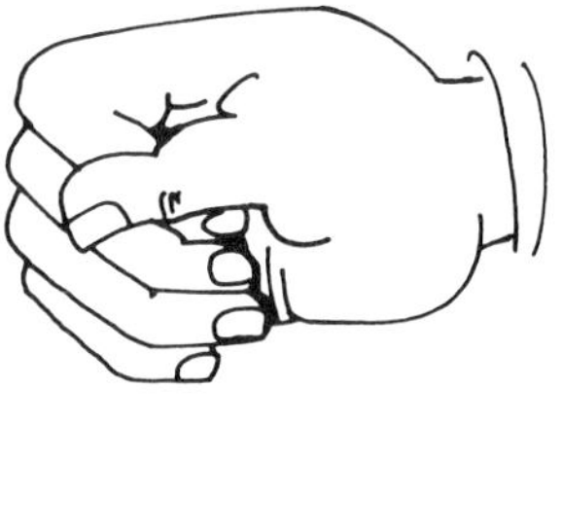

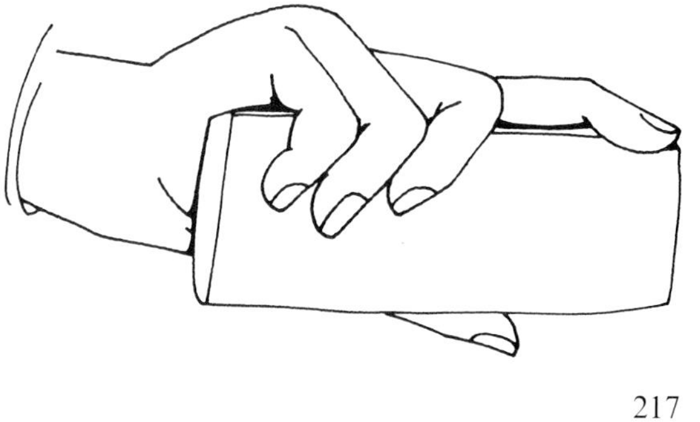

28D Übungen

1. Sie berichten zusammengefaßt und mit eigenen Worten, was Claude, dem Erzähler der Geschichte, passiert ist.

2. Geläufigkeitsübungen
   Konjugieren Sie die folgenden Sätze durch alle Personen:

   a) Je me suis levé pour me promener. b) Je me suis penché vers lui. c) Je me suis couché à onze heures et je me suis endormi tout de suite.

3. Setzen Sie folgende Sätze ins Perfekt.

   a) L'individu se relève. b) Yves bouge. c) Annette se couche. d) Il s'endort. e) René tourne à gauche. f) Elle se ruine la santé. g) Les prix augmentent. h) Il se penche vers le flic. i) Elle promène son chien. k) Elle se promène.

4. Verneinen Sie die Lösungen von Übung 3.

29A Text

1 La cathédrale de Chartres

On ne sait pas avec certitude à quelle date les premiers chrétiens évangélisèrent la ville de Chartres. Des légendes laissent supposer que ce fut au IVe siècle. Dans le désordre qui suivit l'effondrement de l'empire romain, Chartres subit un destin semblable à celui des autres cités: la ville fut dévastée à plusieurs reprises, ainsi en 743 et en 858. Les chronistes mentionnent chaque fois la destruction d'une cathédrale. A cette époque, Chartres était déjà un lieu de pèlerinage.

Le culte de Marie se développa rapidement et Chartres avec sa cathédrale fut vite très célèbre. Et les pèlerins qui affluèrent enrichirent la ville. Le 7 septembre 1020, la cathédrale carolingienne fut détruite par un incendie. L'évêque écrivit au roi à qui il demanda une aide financière pour la reconstruction de la cathédrale. Des demandes similaires furent adressées aux ducs et aux comtes de France. Chartres reçut même un don très important du roi d'Angleterre.

Dans la nuit du 10 au 11 juin 1194, un terrible incendie détruisit presque entièrement la ville de Chartres et la cathédrale. C'est après cette catastrophe qu'elle fut reconstruite telle qu'elle est aujourd'hui.

D'après «La cathédrale de Chartres», guide Pitkin

2 Et les cathédrales aujourd'hui?

Les symptômes sont toujours les mêmes: la pierre dont est construite une cathédrale se couvre de taches blanches et la surface commence à s'effriter. La raison en est la pollution de l'atmosphère qui entraîne la formation de sels nocifs qui s'accumulent dans les pores de la pierre.

Peu après la Deuxième Guerre mondiale, on a reconnu le danger. En 1949 déjà, on a commencé à remplacer les statues les plus endommagées par des copies. Mais d'autres mesures plus importantes ont été nécessaires pour conserver la pierre. Des moyens financiers énormes sont et seront nécessaires à ce sujet.

L'Etat met à la disposition des cathédrales en danger des sommes importantes. On estime qu'il faut, dans les dix années à venir, jusqu'à 150 millions de francs par cathédrale pour maintenir les édifices en état de survie.

Extrait d'un article paru dans *«Le Monde»*

la cathédrale	*die Kathedrale*
la certitude	*die Gewißheit*
la date	*das Datum*
à quelle date	*wann*
le chrétien	*der Christ*
évangéliser	*christianisieren*
la légende	*die Legende*
supposer	*annehmen, vermuten*
fut (*von* être)	*war*
le siècle	*das Jahrhundert*
le désordre	*die Unordnung*
l'effondrement (m)	*der Zusammenbruch*
l'empire (m)	*das (Kaiser) Reich, das Imperium*
romain, -e	*römisch*
subir	*erleiden*
le destin	*das Schicksal*
semblable	*ähnlich*
la cité	*die Stadt*
dévaster	*verwüsten*
à plusieurs reprises (fpl)	*mehrmals, wiederholt*
ainsi	*so zum Beispiel*
le chroniste	*der Chronist, der Geschichtsschreiber*
la destruction	*die Zerstörung*
le lieu	*der Ort*
le pèlerinage	*die Wallfahrt*
le culte	*die Verehrung*
se développer	*sich entwickeln*
rapidement	*schnell (Adv.)*
fut (*von* être)	*wurde*
le pèlerin	*der Pilger*
affluer	*herbeiströmen*
enrichir	*bereichern, reich machen*
carolingien, -ne	*aus der Karolinger Zeit*
détruire	*zerstören*
l'incendie (m.)	*der Brand, die Feuersbrunst*

l'évêque (m.)	*der Bischof*
écrivit (*von* écrire)	*schrieb*
le roi	*der König*
financier, -ère	*finanziell*
la reconstruction	*der Wiederaufbau*
la demande	*die Bitte*
similaire	*ähnlich*
adresser qc à qn	*etw. an jdn richten*
le duc	*der Herzog*
le comte	*der Graf*
le don	*die Spende, die Gabe*
important, -e	*bedeutend, groß*
l'Angleterre (f)	*England*
terrible	*furchtbar, schrecklich*
entièrement	*völlig (Adv.)*
reconstruire	*wiederaufbauen*
tel, -le que	*so wie*
d'après	*nach, gemäß*
le guide	*der (Reise)Führer*
le symptôme	*das Symptom*
la pierre	*der Stein*
se couvrir (de)	*sich bedecken (mit)*
la tache	*der Fleck(en)*
blanc, blanche	*weiß*
s'effriter	*abbröckeln*
la raison en est ...	*der Grund dafür ist ...*
la pollution	*die Verschmutzung*
l'atmosphère	*die Luft*
la formation	*die (Aus)Bildung*
nocif, -ive	*(gesundheits)schädlich*
s'accumuler	*sich ansammeln*
le pore	*die Pore*
la guerre	*der Krieg*
mondial, -e	*Welt-*
le danger	*die Gefahr*
remplacer (par)	*ersetzen (durch)*
la statue	*die Statue, das Standbild*
endommagé, -e	*beschädigt*
conserver	*erhalten, konservieren*
le moyen	*das Mittel*
énorme	*enorm, ungeheuer*
mettre à la disposition (de)	*(jdm) zur Verfügung stellen*
la somme	*die Summe*
estimer	*schätzen*
les années à venir	*die kommenden (nächsten) Jahre*
par	*pro*
maintenir (*konjugiert wie* tenir)	*erhalten*
l'édifice (m)	*das Gebäude, das Bauwerk*
la survie	*das Fortleben, das Überleben*
l'extrait (m)	*der Auszug*
paru (*von* paraître)	*erschienen*

29B Grammatik

Das *passé simple* (historisches Perfekt)

Es ist eine zusätzliche Vergangenheitsform der französischen Sprache, der keine vergleichbare Form im Deutschen entspricht.

Formen

Verben auf **-er**		Verben auf **-ir**	
je	demand**ai**	je	fin**is**
tu	demand**as**	tu	fin**is**
il/elle	demand**a**	il/elle	fin**it**
nous	demand**âmes**	nous	fin**îmes**
vous	demand**âtes**	vous	fin**îtes**
ils/elles	demand**èrent**	ils/elles	fin**irent**

Verben auf **-re**		Verben auf **-oir**	
je	répond**is**	je	reç**us**
tu	répond**is**	tu	reç**us**
il/elle	répond**it**	il/elle	reç**ut**
nous	répond**îmes**	nous	reç**ûmes**
vous	répond**îtes**	vous	reç**ûtes**
ils/elles	répond**irent**	ils/elles	reç**urent**
avoir		être	
j'	**eus**	je	**fus**
tu	**eus**	tu	**fus**
il/elle	**eut**	il/elle	**fut**
nous	**eûmes**	nous	**fûmes**
vous	**eûtes**	vous	**fûtes**
ils/elles	**eurent**	ils/elles	**furent**

Hier noch einige unregelmäßige Verben: (Es genügt, die Formen der 3. Person zu kennen, um alle anderen Formen ableiten zu können.)

écrire	– il **écrivit**	dire	– il **dit**
connaître	– il **connut**	prendre	– il **prit**
mettre	– il **mit**	construire	– il **construisit**
voir	– il **vit**	détruire	– il **détruisit**

Besonders unregelmäßig: **(de)venir** → il **(de)vint** [(də)vɛ̃]
nous **(de)vînmes** [(də)vɛ̃:m]

Gebrauch

Im modernen Französisch wird das ***passé simple*** (historisches Perfekt) praktisch nur noch für historische Vorgänge oder in literarischer und sehr gehobener Sprache verwendet. Wenn Sie allerdings einen französischen Reiseführer (z. B. den berühmten «Guide Michelin») auch in den Passagen zu den Beschreibungen von Monumenten und Stadtbildern verstehen möchten, dann müssen Sie wenigstens die Formen des ***passé simple*** kennen.

Das ***passé simple*** ersetzt das **Perfekt** *(passé composé)* der Alltagssprache und hat auch die gleiche Beziehung wie dieses zum **Imperfekt** *(imparfait)* (vgl. 14B):

Was war damals? (Imperfekt)	**Was war (geschah) dann?** *(passé simple)*
A cette époque, Chartres **était** un lieu de pèlerinage.	Le culte de Marie **se développa** rapidement et Chartres avec sa cathédrale **fut** très célèbre.
*Chartres **war** zu dieser Zeit schon ein Wallfahrtsort.*	*Der Marienkult **entwickelte** sich rasch und Chartres mit seiner Kathedrale **wurde** sehr berühmt.*
Ausdruck von: **Zustand, Eigenschaft**	Ausdruck von: **neu eintretender Handlung**

29C Landeskunde und Sprachgebrauch

1. ***Chartres*** liegt etwa 100 km südwestlich von Paris. Die Stadt hat knapp 50 000 Einwohner und ist vor allem wegen ihrer Kathedrale berühmt. Es ist die am reinsten erhaltene gotische Kathedrale Frankreichs.

2. ***carolingien, -ne*** = *Karolinger-, die Karolinger-Zeit betreffend.* Das zugehörige Herrscherhaus heißt im Französischen ***les Carolingiens*** = *die Karolinger.* Der bekannteste Sproß der Familie, Karl der Große, heißt im Französischen ***Charlemagne***.

3. ***La Deuxième Guerre mondiale*** = der Zweite Weltkrieg: Zwei Großbuchstaben, weil der Ausdruck als Eigenname empfunden wird.

29D Übungen

1. Vervollständigen Sie die Sätze im Sinne der Lektionstexte.

   a) Des légendes laissent supposer que Chartres ... b) Après l'effondrement de l'empire romain, Chartres ... c) En 743 et en 858, la ville ... d) En 743 et en 858, les chroniques ... e) Le 7 septembre 1020, la cathédrale ... f) En 1020, après l'incendie, l'évêque ... g) En 1194, un incendie ... h) Après l'incendie du 10 juin 1194, la cathédrale ... i) En 1949 déjà, les statues les plus endommagées ... k) Dans les années à venir, l'Etat ...

Ein bißchen Formenbildung muß auch hier sein:

2. Bilden Sie die 3. Person Singular *(il/elle)* des *passé simple* von:

   servir, donner, répondre, être, trouver, ouvrir, avoir, avertir, rendre, acheter

3. Bilden Sie die 3. Person Plural *(ils/elles)* des *passé simple* von:

   vendre, sortir, recevoir, prendre, voir, raconter, dire, mettre, connaître, montrer

4. Machen Sie aus Sätzen der historischen Beschreibung Sätze aus dem Alltagsgespräch. Muster:

   La cathédrale fut détruite à plusieurs reprises. → La cathédrale a été détruite à plusieurs reprises.

   a) Après l'effondrement de l'empire romain, Chartres subit un destin semblable à celui des autres villes de France. b) Le culte de Marie se développa rapidement. c) La cathédrale fut reconstruite en trente ans. d) L'évêque organisa la reconstruction de la cathédrale. e) Les pèlerins enrichirent la ville. f) L'évêque écrivit au roi et demanda une aide financière. g) Des demandes similaires furent adressées aux ducs et aux comtes de France. h) Chartres reçut un don du roi d'Angleterre. i) Un incendie détruisit la ville. k) Après la Deuxième Guerre mondiale, le gouvernement reconnut le danger et commença à remplacer les statues les plus endommagées par des copies.

5. Übersetzungsübung: (Verwenden Sie möglichst viele *passé simple*-Formen.)

Legenden (be)sagen, daß Chartres im IV. Jahrhundert christianisiert wurde. Man weiß nicht, wann die erste Kathedrale gebaut wurde. Als die Stadt in der Unordnung, die auf den Zusammenbruch des römischen Reiches folgte, mehrere Male verwüstet wurde, wurde auch die Kathedrale zerstört.

Chartres war schon im X. Jahrhundert ein Wallfahrtsort. Die Pilger machten die Stadt reich. Aber im Juni 1194 wurde die Stadt durch eine fürchterliche Feuersbrunst verwüstet, und die Kathedrale wurde wieder zerstört. Der König stellte dem Bischof erhebliche Summen für den Wiederaufbau der Kathedrale zur Verfügung.

6. **C'est assez difficile, mais ne désespérez pas.**
(Es ist ziemlich schwierig, aber verzweifeln Sie nicht)

Es sind 8 französische Begriffe zu finden, wobei gleiche Zahlen für gleiche Buchstaben stehen. In der Lösungsleiste ergeben sich dann drei berühmte französische Wallfahrtsorte.

1. Wallfahrt

15	2	8	2	7	12	5	9	13	2

2. Christ

4	17	7	2	10	12	2	5

3. erwähnen

18	2	5	10	12	1	5	5	2	7

4. Zerstörung

16	2	11	10	7	6	4	10	12	1	5

5. Bischof

2	14	2	3	6	2

6. Jahrhundert

11	12	2	4	8	2

7. Brand

12	5	4	2	5	16	12	2

8. Wiederaufbau

7	2	4	1	5	11	10	7	6	4	10	12	1	5

Lösung:

7	2	12	18	11	,	4	17	9	7	10	7	2	11

8	1	6	7	16	2	11

30A Text

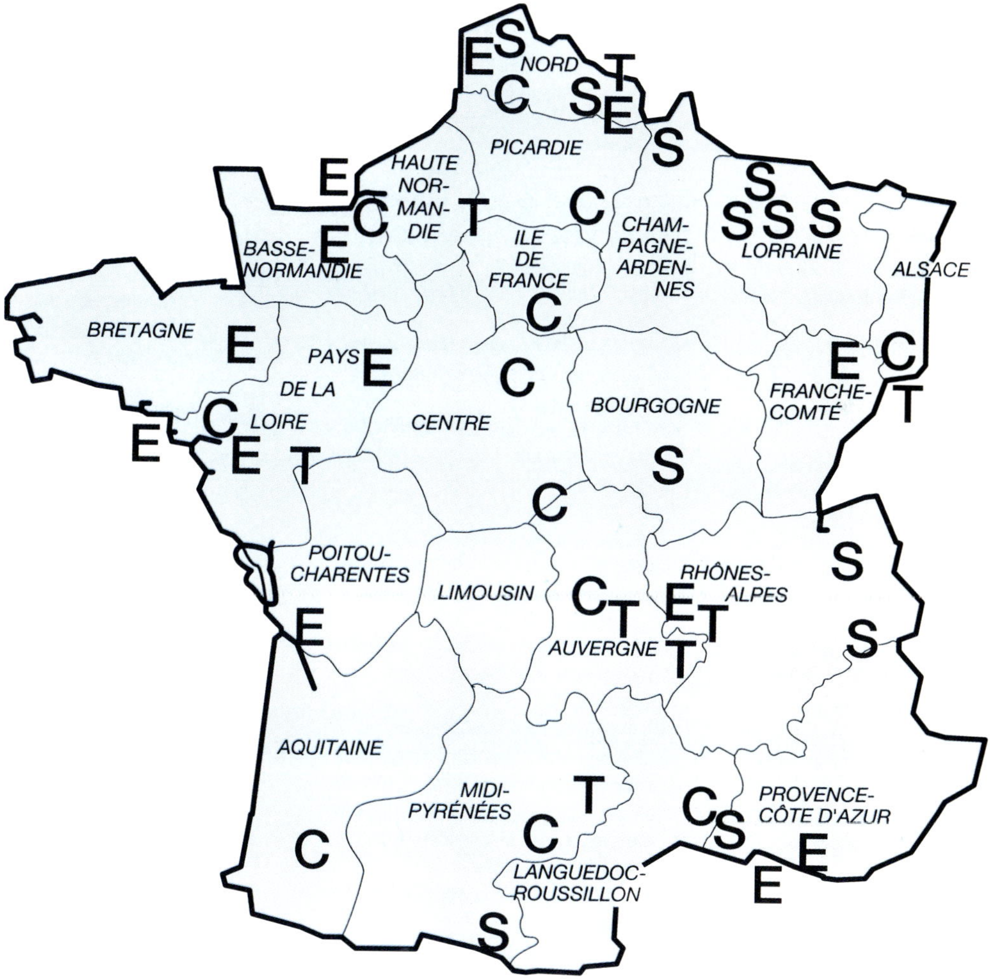

(S) = sidérurgie et aluminium
(C) = chimie et caoutchouc
(E) = constructions électroniques et électriques
(T) = industries textiles

La France en mutation

– Depuis le choc pétrolier de 1974, les secteurs classiques de l'industrie mondiale sont sévèrement touchés: stagnation, fermeture d'entreprises et augmentation du taux de chômage – voilà la situation des industries classiques dans pratiquement tous les pays industrialisés: en Allemagne aussi bien qu'en Grande-Bretagne, en Italie, aux Etats-Unis, etc. Je suppose que cela vaut aussi pour la France?

– Oui. En France, l'effondrement de l'industrie classique touche en premier lieu de Nord et l'Est. La crise frappe les régions autrefois prospères comme le Nord, le Pas-de-Calais, la Lorraine, la Franche-Comté et la Champagne.

L'Alsace et la région Rhône-Alpes ont pu surmonter la crise.

– Pouvez-vous me citer un exemple?

– Bien sûr. Prenez la Lorraine. La crise de la sidérurgie y a été particulièrement grave. 20 000 emplois ont été supprimés dans les 15 dernières années. Beaucoup de travailleurs ont quitté la région pour trouver un emploi dans un secteur industriel moderne.

– Et ces industries modernes, où est-ce qu'elles s'implantent?

– Dans le Sud, le Sud-Ouest et l'Ouest de la France, une partie aussi dans le Nord-Ouest. Ces régions accueillent de plus en plus de travailleurs qualifiés des régions en crise.

– C'est surprenant quand on pense que le Sud et le Sud-Ouest ont longtemps passé pour les régions les moins développées de l'Hexagone.

– Oui, mais ce n'est plus le cas aujourd'hui. De plus en plus de PME qui utilisent des technologies de pointe se sont installées dans ces régions: c'est l'électronique qui se concentre dans le Sud-Est, l'aéronautique et l'astronautique dans le Sud-Ouest et les télécommunications en Bretagne.

– On peut donc dire que la France a su s'adapter à la nouvelle situation économique?

– Mais oui. Elle joue un rôle très important dans le cadre de la C. E. aussi bien qu'à l'échelle mondiale.

en mutation (f)	*im Wandel*
le choc	*der Schock*
pétrolier, -ière	*Erdöl-*
le secteur	*der Bereich, Sektor*
l'industrie (f)	*die Industrie*
sévèrement	*ernst(haft), stark*
toucher	*berühren, treffen*
la stagnation [stagnasjõ]	*die Stagnation*
la fermeture	*die Schließung*
le taux	*die Rate, der Satz*
le chômage	*die Arbeitslosigkeit*
pratiquement	*praktisch*
le pays	*das Land*
industrialisé, -e	*industrialisiert, Industrie-*
aussi bien que	*ebenso wie*
la Grande-Bretagne	*Großbritannien*
l'Italie (f)	*Italien*
les Etats-Unis	*die USA, Vereinigten Staaten*
cela vaut (*von* valoir)	*das gilt*
en premier lieu	*in erster Linie*
la crise	*die Krise*
frapper qn	*jdn treffen* (wörtl.: *schlagen*)
autrefois	*früher, ehemals*
prospère	*wohlhabend*
la Lorraine	*Lothringen*
l'Alsacc (f)	*das Elsaß*
surmonter	*überwinden*
la sidérurgie	*die Metallindustrie*
un emploi	*eine Arbeitsstelle*
supprimer	*abschaffen, streichen, beseitigen*
le travailleur	*der Arbeitnehmer*
s'implanter	*sich niederlassen*
accueillir	*empfangen, aufnehmen*
de plus en plus (de)	*immer mehr*
le travailleur qualifié	*die qualifizierte Arbeitskraft*
en crise (f)	*in der Krise*
surprenant, -e	*erstaunlich*
passer pour	*gelten als*
développé, -e	*entwickelt*
l'Hexagone (m) [ɛgzagɔn]	*Frankreich*
utiliser	*verwenden*
la technologie	*die Technologie*
la technologie de pointe	*die Spitzentechnologie*
l'électronique (f)	*die Elektronik*
se concentrer	*sich konzentrieren*
l'aéronautique (f)	*die Luftfahrt*
l'astronautique (f)	*die Raumfahrt*
les télécommunications (fpl)	*das Fernmeldewesen, die Telekommunikation*
savoir faire qch	*etw. tun können*
s'adapter à	*sich anpassen an*
économique	*wirtschaftlich*
le rôle	*die Rolle*
le cadre	*der Rahmen*
l'échelle (f)	*die Leiter;* figurativ: *die Ebene*

30B Grammatik

1. Konjugation des unregelmäßigen Verbs *valoir* (gelten, wert sein)

(vor allem in der 3. Person Singular gebräuchlich)

Präsens	Perfekt	Imperfekt	Passé simple
cela **vaut**	**a valu**	**valait**	**valut**
Futur	Konditional	subjonctif	
cela **vaudra**	**vaudrait**	**vaille**	

2. Ländernamen und Nationalitäten

Land	deutsche Bezeichnung	männlicher Einwohner	weiblicher Einwohner
l'Allemagne	Deutschland	l'Allemand	l'Allemande
l'Autriche	Österreich	l'Autrichien	l'Autrichienne
la Belgique	Belgien	le Belge	la Belge
l'Espagne	Spanien	l'Espagnol	l'Espagnole
les Etats-Unis	die USA	l'Américain	l'Américaine
la France	Frankreich	le Français	la Française
la Grande-Bretagne	Großbritannien	l'Anglais	l'Anglaise
oder: l'Angleterre	England	l'Anglais	l'Anglaise
l'Italie	Italien	l'Italien	l'Italienne
les Pays-Bas	die Niederlande	le Néerlandais	la Néerlandaise
oder: la Hollande	Holland	le Hollandais	la Hollandaise
le Portugal	Portugal	le Portugais	la Portugaise
la Suisse	die Schweiz	le Suisse	la Suissesse

Beachten Sie:

a) Die Länderbezeichnungen und die Bewohner werden mit großem Anfangsbuchstaben geschrieben. Die Bewohnerbezeichnungen klein geschrieben sind die Länderadjektive, z. B.:

un journal allemand = eine deutsche Zeitung
une voiture française = ein französischer Wagen

b) Die männlichen Einwohnernamen mit kleinen Anfangsbuchstaben bedeuten die Sprache des Landes; z. B.:

le français = das Französische
l'italien = das Italienische

c) „In" und „nach" heißt bei Ländern:

– **en** vor weiblichen Ländernamen
– **au** vor männlichen Ländernamen;

z. B.: en France, au Portugal

Weiblich sind die Ländernamen, die auf *-e* enden.

d) Abweichend vom Deutschen werden im Französischen die Ländernamen mit dem Artikel gebraucht, außer sie stehen nach der Präposition *en*.

3. Bezeichnung französischer Regionen

Nur für einige historisch auch für Deutschland bedeutende Regionen gibt es deutsche Bezeichnungen, z. B.:

l'Alsace (f)	das Elsaß
la Lorraine	Lothringen

Einige geographische Bezeichnungen können ggf. übersetzt werden, z. B.:

Haut-Rhin	Oberrhein
Rhône-Alpes	Rhône-Alpen

Die meisten geographischen Namen bleiben unübersetzt.

30C Landeskunde und Sprachgebrauch

1. *La Champagne* ist die Gegend, aus der der weltberühmte Champagner kommt, der im Französischen *le champagne* heißt.

2. Zu dem Satz: *La France a su s'adapter* ... = Frankreich hat es verstanden, sich anzupassen: oder: Frankreich konnte sich anpassen ...: (Zur Konjugation von *savoir* siehe 14B.) *Savoir* ist die Übersetzung für „können", wenn es bedeutet: „die Fähigkeit zu ... haben". Wenn das physische Können oder die augenblicklich von den Umständen gegebene Möglichkeit gemeint ist, kann es nur mit *pouvoir* übersetzt werden.

Beispiele:

Il ne sait pas nager. = Er kann nicht schwimmen (weil er es nicht gelernt hat).

Avec ce plâtre, il ne peut pas nager. = Mit dem Gips(arm) kann er (zur Zeit) nicht schwimmen.

3. *L'Hexagone = la France:* An sich heißt *hexagone* Sechseck. Mit großem Anfangsbuchstaben wird das Wort in Anlehnung an die geographische Form Frankreichs synonym zur Landesbezeichnung verwendet.

30D Übungen

1. Beantworten Sie folgende Fragen:
   Quelle est la situation
   - des secteurs classiques dans tous les pays industrialisés?
   - dans le Nord et dans l'Est?

– en Lorraine?
– dans le Sud, le Sud-Ouest et l'Ouest de la France?
– de la France dans le cadre de la C. E.?

2. Vervollständigen Sie die Sätze.

a) En France, on parle .... b) En Grande-Bretagne, on parle .... c) En Italie on parle .... d) En Autriche, on parle .... e) Aux Etats-Unis, on parle .... f) En Suisse, on parle .... g) En Belgique, on parle .... et .... h) En Espagne, on parle .... i) En Angleterre, on parle .... k) En Allemagne, on parle .... l) Aux Pays-Bas, on parle ....

3. Vervollständigen Sie die Sätze nach dem Muster:
Il est Français et il vit en France.

a) Il est Italien et il vit .... b) Il est Néerlandais et il vit .... c) Elle est Américaine et elle vit .... d) Elle est Belge et elle vit .... e) Elle est Allemande et elle vit .... f) Il est Espagnol et il vit .... g) Il est Anglais et il vit .... h) Il est Autrichien et il vit .... i) Elle est Suissesse et elle vit .... k) Il est Hollandais et il vit ....

4. Übersetzungsübung
1974 hat es eine Krise für die Weltwirtschaft gegeben: Die klassischen Industriebereiche waren hart betroffen von der Stagnation, von Firmenschließungen und von dem Anstieg der Arbeitslosenrate. Viele Arbeitnehmer haben den Norden Frankreichs verlassen, um im Süden in einem modernen Sektor eine Arbeitsstelle zu finden. Im Süden und Südosten haben sich Unternehmen angesiedelt, die Spitzentechnologien verwenden. Man kann also sagen, daß sich Frankreich an die neue Wirtschaftslage hat anpassen können.

5. **Bravo à ceux qui ont tenu le coup jusqu'au bout!**
(Bravo denjenigen, die bis zum Schluß durchgehalten haben)

1. Silbenrätsel

a – ac – al – bre – ce – cher – chô – de – em – en – ex – ge – gne – gran – leur – lor – ma – ne – on – on – pen – peu – ple – ple – pri – qui – rai – sa – se – se – ser – si – si – suis – ta – ti – ti – tou – tra – tre – tu – vail

Aus diesen 42 Silben sind 13 französische Begriffe nachstehender Bedeutung zu bilden. Bei richtiger Lösung ergeben die 3. Buchstaben der gefundenen Begriffe, fortlaufend von 1–13 gelesen, einen modernen Industriebereich.

1. Arbeitnehmer, 2. Elsaß, 3. Unternehmen, 4. Lothringen, 5. Arbeitslosigkeit, 6. denken, 7. Großbritannien, 8. Volk, 9. Lage, 10. Schweizer, 11. Erwerb, 12. treffen, berühren, 13. Beispiel

2. In das Rätselgitter sind waagrecht achtbuchstabige französische Begriffe nachstehender Bedeutung einzutragen. Bei richtiger Lösung können Sie in der stark umrandeten Diagonalen von links oben nach rechts unten eine andere Bezeichnung für Frankreich ablesen.

1. Bohnen, 2. Belgien, 3. sich entschuldigen, 4. Wohnwagen, 5. verpflichten (3. Pers. Plural), 6. viel, 7. deutsch, 8. Gegend im Osten Frankreichs

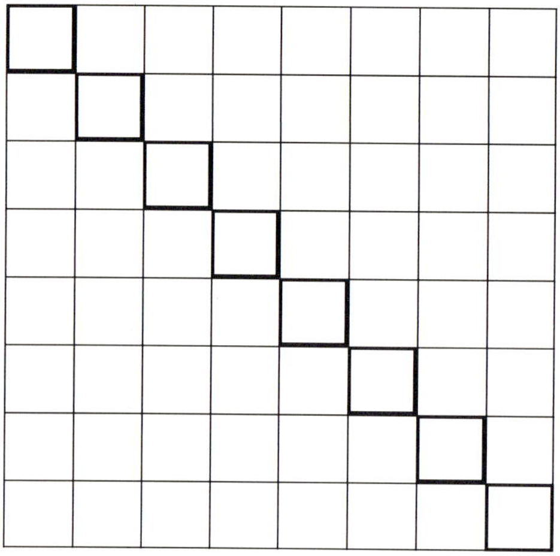

Konjugationstabellen

1. Die Hilfsverben «avoir» und «être»

Zeit	avoir	être
1. Präsens *(présent)*	j' ai tu as il a nous avons vous avez ils ont	je suis tu es il est nous sommes vous êtes ils sont
2. Perfekt *(passé composé)*	j' ai eu tu as eu il a eu nous avons eu vous avez eu ils ont eu	j' ai été tu as été il a été nous avons été vous avez été ils ont été
3. Imperfekt *(imparfait)*	j' avais tu avais il avait nous avions vous aviez ils avaient	j' étais tu étais il était nous étions vous étiez ils étaient
4. *passé simple*	j' eus tu eus il eut nous eûmes vous eûtes ils eurent	je fus tu fus il fut nous fûmes vous fûtes ils furent
5. Futur *(futur)*	j' aurai tu auras il aura nous aurons vous aurez ils auront	je serai tu seras il sera nous serons vous serez ils seront

6. Konditional *(conditionnel)*	j' tu il nous vous ils	aurais aurais aurait aurions auriez auraient	je tu il nous vous ils	serais serais serait serions seriez seraient
7. *subjonctif*	que j' que tu qu' il que nous que vous qu' ils	aie aies ait ayons ayez aient	que je que tu qu' il que nous que vous qu' ils	sois sois soit soyons soyez soient
8. Imperativ *(impératif)*		aie ayons ayez		sois soyons soyez
9. Partizip Präsens *(participe présent)*		ayant		étant
10. Partizip Perfekt *(participe passé)*		eu		été

Die übrigen zusammengesetzten Zeiten (mit konjugiertem Hilfsverb und Partizip Perfekt) wie Plusquamperfekt, Futur II usw. werden analog zum Perfekt gebildet, wobei nur jeweils das Hilfsverb in die entsprechende Zeit gebracht wird.

Z. B.: *j'avais eu, nous avions été, il aura fini, etc.*

2. Verben auf -er und -re

Zeit	trouver		entendre	
1. Präsens *(présent)*	je tu il nous vous ils	trouve trouves trouve trouvons trouvez trouvent	j' tu il nous vous ils	entends entends entend entendons entendez entendent

2. Perfekt *(passé composé)*	j' ai trouvé tu as trouvé il a trouvé nous avons trouvé vous avez trouvé ils ont trouvé	j' ai entendu tu as entendu il a entendu nous avons entendu vous avez entendu ils ont entendu
3. Imperfekt *(imparfait)*	je trouvais tu trouvais il trouvait nous trouvions vous trouviez ils trouvaient	j' entendais tu entendais il entendait nous entendions vous entendiez ils entendaient
4. *passé simple*	je trouvai tu trouvas il trouva nous trouvâmes vous trouvâtes ils trouvèrent	j' entendis tu entendis il entendit nous entendîmes vous entendîtes ils entendirent
5. Futur *(futur)*	je trouverai tu trouveras il trouvera nous trouverons vous trouverez ils trouveront	j' entendrai tu entendras il entendra nous entendrons vous entendrez ils entendront
6. Konditional *(conditionnel)*	je trouverais tu trouverais il trouverait nous trouverions vous trouveriez ils trouveraient	j' entendrais tu entendrais il entendrait nous entendrions vous entendriez ils entendraient
7. *subjonctif*	que je trouve que tu trouves qu' il trouve que nous trouvions que vous trouviez qu' ils trouvent	que j' entende que tu entendes qu' il entende que nous entendions que vous entendiez qu' ils entendent
8. Imperativ *(impératif)*	trouve trouvons trouvez	entends entendons entendez

9. Partizip Präsens *(participe présent)*	trouvant	entendant
10. Partizip Perfekt *(participe passé)*	trouvé	entendu

3. Verben auf -ir (mit und ohne Stammerweiterung)

Zeit	finir	sortir
1. Präsens *(présent)*	je finis tu finis il finit nous finissons vous finissez ils finissent	je sors tu sors il sort nous sortons vous sortez ils sortent
2. Perfekt *(passé composé)*	j' ai fini tu as fini il a fini nous avons fini vous avez fini ils ont fini	je suis sorti(e) tu es sorti(e) il est sorti nous sommes sorti(e)s vous êtes sorti(e, -s) ils sont sortis
3. Imperfekt *(imparfait)*	je finissais tu finissais il finissait nous finissions vous finissiez ils finissaient	je sortais tu sortais il sortait nous sortions vous sortiez ils sortaient
4. *passé simple*	je finis tu finis il finit nous finîmes vous finîtes ils finirent	je sortis tu sortis il sortit nous sortîmes vous sortîtes ils sorirent
5. Futur *(futur)*	je finirai tu finiras il finira	je sortirai tu sortiras il sortira

	nous finirons vous finirez ils finiront	nous sortirons vous sortirez ils sortiront
6. Konditional *(conditionnel)*	je finirais tu finirais il finirait nous finirions vous finiriez ils finiraient	je sortirais tu sortirais il sortirait nous sortirions vous sortiriez ils sortiraient
7. *subjonctif*	que je finisse que tu finisses qu' il finisse que nous finissions que vous finissiez qu' ils finissent	que je sorte que tu sortes qu' il sorte que nous sortions que vous sortiez qu' ils sortent
8. Imperativ *(impératif)*	finis finissons finissez	sors sortons sortez
9. Partizip Präsens *(participe présent)*	finissant	sortant
10. Partizip Perfekt *(participe passé)*	fini	sorti

4. Verben auf -oir und das unregelmäßige Verb «aller»

Zeit	recevoir	aller
1. Präsens *(présent)*	je reçois tu reçois il reçoit nous recevons vous recevez ils reçoivent	je vais tu vas il va nous allons vous allez ils vont
2. Perfekt *(passé composé)*	j' ai reçu tu as reçu il a reçu nous avons reçu vous avez reçu ils ont reçu	je suis allé(e) tu es allé(e) il est allé nous sommes allé(e)s vous êtes allé(e, -s) ils sont allés

3. Imperfekt *(imparfait)*	je recevais tu recevais il recevait nous recevions vous receviez ils recevaient	j' allais tu allais il allait nous allions vous alliez ils allaient
4. *passé simple*	je reçus tu reçus il reçut nous reçûmes vous reçûtes ils reçurent	j' allai tu allas il alla nous allâmes vous allâtes ils allèrent
5. Futur *(futur)*	je recevrai tu recevras il recevra nous recevrons vous recevrez ils recevront	j' irai tu iras il ira nous irons vous irez ils iront
6. Konditional *(conditionnel)*	je recevrais tu recevrais il recevrait nous recevrions vous recevriez ils recevraient	j' irais tu irais il irait nous irions vous iriez ils iraient
7. *subjonctif*	que je reçoive que tu reçoives qu' il reçoive que nous recevions que vous receviez qu' ils reçoivent	que j' aille que tu ailles qu' il aille que nous allions que vous alliez qu' ils aillent
8. Imperativ *(impératif)*	reçois recevons recevez	va allons allez
9. Partizip Präsens *(participe présent)*	recevant	allant
10. Partizip Perfekt *(participe passé)*	reçu	allé

Wichtige unregelmäßige Verben

Die fett gedruckten Formen sind die unregelmäßigen; sie sollte man sich besonders einprägen.

Infinitiv	Präsens	Futur	*passé simple*	*subjonctif*	Part. Perf. Part. Präs.
appeler (rappeler)	j' **appelle** ns appelons ils **appellent**	j' **appellerai**	j' appelai	que j' appelle que ns appelions qu' ils appellent	appelé appelant
apprendre	wie prendre				
battre	je **bats** ns battons	je battrai	je battis	que je batte	battu battant
boire	je bois ns **buvons**	je boirai	je **bus** ns **bûmes**	que je boive	**bu** buvant
comprendre	wie prendre				
conduire (construiere, détruire)	je conduis ns **conduisons**	je conduirai	je **conduisis**	que je conduise	**conduit** conduisant
connaître (disparaître, reconnaître)	je **connais** il **connaît** ns **connaissons**	je connaîtrai	je **connus**	que je connaisse	connu connaissant
convaincre	je convaincs il **convainc** ns **convainquons**	je convaincrai	je **convainquis**	que je convainque	convaincu convainquant
courir (parcourir)	je cours	je **courrai**	je **courus**	que je coure	**couru** (avoir!) courant

craindre (atteindre)	je **crains** il **craint** ns **craignons**	je craindrai	je **craignis**	que je craigne	**craint** craignant
croire	je crois ns **croyons** ils croient	je croirai	je crus	que je croie que ns croyions	**cru** croyant
devoir	je **dois** ns devons	je **devrai**	je **dus** ns **dûmes**	que je **doive**	**dû,** due dus, dues
dire (interdire*)	je **dis** ns **disons** vs **dites** ils **disent**	je dirai	je dis	que je dise	**dit** disant
*) vs interdisez					
dormir	je dors ns dormons	je dormirai	je dormis	que je dorme	dormi dormant
écrire (décrire, prescrire)	j’ écris ns **écrivons**	j’ écrirai	j’ **écrivis**	que j’ écrive	**écrit** écrivant
envoyer	j’ **envoie** ns envoyons ils **envoient**	j’ **enverrai**	j’ envoyai	que j’ envoie que ns envoyions qu’ ils envoient	envoyé envoyant
faire	je **fais** ns **faisons** [ə] vs **faites** ils **font**	je **ferai**	je **fis**	que je **fasse**	**fait** faisant [ə]

lever (relever mener)	je **lève** ns levons ils **lèvent**	je **lèverai**	je levai	que je **lève** que ns levions qu' ils lèvent	levé levant
lire	je lis ns **lisons**	je lirai	je **lus**	que je lise	**lu** lisant
mettre (admettre, commettre, permettre, promettre)	je **mets** ns mettons	je mettrai	je **mis**	que je mette	**mis** mettant
ouvrir	j' **ouvre**	j' ouvrirai	j' ouvris	que j' ouvre	**ouvert** ouvrant
partir	je pars ns partons	je partirai	je partis	que je parte	parti partant
perdre	je perds	je perdrai	je perdis	que je perde	perdu perdant
pleuvoir	il **pleut**	il pleuvra	il **plut**	qu' il pleuve	**plu** pleuvant
pouvoir	je **peux** il **peut** ns pouvons ils **peuvent**	je **pourrai**	je **pus**	que je **puisse**	**pu** pouvant
prendre (reprendre, surprendre)	je prends ns **prenons** ils **prennent**	je prendrai	je **pris**	que je prenne que ns prenions qu' ils prennent	**pris** prenant

rejoindre	je **rejoins** il **rejoint** ns **rejoignons** ils **rejoignent**	je rejoindrai	je **rejoignis**	que je **rejoigne**	**rejoint** rejoignant
résoudre	je **résous** ns **résolvons**	je résoudrai	je **résolus**	que je **résolve**	**résolu, e**
savoir	je **sais** ns savons	je **saurai**	je **sus**	que je **sache**	**su** **sachant**
servir	je **sers** ns servons	je servirai	je servis	que je serve	servi servant
suivre	je **suis** ns suivons	je suivrai	je suivis	que je suive	suivi suivant
tenir (contenir, maintenir, venir, convenir,devenir, intervenir, pré-venir, revenir)	je **tiens** ns tenons ils **tiennent**	je **tiendrai**	je **tins** ns tînmes [tɛ̃:m]	que je tienne que ns **tenions** qu' ils tiennent	tenu tenant
valoir	je **vaux** il **vaut** ns valons	je **vaudrai**	je valus	que je **vaille** que ns valions qu' ils **vaillent**	valu valant
vivre	je **vis** il **vit** ns vivons	je vivrai	je **vécus**	que je vive	**vécu** vivant
voir (revoir)	je **vois** ns voyons ils voient	je **verrai**	je **vis**	que je voie que ns voyions qu' ils voient	**vu** voyant
vouloir	je **veux** ils **veut** ns voulons ils **veulent**	je **voudrai**	je voulus	que je **veuille** que ns voulions qu' ils **veuillent**	voulu voulant

Alphabetisches Wörterverzeichnis

Die Zahlen hinter den Wörtern bezeichnen die Lektion, in der das Wort zum ersten Mal erscheint. Die Tilde (~) wiederholt das Stichwort.

m = maskulin (männlich); f = feminin (weiblich); pl = Plural (Mehrzahl)

à 1
abandonner 15
abeille *f* 17
abondant, -e 19
abonder 19
abord: d'~ 6
accélérateur *m* 15
accent *m* 28
l'~ du Midi 28
accentuer 28
accepter qch 14
accident *m* 24
~ de la route 24
accord: d'~ 2
accorder 7
accroissement *m* 11
accueillir 30
accumuler: s'~ 29 (2)
acheter 9
acier *m* 27
acompte *m* 21
acquisition *f* 12
actionner 15
adapter à 30
s'~ à 30
addition *f* 8
admettre 11
adresse *f* 21
adresser (qch à qn) 29 (1)
adresser: s'~ à 24
aérateur *m* 15
aéronautique *f* 30
aéroport *m* 14
affaire *f* 4
afin que 21
affirmer 26B
affluer 29 (1)
africain, -e 11
Afrique *f* 11
âge *m* 16
âgé, -e 12
agent *m* immobilier 18
agent *m* de maîtrise 11
agent *m* de police 5
agir: il s'agit de 26B
agréable 6
agréer 21
agricole 14
agriculteur *m* 14
ah 1
aide *f* 11
~ aux pays en voie de développement 11
aider qn à faire qch 24
aile *f* 24
ailleurs: d'~ 25
aimer 8
~ faire qch 11
ainsi 13, 29 (1)
air *m* 10
un ~ de 7
avoir l'~ (+adj.) 16
ajouter 16
alcool *m* 28
Allemagne *f* 20
allemand, -e 8
aller 2
allons-y 5
~ chercher 3
~ prendre 25
~ voir qn 22
allô? 22
allonger 24
allumer 2, 23
s'~ 15
alors 2, 16
Alpes *f* 12
Alsace *f* 30
ambulance *f* 24
amélioration *f* 12
s'améliorer 19
américain, -e 30B
ami *m* 8
amie *f* 9
amitié *f* 20
~s *fpl* 20
an *m* 14B
analyse *f* de marché 6
anglais, -e 30B
Angleterre *f* 29 (1)
année *f* 12
l'~ passée 12
~ scolaire 12
annoncer 6
annuaire *m* téléphonique 13
août *m* 16C
apéritif *m* 8
appareil *m* 22
appareil-photo *m* 4
appartement *m* 18
~-témoin *m* 18
appeler 4B
s'~ 4
appétit *m* 8
de bon ~ 8
apporter 8
apprendre 7
approcher: s'~ de 5
appuyer sur qch 15
après 1
d'~ 29 (1)
peu ~ 1
~-demain 6
~-midi *m* ou *f* 5
apte à 27
Arc *m* de Triomphe 1
argent *m* 9
~ de poche 9
arrêter 5
s'~ 3
arrière: en ~ 28
arrivée *f* 20
arriver 2, 9, 16
arriver à 26B
articles *mpl* de camping 25
assaisonner 8
assez 4
assiette *f* 8
assis, -e: être ~ 23
association *f* des parents d'élèves 12
assurer 24
astronautique *f* 30
atelier *m* 7
athlétisme *m* 12
Atlantique *m* 27
atmosphère *f* 29 (2)
atteindre 27
attendre 9
s'~ à 26B
attente *f* 21

attentif, -ve 5B
attention *f* 5
attentivement 5
atterrir 14
attraper 23
aucun, -e 6
au-dessus (de) 18
augmentation *f* 11
augmenter 9
aujourd'hui 4
auparavant 25
aussi 1
 ~ bien que 30
 ~ ... que 17
autobus *m* 20
auto-école *f* 15
automne *m* 25
autoroute *f* 13
autre 5
autrefois 30
autrement 9
Autriche *f* 30B
Autrichien, -ne *m/f* 30B
avance *f*: à l'~ 22
avant 20
 en ~ 15
 ~-hier 6
 ~ même (de) 15
 ~ que ... (ne) 28
 ~ tout 12
avant *m* 28
 vers l'~ 28
avantage *m* 27
avantageux, -se 18
avec 3
avenue *f* 13
averse *f* 19
avertir 24
avion *m* 14
avis *m* 9
 à mon ~ 17
avocat *m* 4
avoir 4
 il y a 3, 22
avril *m* 16C

bac(calauréat) *m* 2
baladeur *m* 4
balcon *m* 22
banlieue *f* 18
banque *f* 18
base *f* 26
bateau *m* 17
battre 27
bavarder 7
beau, bel, belle, beaux,
 belles 3
beaucoup 2
beaujolais *m* 8
belge 19
Belgique *f* 30B
bénéficier 11
besoin *m*: avoir ~ de 6
bête 22
bêtise *f*: dire des ~s 11
beurre *m* 9
bicyclette *f* 15
 monter à ~ 15
bien 2
 eh ~ 16
 faire du ~ 10
 ~ que 21
 ~ sûr 16
bientôt 13
billet *m* 14
 ~ d'avion 14
 prendre un ~ 14
bistro(t) *m* 2C
bizarre 5
blanc, blanche 29 (2)
blesser 28
bleu, -e 3
bloquer 14, 20
boire 23
boisson *f* 8
bon, bonne 3
bond *m* 15
bonjour 2
bonsoir 1
bord *m*: au ~ de la mer 19B
borner: se ~ à 26B
bouger 5
boulevard *m* 3
boulot *m* 11
bout *m* 22
 au ~ de 6
bouteille *f* 8
boutique *f* 3
bouton *m* 15
boxe *f* 26
bras *m* 28
bref 14
breton, ne 14
bricoler 16
briller 4
brochure *f* 18
brosse *f*: ~ à dents 4
brouillard *m* 19
bruit *m* 5
brume *f* 19 (Abb.)
brusque 5B
brusquement 5
bureau *m* 2, 6
bus *m* 20

ça 9
 ~ va 2
cabine *f* téléphonique 22
cadeau *m* 22
 faire ~ de qch à qn 22
cadre *m* 30
café *m* 2
 ~-bar *m* 2C
 ~-restaurant *m* 2C
café *m* 8
 ~ crème *m* 23
cafetière *f* 22
caillou *m* 27B
caisse *f* 9
caissier, -ère *m/f* 9
camarade *m* 13
cambrioleur *m* 5
camembert *m* 8
camion *m* 27
cantine *f* de l'usine 11
capitale *f* 27
car 7
caravane *f* 25
carolingien, -ne 29 (1)
carrefour *m* 14
carte *f* 7
 ~ d'identité 4
 ~ postale 1
cas *m* 25
 le ~ échéant 21
caser 4
cassé, e 22
catastrophe *f* 20
cathédrale *f* 29 (1)
cause *f*: à ~ de 14
CD *m* 22
ce 3
 c'est 3
 n'est-ce pas? 3
C. E. (Communauté *f*
 Européenne) 11
cela 11
célèbre 8
celle 18
celles 18B
celui 18
cent 12
centaine *f* 28
central, -e, -aux 19
centre *m* 4
 ~ commercial 18

cependant 19
certain, -e 6
certitude *f* 29 (1)
ces 3
cesse: sans ~ 11
cesser 26B
cette 3
ceux 18
chacun, -e 9
chaîne *f* 17
chaise *f*:
~ en rotin 22
chambre *f* 1
~ d'hôtel 4
~ à deux lits 21
champagne *m* 30C
championnat *m* 26
chance *f* 22
changement *m*: ~ de vitesse 15
changer 7
~ de train 28B
se ~ 28B
chaque 6
chariot *m* 9
chat *m* 4
chaud, -e 23C
chaussée *f* 24
chemin *m* 2
~ de campagne 15
~ de fer 13
cheminot *m* 20
cher, chère 9
moins ~ que 9
chercher 1
aller ~ 3
chéri *m* 4C
chérie *f* 4
cheval *m* 27B
chevaux *mpl* 27
chèvre *f* 8C
chèvre *m* 8
chez 2
chic 3
chien *m* 4
choc *m* 30
chocolat *m* 23
choisir 25
choix *m* 25
faire un ~ 25
chômage *m* 30
chose *f*: autre ~ 22
chrétien *m* 29 (1)
chroniste *m* 29 (1)
chut! 5
-ci 15
Cie 6
ciel *m* 19
cigarette *f* 2
ci-joint 21
cinq 7
cinquante 9
circulation *f* 24
circuler 15
cité *f* 29 (1)
citer 12
classe *f* 12
en ~ 17
~s de neige 12
classique 27
clé (clef) *f*: ~ de contact 15
clignotant *m* 15
clou *m* 27B
code *m* de la route 15
cœur *m* 27
coin *m* 1
colère *f* 17
collège *m* 2
collègue *m/f* 5
combiner 21
commander 8
comme 8, 14
~ ça 10
commencer (à) 2
comment? 2
~ ça va? 2
commerce *m* 11
commercial, -e, -aux 11
commettre 16
commissariat *m* 24
Communauté *f* Européenne (C. E.) 11
comparer à 27
complet, -ète 6
compliqué, -e 13
composer 22
comprendre 18, 28
comprimé *m* 10
compte *m* 21
~ en banque 21
~ chèque postal 21
tenir ~ de qch 21
compter faire 26
compter sur 12
comte *m* 29 (1)
concentration *f* 17D
concentrer: se ~ 30
concernant 12
concerner 18
concert *m* 17
concluant, -e 12
condition *f* 21
à ~ que 21
conducteur *m* 24
conduire 15
confiance *f* 25
faire ~ à qn 25
confirmer 21
confiture *f* 9
confusion *f* 24
connaître 13
~ qch comme sa poche 13
consentir à 26B
conséquence *f* 11
conserver 29 (2)
considérable 27
constater 28
construire 12
consulter qch 13
contact *m* 7
contenir 18
content, -e 8
continuel, -le 9
continuer 2, 14
contracter un engagement 26
contrat *m* 25
~ de vente 25
contre 14, 17
contremaître *m* 11
contrepartie *f* 11
contribuer à 26B
convaincre 11
convenir 21
conversation *f* 13
~ téléphonique 22
copain *m* 28
copie *f* 6
corps *m* 28
correspondance *f* 14
correspondancier, -cière *m/f* 21C
correspondant *m* 21
côte *f* 19
~ à ~ 2
côté *m* 24
à ~ de 3
coucher 28B
se ~ 17
coup *m* 28
tout à ~ 5
~ d'œil 6
~ de téléphone 6
couple *m* 26
cour *f* 21
courant *m* 20
~ d'air 19
être au ~ de 16

courir 12
en courant 24
courrier *m* 6
cours *m* 2
au ~ de 12
courses *fpl* 9
court, -e 19 (Abb.)
couteau *m* 28
coûter 9
~ cher 20
coûteux, -se 27
coûts *mpl* 11
couvert, -e 19
couvrir 19
se ~ 23, 29 (2)
CPV 25
craindre 20
crevé, e 14
crise *f* 30
en ~ 30
crocheter 16
croire 17
croissant 28
cuisine *f* 18
culte *m* 29 (1)
culture *f* 8
curiosité *f* 28
cycle *m*: deuxième ~ 12

danger *m* 29 (2)
dans 1
date *f* 29 (1)
de 1
~ ... à 21
débarras *m* 18
débloquer 7
début *m* 14
au ~ 14
décembre *m* 16C
décennie *f* 27
décider 4
se ~ (à) 15
décision *f* 25C
prendre une ~ 25C
déclaration *f* 24
déclarer 8
décoiffé, -e 17
décoller 14
décrire 16B
décrocher 22
défendu, -e 26B
définitif, -ve 18
déformer: se ~ 27
déguster 23
dehors 23

déjà 2
déjeuner *m* 10
petit ~ 17
délai *m* de livraison 25
délit *m* 16
demain 2
à ~ 2
demande *f* 29 (1)
demander 8
se ~ 9
~ qch à qn 9
demandeur *m* d'asile 11
démarrer 16
demi-heure *f* 6
demi-tour *m*: faire ~ 24
dépasser 20
dépêcher 28B
se ~ 17
dépendre de 9
dépenser 11
déplacer: se ~ 27
dépliant *m* 21
depuis 1
dernier, -ère 9
derrière 5
dès 19
~ que 26
désagréable 7
descendre 23
description *f* 13
désert, -e 28
désirer 2
désordre *m* 29 (1)
dessus 28
destin *m* 29 (1)
destruction *f* 29 (1)
détail *m* 21
détaillé, -e 13
détendre: se ~ 23
détenu *m* 16
détruire 29 (1)
deux 4
deuxième 5
devant 2
dévaster 29 (1)
développé, -e 30
développer 11
se ~ 29 (1)
devenir 19
déverser 14
devoir 11, 12
diapositive *f* 22
différent, -e 8B
difficile 15
digérer 8
dimanche *m* 7

diminuer 17
dîner 8
dîner *m* 8
dire 4
directement 13
directeur *m* 7
direction *f* 7
diriger:
se ~ vers qch 6
se ~ de ... à 19
discussion *f* 11
disparaître 28
disposé, -e à 21
disposition *f* 12
dispute *f* 25
disputer 12
se ~ 26
disque *m* 22
~ compact (CD) 22
distingué, -e 21
distribuer 11
dix 12
dixième *m* 12
dix-sept 12B
dix-huit 12B
dix-neuf 12B
docteur *m* 10
documentation *f* 6
domaine *m* 27
don *m* 29 (1)
donc 5, 6
donner 6
~ sur 21
étant donné 21
dont 24
dormir 10
dos *m* 28
doucement 5
douche *f* 18
douleur *f* 10
doute *m*: sans ~ 10
douter 20
se ~ de qch 24
doux, -ce 5B, 19
douze 9
drogue *f* 28
drogué *m* 28
droguer: se ~ 28
droit, -e: à ~e 9
duc *m* 29 (1)
durée *f* 21
durer 10

eau *f* 8
échanger 9
échanges *mpl* 11

écharpe *f* 4
échelle *f* 30
éclaircie *f* 19
éclat *m* 25
éclater 7
école *f* 2
~ élémentaire, ~ primaire 12C
~ maternelle 12C
Ecole *f* normale 2
économie *f* 11
économique 30
écouter 5
écran *m* 6
petit ~ 17
écran *m* 17C
écraser 24
écrier: s'~ 4
écrire 10
édifice *m* 29 (2)
effectivement 3
effet *m*: en ~ 7
effondrement *m* 29 (1)
efforcer: s'~ de 28B
effriter: s'~ 29 (2)
égal, -e 5B
également 5
église *f* 13
élections *fpl* 20
électrique 22
électronique *f* 30
élégant, -e 3
élève *m/f* 12/12C
élevé, -e 27
élever 11
elle 1
elles 1
embrayage *m* 15
émission *f* 17
emparer:
s'~ de qn/qch 28
empire *m* 29 (1)
emploi *m* 30
employer qch à 11
en (Präposition) 1
en (Pronomen) 11
encore 5B
~ une fois 3
encourager à 26B
endommagé, -e 29 (2)
endormir 28B
s'~ 28
énergie *f* 27
énervé, -e 4
énerver 9
s'~ 9
enfant *m* 4
enfin 6
engagement *m* 26
engager:
s'~ 11
énorme 29 (2)
enrichir 29 (1)
ensemble 2
ensemble *m* 19
ensoleillé, -e 19 (Abb.)
ensuite 14
entendre 5
~ faire qch 26B
s'~ 26
entier, -ère 12
entièrement 29 (1)
entraîner qch 11
entre 11
entrée *f* 18
entreprise *f* 7
entrer (dans) 1
entre-temps 9
enveloppe *f* 28
envie *f*: avoir ~ de 10
envoyer 21
épaule *f* 13
arriver à l'~ 13
épices *fpl* 9C
épicier *m* 9
époque *f* 20
épouser qn 26
épreuve *f* 12
équipe *f* 12
~ de football 12
équipement *m* 25
équiper de 21
équivalent *m* 27
espace *m* 27
Espagne *f* 30
espagnol, -e 30B
espérer 12
essai *m* 12
essayer 3
essayer (de) 10
essuie-glace *m* 15
est *m* 19
estimer 29 (2)
estomac *m* 10
et 1
établir 19
s'~ 19
étage *m* 18
étalage *m* 1
état *m* 11C
Etat *m* 11
Etats-Unis *mpl* 30
etc. 18
été *m* 15
l'~ dernier 15
été 6
étendre: s'~ 7
étonné, -e 20
étonnement *m* 28
étranger *m* 11
être 3
~ à qn 23
n'est-ce pas? 3
études *fpl* 13
étudier 8
Europe *f* 19
Européen, -ne *m/f* 17D
eux 5
évangéliser 29 (1)
évêque *m* 29 (1)
éviter qch 24
évoluer 12
évolution *f* 19
examiner 25
excellent, -e 8
exceptionnel, -le 21
excessivement 25
excuser 15
exemple *m* 18
exiger 17
expérience *f* 27
explication *f* 13
expliquer 11
exploit *m* 12
exportation *f* 11
exporter 11
exposer 25
exposition *f* 25
exquis, -e 8
extérieur, -e 11
extrait *m* 29 (2)
extrêmement 25

fâcher: se ~ 15
facile 20
façon *f*: de toute ~ 5
de ~ que 21B
faible 27
faiblir 19
faim *f* 10
faire 9
mieux ~ (+inf.) 17
fait *m*: au ~ 2
falloir: il faut 11
famille *f* 2
fanatique *m* 26
farine *f* 9

fatigué, -e 17
favoriser 11
faxer 6
femme *f* 4
fenêtre *f* 10
ferme 18
fermer 23
fermeture *f* 30
fête *f* 7
feu *m* 15C
~ stop 15
feuille *f* 8
feuilleter qch 7
février *m* 16C
en ~ 12
se figurer 20
filer 28
fille *f* 1
film *m* 17
fils *m* 1
fin *f* 11
finalement 8
financier, -ère 29 (1)
finir 6, 9
~ de 26B
flâner 3
flic *m* 28
flotter 25
fois *f* 3
encore une ~ 3
la dernière ~ 9
pour la première ~ 12
fonction *f* 15
fonctionner 14
~ comme sur des roulettes 14
fond *m*: au
~ de la voiture 23
formation *f* 29 (2)
formidable 22
fort, -e 19
fou *m* 27B
fouiller 5
frais, fraîche 10
fraise *f* 23
franc *m* 6
français, -e 17D
Français, -e *m/f* 30B
France *f* 8
Francfort 21
frapper 30
frein *m* 15
freiner 15
frère *m* 16
froid, -e: il fait ~ 23
fromage *m* 8
frontière *f* 19
fruit *m* 9
fumer 8

gagner 12, 26
gang *m* 16
gangster *m* 28
gant *m* 3
garage *m* 18
garantie *f* 25
garçon *m* 8
gare *f*:
~ du Nord 18
garer 13
gauche 18
à ~ 3
général, -e 24
en ~ 8
genou *m* 27B
gentil, -le 22
gérant *m* 7
glace *f* 8
goût *m* 9
chacun ses ~s 9
gouvernement *m* 20
grâce à 12
grand, -e 3
pas grand-chose 26
Grande-Bretagne *f* 30
grand-mère *f* 10
grave 6
grève *f* 7
faire la ~ 20
gréviste *m* 7
grille *f* 7 (Rätsel)
grippe *f* 10
gruyère *m* 8
guerre *f* 29 (2)
guide *m* 29 (1)

habilement 24
habiter 1
habituer; s'~ à 26B
haricot *m* 8
haschich *m* 28
hausse *f* 9
haut, -e 19
~ les mains! 28
Haut-Rhin *m* 30B
haut-parleur *m* 23
hein? 11
hésiter à 26B
heure *f* 4
une ~ 6
une demi-~ 6
tout à l'~ 15
heureusement 24
heureux, -se 17
heurter 24
Hexagone *m* 30
hier 6
histoire *f* 7
hiver *m* 12
hollandais, -e 30B
Hollandais, -e *m/f* 30B
homme *m* 5
~ politique 11
honte *f* 17
horizontalement 1 (Rätsel)
hors-d'œuvre *m* 8
hôtel *m* 1
huile *f* 8
huit 10
humeur *f* 17
être de mauvaise ~ 17
humour *m* 7
hurler (de) 28
hypermarché *m* 9C

ici 6
d'~ le 20 avril 21
idéal, -e 26
idée *f* 3
ignorer 7
il 1, 6
~ fait beau 25B
~ fait chaud 23C
~ fait mauvais 25
~ neige 25B
~ pleut 25
~ y a 3, 22
île *f*: ~s Britanniques 19
ils 1
immédiatement 10
immeuble *m* 18
immigré(e) *m(f)* 11
implanter: s'~ 30
important, -e 11, 29 (1)
importation *f* 11
impossible 26B
impression *f* 17
improviser 7
imprudent, -e 24
incapable 14
incendie *m* 29 (1)
inchangé, -e 7
incliner 28B
s'~ 28B
indiquer 7
individu *m* 5

industrialisé, -e 30
industrie *f* 30
industriel *m* 11
inexplicable 28
infrastructure *f* 27
injure *f* 28
innombrable 14
inondation *f* 25
inquiéter 9
insensé, -e 17
insolence *f* 7
inspiration *f* 9
installer:
s'~ 6
instant *m* 3
d'un ~ à l'autre 24
instinctivement 28
institutrice *f* 4
instruction *f* 15
intempéries *fpl* 25
intention *f* 7
interdire 20
intéressant, -e 19B
intéresser 18
s'~ à 11
intérieur, -e 25
interrogatoire *m* 16
interrompre 5
intervenir 15, 20
intestinal, -e 10
introduire 22
inutile 9
inviter 8
inviter (à) 26B
Italie *f* 30
italien, -ne 30B
Italien, -ne *m/f* 30B

jamais: ne ... ~ 7
jambon *m* 8
janvier *m* 16
jardin *m* 18
jauge *f* d'essence 23
jazz *m* moderne 22
je 2
jeter 6
jeu *m* 27B
jeudi *m* 7
jeune 12
joli, -e 3
jouer 7
jour *m* 1
l'autre ~ 11
journal *m* 1
~ télévisé 17
journée *f* 19
judo *m* 28
juge *m* 16
~ d'instruction 16
juillet *m* 12
juin *m* 7
jumeaux *mpl* 13
jumelles *fpl* 2
jupe *f* 3
jurer 26B
jusqu'à 11
~ ce que 21B
jusqu'ici 26
jusque-là 7
juste 3, 13, 26B
justement 23

karaté *m* 26
kif *m* 28
kilomètre *m* 13

la 1
là 3
là-bas 1
lâcher 15
laisser 7
lait *m* 9
lancer 28
~ des injures 28
laquelle 27
large 3
lave-glace *m* 15
le 1, 9
leçon *f* 15
~ de conduite 15
lecteur CD (à laser) *m* 22C
légende *f* 19 (Abb.), 29 (1)
léger, -ère 10
légèrement 15
légumes *mpl* 9
lendemain *m* 10
lent, -e 5B
lentement 5
lequel 27
les 1
lettre *f* 1
leur 3
leurs 4
lever 8
~ se 28
levier *m* 15
liaison *f* 4D
libre 23
lieu *m* 29 (1)
au ~ de 11
en premier ~ 30
ligne *f* 13
limiter à 27
lion *m* 10
lire 20
liste *f* 9
lit *m* 10
litre *m* 8B
littéralement 25
livre *m* 7
localisé, -e 19
location *f* 21
locomotive *f* 27
loggia *f* 18
loin 11
long, -ue 24
longer qch 9
longtemps 5
Lorraine *f* 30
lorsque 6
louer 14
lui 5
lumière *f* 28
lundi *m* 7
~ matin 14
lycée *m* 2

ma 4
machine *f* 7
madame *f* 1
mademoiselle *f* 2
magasin *m* 3, 25
~ de mode 3
magnétoscope *m* 21
mai *m* 16C
main *f* 28
maintenant 2
maintenir 29 (2)
mais 6
maison *f* 4, 6
majorer 20
mal 10
avoir du ~ à faire qch 28
j'ai ~ à la tête 10
j'ai ~ au ventre 10
malade 10
tomber ~ 10
maladresse *f* 15
maladroit, -e 15
malaise *m* 28
malgré: ~ moi 28
malheureusement 12
maman *f* 1
Manche *f* 19

manche *f* 19C
manger 8
manière *f*: de ~ que 21B
de ~ satisfaisante 12
manifestation *f* 14
manifester 14
manquer 14
manquer: je manque de ... 17D
manteau *m* 27B
marche *f*: mettre en ~ 15
marcher 2
mardi *m* 7
~ matin 15
mari *m* 4
mariage *m* 22
marié, -e 26
marier: se ~ 26
mars *m* 16C
matériau *m* 27
matière *f* plastique 25
matière *f* première 11
matin *m* 6
maudit, -e 17
mauvais, -e 17
me 9
mécanicien *m* 16
médecin *m* 10
médicament *m* 10
Méditerranée *f* 19
meilleur, -e 12
membre *m* 12
même 14
il en est de ~ 7
même 25
~ pas 28
menacer 26B
mener 13
mentionner 12
mentir 10B
menu *m* 8
mer *f* 10
~ du Nord 19
merci 1
mercredi *m* 7
mère *f* 12
merveille *f*: à ~ 26
merveilleux, -se 17
mes 4
Mesdames 12
Mesdemoiselles 3
Messieurs 12
mesure *f* 20
dans la ~ du possible 21
mètre *m* 12
~ carré 18
métro *m* 25
mettre 9
se ~ à 26B
se ~ au volant 15
~ à la disposition (de) 29 (2)
meunière *f* 8
mi-juillet *f* 21
midi *m*: à ~ 10
Midi *m* 19
mien, -ne 23
mieux 10
faire de son ~ 15
milieu *m* 15
au ~ (de) 15
mille 6
million *m* 18
mine *f*: avoir bonne ~ 13
minéral, -e 8
minimum *m* 27
ministre *m* des transports 20
Minitel *m* 14
minuit *m* 14
minute *f* 1
mistral *m* 21C
modèle *m* 25
modéré, -e 24
moderne 22
moi 5
moins 11
au ~ 17
mois *m* 16C
au ~ de ... 7
moitié *f* 17
moment *m* 6
à ce ~-là 16
au ~ où 13
mon 2
monde *m* 27
tout le ~ 7
mondial, -e 29 (2)
moniteur *m* 15
Monsieur 1
montant *m* 21
monter 13
monter (dans) 20
montrer 8
~ qch du doigt 23
moquette *f* 18
mot *m* 9
~s croisés *mpl* 1 (Rätsel)
moteur *m* 15
motif *m* 7
moto(cyclette) *f* 24
moue *f*: faire la ~ 25
mouton *m* 16
revenons à nos ~s 16
mouvement *m* 28
moyen *m* 29 (2)
moyen, -ne 7
municipal, -e 12
municipalité *f* 7
mûr, -e 26
murmurer 28
mutation *f*: en ~ 30

nager 25B
natation *f* 12
national, -e 11
naturellement 10
ne ... ni 14
ne ... (pas) 3
ne ... plus que 26
nécessaire 20
nécessité *f* 11
Néerlandais, -e *m/f* 30B
négociation *f* 6
neige *f* 12
neuf 6
neveu *m* 27B
Nice 13
niveau *m* de vie 11
nocif, -ive 29 (2)
nom *m* 16
nombre *m* 28
non 2
~ plus 17
nord *m* 18
normal, -e 5B
normalement 5
nos 4
noter 19
notre 4
nôtre 22
nourrir 26
nous 2
nouveau, nouvel, nouvelle, nouveaux, nouvelles 12
de ~ 13
nouvelle *f* 6
novembre *m* 16C
noyau *m* 27B
nuage *m* 19
nuageux, -se 19
nuit *f* 10
numéro *m* 8
nuque *f* 28

objectif, -ve 11
objet *m* 7

obliger 20
occasion *f* 11
à l'~ de 22
occidental, -e, -aux 19
occuper 14
s'~ de 12
océan *m* Atlantique 19
octobre *m* 16C
offre *f* 6
offrir 10B
olive *f* 8
on 2
onze 6
optimal, -e 27
optimiste *m* 11
orage *m* 19 (Abb.)
ordinateur *m* 6
ordonnance *f* 10
organisation *f* 12
organiser 12
oser 26B
ou 6
où 1
d'~ 13
oublier (de) 4
ouest *m* 19
ouf! 23
oui 1
ouvrier *m* 7
ouvrir 10

page *f* 18
pain *m* 8
panneau *m* 13
Panthéon *m* 2
papa *m* 1
papier *m* peint 18
papiers *mpl* 6
par 6, 29 (2)
paraître 29 (2)
parce que 17
parcourir 6
parents *mpl* 12
parfait, e 14
parisien, -ne 7
parking *m* 23
parler 5
~ politique 11
sans ~ de 26
part *f*: de votre ~ 21
partenaire *m* 11
participer à qch 26
particulièrement 11
partie *f* 11
partir 10B
à ~ de 19
parvenir à 26B
pas *m* 28
à deux ~ d'ici 10
pas 3
~ encore 6
~ grand-chose 26
~ mal 20
~ du tout 13
passage *m* 24
~ clouté 24
passager *m* 27
passant *m* 24
passer 3, 4, 9, 12, 13, 15, 22, 23
~ en première 15
passer pour 30
patient, -e 15
patron *m* 6
pause *f* 1
pauvre 10D (Rätsel)
payer 6
pays *m* 30
Pays-Bas *mpl* 30B
paysan 14
péage *m*: à ~ 23C
pédale *f* 15
pèlerin *m* 29 (1)
pèlerinage *m* 29 (1)
pencher: se ~ vers 28
pendant 5
pénétration *f* 27
péninsule *f* Ibérique 19
penser 10
pensif, -ve 16
perdre 17
perdu, -e 17
père *m* 12
performance *f* 12
performant, -e 27
période *f* 21
permettre (de) 12
permis *m* de conduire 4
persistant, -e 19
persister 19
personne *f* 4
personne ... ne 5
personnel *m* 7
personnellement 12
perte *f* 27
perturbation *f* 19
petit, -e 3
pétrolier, -ère 30
peu 5B
~ avant 14
un ~ 3
à ~ près 10
un tout petit ~ 8
peur *f* 10B
avoir ~ 10B
peut-être 3
phare *m* 15
pharmacie *f* 10
photo *f* 18
physique 12
pièce *f* 7
~s jointes 21
~ de monnaie 22
~ de théâtre 7
pièce *f* 18
~ d'habitation 18
un trois ~s 18
pied *m*: à ~ 13
piège *m* 28
tomber dans un ~ 28
pierre *f* 29 (2)
piéton *m* 15
pire 14
piscine *f* 12
piste *f* d'atterrissage 14
placard *m* 18
place *f* 8
prendre ~ 8
sur ~ 18
placer 7D (Rätsel)
plaire 1
s'il te plaît 1
s'il vous plaît 3
plaisanter 17
plaisir *m* 17
avec ~ 17
plan *m* ~ de la ville 13
plateau *m* 8
~ de fromages 8
plâtre *m* 30C
plein, -e: faire le ~ 23
pluie *f* 19
plupart *f*: la ~ 14B
la ~ du temps 14
plus 9
plus 18
de ~ en ~ (de) 30
ne ... plus 10
plusieurs 8B
plutôt 10
pneu *m* 27
poche *f* 3
poids *m* 27
point *m* 1
pointe *f* 28
poisson *m* 8
poivre *m* 8
police *f* 24

politique *f* 11
pollution *f* 29 (2)
pomme de terre *f* 14
pompiste *m* 23
pore *m* 29 (2)
porte *f* 28
portefeuille *m* 4
porte-monnaie *m* 23
porter à 26
portière *f* 15
Portugais, -e *m/f* 30B
Portugal *m* 30B
poser 8
~ une question 12
posséder 25
possible 20
possibilité *f* 21
postal, -e, -aux 1
poste *m* 7
poste *m* (de télévision) 17
poste *m* (de radio) 17C
pote *m*: vieux ~ 13
pour 2, 6, 11, 14
~ que 21B
pourboire *m* 8
pour cent *m* 17
pourquoi 15
c'est ~ 25
poursuite *f* 20
pourtant 25
pourtour *m* 19
pourvu, -e (de) 18
pousser 13
pousser qn à faire qch 28
pouvoir 10B
pratiquement 30
préférer 26B
précipiter: se ~ 23
premier, -ère 5
prendre 7
préparation *f* 12
préparer 2
se ~ à 26B
près (de) 1
de ~ 25
prescrire 10
présent *m* 11
présenter 7, 22
président *m* de la République 11
presque 6
pressé, -e: être ~ 3
presser 7
pression *f* 19
prêt, -e (à) 4
prétendre 26B
preuve *f* 12
prévenir qn 23
prévisions *fpl* météorologiques 19
prévu, -e 14
prier (de) 21
prime *f* 7
principal, -e 14
printemps *m* 20
au ~ 20
prison *f* 16
en ~ 16
prix *m* 9
~ courant 21
probable 19
problème *m* 11
procès-verbal *m* 24
prochain, -e 12
prochainement 22
production *f* 7
produire: se ~ 24
produit *m* 11
professeur *m* 12
~ d'éducation physique 12
profession *f* 16
profit *m* 17
profiter (de) 11
progrès *m* 27
projet *m* 18
projeter 24
prolonger 18
promener 28B
se ~ 28
promettre 22
prompt, -e 21
prononcé, -e 28
proposer (de) 8
proposition *f* 25
propriétaire *m* 23
prospère 30
prospérité *f* 11
protester 14
provenance *f* 11
en ~ de 11
province *f* 21C
publicitaire 6
publicité *f* 6
puis 2
puisque 26
puissance *f* 27
pull(-over) *m* 23

qualité *f* 17
quand 1, 10
~ même 9
quant à ... 12
quarante 3
quart *m* d'heure 8
quartier *m* 12
quatorze 12
quatre 4
quatre-vingts 12B
quatre-vingt-dix 12B
quatrième 12
que (Konjunktion) 3, 17
ne ... ~ 11
que (Relativpronomen) 11
ce que 24B
quel, -le 15
quelque chose 5
quelques 2
quelques -uns, -unes 22
quelqu'un 5
question *f* 12
qui (Fragepronomen) 16
qui (Relativpronomen) 6
ce ~ 24
quinze 12B
quitter 3
quoi 16
~ de neuf? 6
quoique 21B

raconter 14
radio *f* 20
rail *m* 27
raison *f* 12
avoir ~ 17
pour cette ~ 12
rapide 27
rapidement 29 (1)
rappeler qch à qn 12
se ~ qch 25
rapport *m* 12
rare 27
rarement 28
rasoir *m* 4
rayon *m* 9
réaliser 17
réaliste *m* 11
récent, -e 12
recevoir 6
rechercher 5
réclamation *f* 6
reconnaissant, -e 21
reconnaître 5
reconstruction *f* 29 (1)
reconstruire 29 (1)
record *m* 27
redémarrer 15

réduction *f* 21
réduit, -e 27
refuser 26B
regarder 1
région *f* 7
régler 11
regret *m*: au ~ de 13
regretter (de) 26
rejoindre qn 23
relation *f* 21
relativement 28
relever 24
se ~ 28
relier 27
remarquer 24
remercier qn de qch 12
remise *f* 21
remonter 24
remorque *f* 27
remplacer (par) 29 (2)
remplir 23
remporter 12
rencontrer 2
rendre:
se ~ 10
renforcer 19
renoncer (à) 17
renseignement *m* 18
rentrer 6, 25
repartir 13
repasser 3
repentir: se ~ de qch 10B
répéter 12
répondre 5
réponse *f* 6
reposer: se ~ 10
reprendre 7
représentant *m* 7
représenter 7
reprise *f*: à plusieurs ~s 29 (1)
réservation *f* 4
réserver 4
réservoir *m* 23
résistant, -e (à) 25
résoudre 27
restaurant *m* 8
reste *m*: du ~ 20
rester 7
restoroute *m* 23
résultat *m* 6
retard *m* 14
retenir 26
retour *m* 14
retourner 11
réussir à 26B
réveiller 28B
se ~ 28B
revendication *f* 7
revenir 13B
revoir 13B
au ~ 2
revue *f* automobile 1
rez-de-chaussée *m* 18
rien 5
ne ... ~ 5
ne ~ que 11
risquer de 26B
riz *m* 9
robe *f* 3
~ de chambre 17
rock *m* 17
roi *m* 29 (1)
rôle *m* 30
romain, -e 29 (1)
roue *f* 27
rouge 3
roulement *m* 27
rouler 13
rouspéter 17
route *f* 14
~ d'accès 14
en ~ 24
routier, -ère 27
rue *f* 2
habiter ~ XY 2
ruelle *f* 28
ruiner 28

sa 4
sac *m* 9
saisir 28
saison *f* 25B
salade *f* 8
salle *f* de bain(s) 18
salle *f* de séjour 18
salut 2
salutation *f* 21
samedi *m* 7
sans 7
santé *f* 8
à votre ~ 8
sardine *f* 8
satisfaisant, -e 12
saut *m* 12
~ en hauteur 12
~ en longueur 12
sauter 25B
savoir 5
seconde *f* 12
secours *m* 24
les premiers ~ 24
secrétaire *f* 6
secteur *m* 30
seize 12
séjour *m* 12
sel *m* 8
sélectionner 17
semaine *f* 6
la ~ passée 9
la ~ prochaine 11
la ~ à venir 7
depuis des ~s 22
semblable (à) 29 (1)
sembler 25
sensationnel, -le 12
sentir 10
séparer 9
sept 7D (Rätsel)
septembre *m* 16C
serveuse *f* 2
service *m* médical 18
serviette *f* 1
servir 10B
~ à 11
se ~ de qch 15
ses 4B
seuil *m* 28
seul, -e 13
seulement 8
sévèrement 30
si 3, 4, 15, 17
sidérurgie *f* 30
siècle *m* 29 (1)
sien, -ne 20
signal *m* 24
signature *f* 25
signe *m* 28
faire ~ à qn 28
signer 24
signifier 27
similaire 29 (1)
site touristique *m* 14
situation *f* 7, 26
six 12B
ski *m* 12
faire du ~ 12
S.N.C.F. *f* 20
soir *m* 7
ce ~ 6
soirée *f* 8
soit 27
soixante 12B
soixante-dix 12
sol *m* 20
soleil *m* 4
sombre 28
somme *f* 29 (2)

sommaire 24
son 2
sonner 25B
sorte *f*: de (telle) ~ que 21
sortir 10B
soudain, -e 5
souffrir 10B
souhaitable 11
soulagé, -e 28
soupirer 15
sourd, -e 5
sourire 23
soutien *m* 12
souvenir: se ~ (de) 24
souvent 11
spécial, -e 16
splendide 14
spontanément 14
sport *m* 12
~ d'hiver 12
sportif, -ve 12
sprinter *m* 12
stagnation *f* 30
standing *m* 18
station *f* 20
~-service 23
statue *f* 29 (2)
Strasbourgeois *m* 14
stylo *m* à bille 6
subir 29 (1)
sucre *m* 9
sud *m* 18
sud-ouest *m* 19
Suisse *f* 30B
Suisse *m*/Suissesse *f* 30B
suivant, -e 7
suivre qn 25
suivre qch 15
sujet *m*: à ce ~ 12
au ~ de 12
supermarché *m* 9
supporter 8
supposer 29 (1)
suppositoire *m* 10
supprimer 30
sur 1
sûr, -e 3
sûrement 3
surface *f* 25
surgir 28
surmonter 30
surprenant, -e 30
surprendre 7
surpris, -e 7
surtout 4
survie *f* 29 (2)
sympathique 8
symptôme *m* 29 (2)

ta 4
table *f* 1
tableau *m* 27B
tache *f* 29 (2)
taille *f* 3
tailleur *m* 3
tandis que 19
tant (de) 8
~ que 9
taper 6
tard 8
plus ~ 8
au plus ~ 21
tarif *m* 20
taux *m* 30
technologie *f* 30
~ de pointe 30
tel, -le 27
tel, -le que 29 (1)
télécommunications *fpl* 30
télécopie *f* 6
téléphoner 5
téléviseur *m* 21
télé(vision) *f* 17
~ par câble 17
~ par satellite 17
témoin *m* 24
température *f* 10
temps *m* 14
en même ~ 15
en même ~ que 22
il est ~ 11
il est grand ~ 23
temps *m* 14
tendre 23
tenir 13B
~ à ce que (+ subjonctif) 21
se ~ 28
tennis *m* 26
terminer 8
pour ~ 16
se ~ 28B
terrain *m* 25
~ de sport 12
terrible 29 (1)
territoire *m* 19
tes 4
tête *f* 10
têtu, -e 11
tien, -ne 23B
TGV *m* 14
tiens 9, 23
timbre *m* 1
tirer 17
tiroir *m* 1
toi 5
toilettes *fpl* 21
tomber 10
~ malade 10
ton 4
tonne *f* 14
tordre 28
tôt 23
total, -e 27
toucher 30
toujours 2
tour *f* 13
tournant *m* 28
tourne-disque *m* 22C
tournedos *m* 8
tourner 13C
~ à 13
se ~ vers 10
tournevis *m* 16
tous 2
tout 4
~ à fait 15
~ de même 15
~ de suite 15
~ le monde 7
trace *f* 24
~ de freinage 24
tracteur *m* 14
train *m* (pour) 20
être en ~ de 6
tranquille 21
transporter 27
travail *m* 7
travailler 2
travailleur *m* 30
~ qualifié 30
travaux *mpl* 27
traverser 13
trébucher 28
treize 9
trente 12B
très 3
trois 1
troisième 12
trop 3
trottoir *m* 24
trou *m* 27B
trouver 3
se ~ 6
truite *f* 8
tu 2
tunnel *m* 23
tuyau *m* 27B

type *m* 18
tyranniser 17

ultramoderne 18
un, -e 1
~ à ~ 17
urgent, -e 6
usine *f* 11
utile 26B
utiliser 30

vacances *fpl* 1
en ~ 1
vain: en ~ 7
valise *f* 1
vallée *f* du Rhône 23
valoir 30
vanille *f* 23
vanité *f* 28
variable 19
varié, -e 8
vaste 18
vendeur *m* 3
vendre 17
vendredi *m* 7
venir 13
~ de faire qch 20
vent *m* 19
ventre *m* 10
vérifier 24
véritable 25
verre *m* 8
vers 10, 11
vert, -e 8
verticalement 1D (Rätsel)
viande *f* 8
vibration *f* 27
victime *f* 24
vidéo *f* 22
vie *f* 7
vieux, vieil, vieille(s) 13
vif, -ve 11
village-satellite *m* 18
ville *f* 1
en ~ 1
vin *m* 8
vinaigre *m* 8
vingt 9
virement *m* 21
virer (à) 6
viser qn 28
visite *f* 18
rendre ~ à qn 13
visiter 1
vite 24
vitesse *f* 15, 24
~ de croisière 27
à toute ~ 24
vitrine *f* 1
vivre 17
voici 10
voie *f* 27
~ (ferrée) 27
voilà 2
voir 11
faire ~ 23
voisin *m* 5
voiture *f* 4
en ~ 13
voix *f* 5
à ~ basse 5
volant *m* 15
se mettre au ~ 15
voler 16
voleur *m* 5
au ~! 5
volontiers 2
vomir 10
vos 4
votre 3
vôtre 23B
à la ~ 8
vouloir 12B
vous 2
voyage *m* 4
~ d'affaires 6
voyager 27D (Rätsel)
vrai, -e 7
vraiment 10
vue *f* 10

wagon *m* 27
w.-c. *m* 18
week-end *m* 4

y 13

zéro 19
zone *f* 19
zut 10

Grammatik-Register

(Die Zahlen beziehen sich auf den Grammatikteil [B] jeder Lektion.)

Adjektiv (Formen) 3
Adjektive auf -al 11
Adjektive auf -if 11
Adjektive auf -n 7
an/année 14
Adverb 5
appeler 4
Artikel 1, 2
aspiriertes *h* 8
attributives Adjektiv 3
avoir 4, 25
bejahter Imperativ 23
bestimmter Artikel 1, 8
betontes Personalpronomen 5, 9
Beugung des Artikels (im Deutschen) 1
boire 23
conduire 15
connaître 13
craindre 20
courir 12
Deklination 7
demander 9
Demonstrativpronomen 3, 18
dire 9
écrire 10
en 22
être 3, 25
faire 9
faire + Infinitiv 10
Frageform 13
Fragewörter 15, 16
Futur 11, 22
futur proche 6
Gérondif 19
Großschreibung geographischer Begriffe 19
Grundzahlen 12, 18
Imperativ 3, 23
Imperfekt 14
Indikativ oder *subjonctif* 20
Infinitiv-Anschluß 26
jour/journée 19
Konditional 17, 22
Konjunktionen 21
Konjunktiv 20, 21
laisser + Infinitiv 10
Ländernamen 30
lequel 27
mettre 15
nahe Zukunft 6
Nationalitäten 30
Ordnungszahlen 12
Partizip Perfekt 6, 15
Partizip Präsens 19
passé composé 6
passé simple 29
Passiv 7
Perfekt 6
Personalpronomen 1, 2, 5, 9, 22
Plural der Substantive 1, 27
plus 18
Possessivpronomen 4, 23
pouvoir 10
prendre 7
que (Relativpronomen) 11
quel 15
qui (Relativpronomen) 11
reflexive Verben 28
Relativpronomen 11, 24, 27
savoir 14
Steigerung des Adjektivs 12
Steigerung des Adverbs 12
stummes *h* 8
subjonctif 20, 21
Substantive (Deklination) 7
Substantive (zusammengesetzte) 4
suivre 25
Teilungsartikel 8, 10
tout 17
unbestimmter Artikel 2
unpersönliche Verben 25
venir 13
Veränderlichkeit des Partizip Perfekt 15
Verben auf -er 2, 25
Verben auf -re 5
Verben auf -ir 6, 10
Verben auf -oir 6
Verben auf -rir 10
Verben auf -yer 8
Verneinung 4
voir 13
vouloir 12
Zahlen 12, 18